百年国学经典选刊

梁启超国学论著二种

清代学术概论
要籍解题及其读法

梁启超◎著

安徽师范大学出版社
·芜湖·

策　　划：侯宏堂
责任编辑：胡志恒　彭京亚
责任印制：郭行洲
装帧设计：杨　群　欧阳显根

图书在版编目(CIP)数据

梁启超国学论著二种/梁启超著. —芜湖：安徽师范大学出版社，2014.12

(百年国学经典选刊)

ISBN 978-7-5676-1716-2

Ⅰ.①梁…　Ⅱ.①梁…　Ⅲ.①国学-研究　Ⅳ.①Z126

中国版本图书馆 CIP 数据核字(2014)第 290983 号

梁启超国学论著二种

梁启超　著

出版发行：安徽师范大学出版社
芜湖市九华南路 189 号安徽师范大学花津校区　邮政编码：241002
网　　址：http://www.ahnupress.com/
发 行 部：0553-3883578　5910327　5910310(传真)
E-mail：asdcbsfxb@126.com
印　　刷：安徽宣城海峰印刷包装有限公司
版　　次：2014 年 12 月第 1 版
印　　次：2014 年 12 月第 1 次印刷
规　　格：880×1230　1/32
印　　张：10.625
字　　数：232 千
书　　号：ISBN 978-7-5676-1716-2
定　　价：25.00 元

目　录

清代学术概论

①原著分节以数序，方括号内的节题是朱维铮所加。

要籍解题及其读法

清代学术概论

朱维铮 校注

《清代学术概论》导读

朱维铮

清学史的经典性名著

梁启超的《清代学术概论》,初稿著成于一九二〇年十月[①]。正如作者自述,它本是作者应邀为友人蒋方震所著《欧洲文艺复兴史》写的序言,就是说原来没有打算写成一部书[②]。

然而原题《前清一代中国思想界之蜕变》的这篇序言,也如作者自述,"既而下笔不能自休,遂成数万言,篇幅几与原书埒;天下古今,固无此等序文;脱稿后,只得对于蒋书宣告独立矣"[③]。

---

①1920年10月4日梁启超致张东荪书,首次提及正为《改造》作一文,题为《前清一代中国思想界之蜕变》,"今方得一半";同年10月18日致胡适函,已提及蒋方震将书稿给胡看了;可知成稿必在这年10月中旬前。见丁文江、赵丰田编《梁启超年谱长编》(下引简称梁谱),上海人民出版社,1983,页920、922。

②参看《前清一代中国思想界之蜕变》自序,原载《改造》三卷三期(1920年11月),作期署"民国九年十月十四日",后收入改题《清代学术概论》的单行本。见朱维铮校注《梁启超论清学史二种》,复旦大学出版社,1985,页1~2。

③前揭拙校注本,页1。参看蒋方震《〈清代学术概论〉序》,已收入本书附录。

“独立”后的长序,已被梁启超当成一部著作,因而在交给他和蒋方震共同主编的《改造》杂志连载的同时,又寄交张元济主持的上海商务印书馆出版单行本。单行本在一九二一年二月出版,负责的编辑是陈叔通[①]。

显而易见,梁启超的这部著作,只能说是无心插柳的一个结果。倘若以今律“古”,这个结果甚至不配称作硕果,——难道薄薄五万来字的一本小册子,引用他人论著或本人旧说,多半都不加注,可以认作学术专著吗?

岂知历史效应出人意表。《清代学术概论》,虽属短书,形式又不合后世的学术教条,在出版后却在读者中不胫而走。谁都知道当年的上海商务印书馆主持者很有“经济”头脑,他们在梁启超死后第三年即一九三二年,赶在中华书局将本书收入《饮冰室合集》而印出之前又抢先出了本书第八版,便可证本书受读者欢迎的程度。

畅销书未必赢得雅俗共赏。某些俗不可耐的劣作,借助权力、金钱或“关系”,而被趋炎附势的所谓传播媒介“炒”成畅销书,在中外的例证比比皆是。

严格地说,作为总结清帝国二百六十七年学术变迁史的《清代学术概论》,既非同类课题的首出之作,更非具有专门史经典意义的佳作。

当然,梁启超在清末民初的改革家兼政论家的名望,可能是促使本书畅销的一个原因。如胡适在一九二三年所撰《五十年来中国文学的变迁大势》一文中,论及梁启超在清末《时务报》、

①1920年12月9日张元济致梁启超函,谓此稿已付印,书名已称《清代学术概论》,并由此函可知处理这部书稿的是陈叔通。见梁谱,页926。

《新民丛报》所作政论文的效应所说的,“二十年来的读书人,差不多没有不受他的文章的影响的”。

但文章与学问,属于并不同归的殊途。梁启超从学习桐城派古文而化出更为直捷明快的“新民体”,在自幼诵习八股制艺的晚清读书人看来,确实有梁启超自赞的“魔力”①。但正如梁启超与乃师康有为在戊戌维新时期倡导的不缠足运动的效应那样,裹小脚的妇女抛弃裹脚布,固然是惊世骇俗的一种解放,而在提倡“天足”的女权主义者看来,不再裹足的妇女依旧是“小脚女人”。梁启超在《新民丛报》上论著提供的文章范例,那种杂糅桐城派古文与《三国演义》之类小说文体的“新民体”,在清末虽被厌倦八股文程式的青年学子激赏,但在文言文被白话文取代以后,自然也对读者越来越缺乏“魔力”。

可见,从本书初版以来,四分之三世纪过去了,它不仅仍能吸引一代又一代的青年学子,成为他们了解清代学术文化史的入门必读书,而且在学者中间,它的价值也不断上升,乃至成了清学史研究必备的经典性名著,那秘密当然主要不在文字。

不消说,《清代学术概论》所以能够获得雅俗共赏的悠远效应,秘密在于它的内容。梁启超不是思想家,但对中外古今的思想学说都极感兴趣。他也不是纯学者,但也许饱受康有为教导

①“其文条理明晰,笔锋常带情感,对于读者,别有一种魔力焉。”见前揭拙校注本,页70。

的缘故，尤其爱好考察“学术源流”①。他是清末的改革家，民初更直接登上国内政坛，直到去世前夜，不仅亲历了从戊戌维新到北伐战争的三十年间中国政局的一切变化，而且多次置身于变化的漩涡中心。他是政论家，也从事实际的政治活动，因而他的政论取向，不能不对他的历史认识产生莫大的影响，反过来说也就是“以史论为政论”②，或者说他观察历史，总以他自己的政治经验作为判断尺度。他其实并不隐讳这一点。《清代学术概论》的作者自序，劈头便说“吾著此篇之动机”，首先是因为接受胡适的劝告，记述自己“实躬与其役”的晚清今文学运动云云，即为例证。

可见，《清代学术概论》，并不是一部单纯的论述清代“思想界之蜕变”的专门史著作，同时也是梁启超个人的一部学术回忆录。作者曾在清末舆论界执牛耳的地位，本来就使人们对他在政、学两界的实际经验感到好奇，并且不断歆动学者们的研究兴味，况且作者又强调，他自述这段历史，“纯以超然客观之精神论列之，即以现在执笔之另一梁启超，批评三十年来史料上之

①梁启勋由其兄梁启超于1893年携至康有为所设万木草堂学习，所述康有为讲学情形较平实，曾说：“我们最感兴趣的是先生所讲的‘学术源流’。……每个月讲三、四次不等，先期贴出通告，‘今日讲学术源流’。先生对讲‘学术源流’颇有兴趣，一讲就四、五个钟头。”见梁启勋口述、梁思明笔录《“万木草堂”回忆》，《文史资料选辑》，25辑，北京中华书局，1962年4月。1918年夏秋间梁启超致梁启勋函，述说他下野后在天津家中生活，有三通均说他给儿女讲授“学术流别”或“学术源流”，末一通还强调“吾所讲却与南海有不同”。见梁谱，页864~865。这正好提醒我们注意他晚年研究学术史，没有完全摆脱早年从康有为学习的影响。

②此据陈守实师说。陈先生早岁在清华研究院为研究生，导师即梁启超，毕业论文《〈明史稿〉考证》曾受梁启超激赏。1962年陈先生在《文汇报》发表《读〈王荆公年谱考略〉》，着重阐述史论与政论的关系，那命意当得自梁启超。

梁启超也”。他是否做到了对于“史料上的梁启超力求忠实”[1]，容后讨论，但随着不忠实的风气愈来愈成为叙述与己有关的历史的一种时尚，这种“精神”也愈来愈对读者具有吸引力，似也难以置疑。

梁启超与“五四事件”

《清代学术概论》初稿问世的时候，正值“五四运动”爆发一年有半。

以一九一九年五月四日北京学生涌到天安门前向北洋政府进行示威活动为开端的“五四运动”，它的历史取向与未来效应，海内外学者仍然异说纷纭，但它的导火线是当时的北京政府在巴黎和会上出卖“国权”，则无疑义。

梁启超没有直接卷入北京的“五四事件”，却可说是引爆这次事件的重要人物。因为他这时正以出席巴黎和会的中国代表团顾问身份，坐在凡尔赛宫里注视着美英法意日等第一次世界大战的胜方即所谓协约国的头儿们，如何就曾被德国侵占而后又被日本“承继”的中国领土青岛的主权问题进行争斗。同时又作为京沪名流组成的“国民外交协会”的代表，不断将列强间关于“交还青岛”的所谓交涉进程，电告国内[2]。

中国曾经站在协约国一方向德奥宣战。因而一九一七年十一月第一次世界大战以德国认输告终，曾使众多的中国人尤其是青年学生十分振奋，以为随着“公理战胜”，站在“正义”一方的中

①前揭《清代学术概论·自序》。

②参看梁谱，页879~884所引材料。

国,从此不再遭受“强权”的凌侮。那转折点当然首先是和会将主持“正义”,在山东半岛问题上,“不承认日本承继德国权利”①。然而一九一九年一月开幕的巴黎和会,实际进程正好与中国人民的期望背道而驰,最终证明大战后的世界仍是“强权”占主宰地位。幻灭化为愤怒,当和会终于以北京政府在大战结束前夜已就青岛主权转让与日本订有密约为口实,同意日本的蛮横要求,这时中国人的愤怒,以北京学生涌到天安门前举行示威活动为契机,化作决堤的洪水,便是必然的了②。

然而“五四事件”恰巧在一九一九年五月四日那天发生,则属于必然中的偶然。造成这一偶然性的因素很多,而梁启超从巴黎发回的现场报道,无疑起了引爆作用。

事情要从中国怎么会宣布参加第一次世界大战说起。这次战争始于一九一四年八月,那时梁启超还是袁世凯政府的内阁阁员。他关注的重心是内政。他在清末本是君主立宪运动的中坚,鼓吹“开明专制”,到民初却化身为拥护共和制的明星。两次君主制复辟,无论袁世凯帝制自为还是张勋以武力拥戴亡清废帝重坐龙庭,梁启超都是讨伐战争的策划者。这既使他博得了善变政客的恶名,又使他赢得了“再造共和”的美誉③。显然

①此据梁说,见1919年3月中旬梁由巴黎致北京政府外交部汪大燮、林长民电,梁谱页879。

②周策纵的《五四运动:现代中国的思想革命》一书第四章,对“五四事件”的过程,有颇详密的考证。见该书周子平等中译本,江苏人民出版社《海外中国研究丛书》本,1996,页114~164。

③梁启超于1929年1月19日病逝后,北京、上海均曾举行追悼活动,名流学者所送挽联挽诗极多,大都集中在这两方面。他的“善变”乃人所熟知。唯章太炎以为,他“恢诡谲怪”,实体现“道通为一”,证明便是“再造共和赖斯人”。更有人宣称他入民国后“伟业侔中山”。见梁谱,页1027~1210。

是日本曾以独占中国侵略权益的“二十一条”作为支持洪宪帝制的条件，使得梁启超在“护国战争”结束后，便将目光移向外交，力促北京的内阁总理段祺瑞站在协约国一边向德奥宣战。他的理由却还是在内不在外，以为这一来可收到联美制日的效应，保住中国的主权①。

当一九一七年七月段祺瑞依赖梁启超的策划起兵讨伐“丁巳复辟”得手而再度组阁时，给梁启超的位置却是财政总长，任务无疑是为新的内战筹措军费，因为当时孙中山正在章太炎等支持下南下广州组织“护法”国会与军政府，南北分裂已成定局。梁启超再度显示他的机智，于同年八月十四日即广州军政府成立前夕，说服段祺瑞抢先以中国合法政府名义，发布了由他起草的对德奥宣战的布告②。

但梁启超虽能越俎代庖，替北京政府在外交上争得“法统”地位，从而使广州政府难以获得列强承认，却没能做稳“财神”。北京政府财政空虚，而各路军阀却不断向它要钱，作为拥段反孙的代价。梁启超只好违反初衷，向日本银行团借钱济穷，主持签署了“第二次善后大借款”，不消说要以主权做抵押。这当然立即让国人记起“二十一条”，于是舆论大哗。段总理只好牺牲梁

---

①这一点下节将再讨论。

②梁谱对梁启超在力主中国参战问题上的言论所录材料极详，见页796~834。又，1917年8月孙中山率反对北京政府的国会议员南下广州进行护法运动，同月14日北京政府便发布对德奥宣战布告，报载乃梁启超手笔；25日非常国会在广州举行，9月1日选举孙中山为护法军政府大元帅。

财长以保全执政地位①，时在一九一七年十一月。

那是梁启超官运的终结。虽然他下野后，依然是由进步党变形的研究系头领，直到一九二九年一月不足五十七岁去世，也没有失去从政的兴趣，但主要活动方向却逐渐转为著书教书。例如他辞去财政总长后家居一年里，便曾致力于研究碑刻和撰写《中国通史》，并为他的儿女们讲授“学术流别”，其中有一个题目便是“前清一代学术”②。

不过梁启超到底难耐寂寞，“中止政治生涯”未及两月，他便与朋友筹画组织松社，既讲学，也出杂志，同时“作出游之计”③。

欧战以协约国得胜告终，给力主中国参战的梁启超带来了出头机会。他很快取得大总统徐世昌的支持，由政府提供大半旅费，“以个人资格前往欧洲”④。陪同出游的有六人，都是研究系

---

①1917年11月段祺瑞内阁因内外交困而呈请总辞职，梁启超也“连带引辞”，但结果是梁启超一人去职。他在同月18日再上辞呈中说“中央财政，各种困难皆臻极端”，又说“现在军事方殷，非得有军界尊宿，或与军事关系之人，管领度支，未易收指臂之效”。见梁谱，页853~855。可知他是被北洋诸军头联手逼下台的。

②前揭梁启超致梁启勋第三信：“来复二将讲‘前清一代学术’，弟盍来一听，当有趣味也。”又，同时致陈叔通书，也提及“为儿曹讲学”，“讲题为国学流别，小女录讲义已彪然成巨帙，为新学小生粗知崖略，殆甚有益”云云。均见梁谱，页865。可知他在赴欧前已开始研究清学史。

③1918年2月19日梁致蹇季常函，谓“吾能否成行尚未定，因旅费尚无着”，见梁谱，页860。同年10月10日徐世昌在北京就任总统，11月11日欧战结束，22日广州军政府同意与北京政府休战。梁启超便接连发表声明，力主中国应列席巴黎和会。12月10日上海《申报》报道“梁任公将赴欧洲游历”，说这是他到北京与徐世昌“接洽数次，并与驻京外交团周旋一切”的结果。同日梁致其长女梁思顺函，说他此行“全以私人资格”，但又说经费“公家所给仅六万（银元），朋旧馈赠约四万”，见梁谱，页873。因知他的所谓“个人资格”，实由北京政府委派并获得协约国列强官方同意的。他的头衔便是中国出席巴黎专使团的顾问，因此当时报刊曾说他可能代替陆徵祥为首席专使。

④同页8注③

的名流学者①。就在他"为欧战和议问题操心"的时候，他在天津家中初次会见了特来"趋谒"的北京大学教授胡适②。

梁启超一行于一九一八年十二月底从上海启程，一九二〇年三月初返抵上海，除去往返舟程，在欧洲漫游了将近一年。

他赴欧本有政治使命，出席巴黎和会的中国代表团顾问的头衔便是明证。但他很快发现，这个顾问不好当。原来，一九一八年十月徐世昌任总统后即下令南北休战，并在十一月欧战结束后获得广州军政府响应，双方派员共同组成专使团出席巴黎和会，颇合"兄弟阋于墙而外御其侮"的古训。然而历史的教训终究敌不过党派乃至个人的利益，于是专使团又在外国的宫墙里面"内讧"了。

中国专使五人，首席为北京政府前任外交总长陆徵祥，次席为广州非常国会副议长王正廷，而代表中方与日使争论的主辩手，则是驻美公使顾维钧。争执的焦点是中国"不承认日本承继德国(在山东)的权利"，并要求和会按美国总统威尔逊提出的维护国际和平的十四点主张，取消原北京政府与日本订立的密约。操纵和会的所谓四强，英法支持日本，美意同情中国，而主持和会的美国总统威尔逊的态度更属关键。据梁启超于一九

①"同行者张君劢、徐振飞、蒋百里、刘子楷、丁文江，并携鼎甫作录事(不带仆人)兼服役"，同上致梁思顺函。张君劢，名嘉森。徐振飞，名新六。蒋百里，名方震。刘子楷，名崇杰。丁文江，字在君。鼎甫，杨维新字。前四人都是梁启超的研究系同道，都有留学日德美的经历。丁文江是留学英国的地质学家。杨维新则是梁在日本的学生。这个七人"考察团"(胡适语)，属于当时中国的文化精英。据梁启超《欧游心影录节录》，他们"到了欧洲后常在一处的还有夏浮筠(元瑮)、徐巽言(谔)"，见《饮冰室合集》，中华书局，1932，专集之二十三，页38。但全程陪同的为蒋、张、徐三人。

②见1918年11月7日徐新六致梁启超函，同月20日胡适致梁启超函，梁谱，页872~873。又，胡颂平编著《胡适之先生年谱长编初稿》，台北联经出版事业公司，1984，第一册，页327~329。

一九年三月中旬致北京政府的电报,说是根据威尔逊的主张,密约"可望取消,尚乞政府勿再授人口实"①。

就在美国尚未对青岛是否转让给日本一事公开表态,中国外交似乎有利之际,王正廷突然致电上海报界,指斥专使团中有"某些卖国贼"。他攻击的首先是陆徵祥,自在意中,但他的"某些"一词的暗示,据来自广州的解释,则包括顾维钧和梁启超。据梁启超在家信中说,此人"以为大功告成在即,欲攘他人之功,又恐功转为人所攘",因此既排顾、陆,又株连及梁②。但无论王正廷此举是否出于私心,梁启超面对"谣言之兴",必须表明立场。

梁启超的机变显然超过王正廷,在四月三十日美英法意四国政府首脑秘密会议决定把德国在山东的侵略权益全部转让给日本之后,他立即以国民外交协会代表的身份,致电给他的密友汪大燮、林长民,报告这一消息,"请警告政府及国民严责各全权(当然包括广州政府所派专使王正廷——引注),万勿署名,以示决心"③。林长民自然会意,得电立即捅给报界,时在一九

①前揭梁致汪大燮、林长民电。关于出席巴黎和会中国专使团的组成及表现,参前揭周策纵书,页115~119。但周书没有利用梁谱提供的某些资料。

②1919年6月9日梁启超致梁启勋函,见梁谱,页880~884。按此函甚长,详述梁启超一行赴欧前半年的情形,内有一节专述"三四月间谣言之兴",以为将顾维钧、陆徵祥和他本人均指为"卖国贼"的"谣言"制造者是王正廷,而其动机全出于个人打算。排顾维钧是"妒其辞令优美,骤得令名也"。排陆徵祥是"因其为领袖,欲取而代之也"。排他本人是"又恐象山(陆徵祥——引注)去而别有人代之也"。揆诸周策纵书曾指出"代表团内部曾因个职位高低和所代表的不同派别问题发生分歧",见该书页116注①,很难否认王正廷的攻击不是假公济私。

③电文载《申报》1919年5月4日。

一九年五月二日①。

北京学生受王正廷指斥的鼓动，相信陆徵祥、顾维钧都属于北京政府派入和会专使团内的“卖国贼”。陆徵祥作为袁世凯政府与日本签订“二十一条”的外交总长，有“卖国”的前科可征。顾维钧呢？他本是著名的亲美外交家，但据广州传到上海的消息，他即将与北京政府现任外交总长曹汝霖的三女儿订婚，即将转向亲日②。

中国人本有将“治国”视作“齐家”的延伸的传统，即如受《新青年》熏陶而自命“新潮”的北京大学学生，也没能脱出将家族利益作为判断国政是非尺度的成见。王正廷的指斥，迅速引起北京学生的回应，进而查找政府中的“卖国贼”，确定为曹汝霖和驻日公使章宗祥，便是顺理成章的。北京学生群情激愤，决

---

①前揭周策纵书，页123。按，1919年4月22日，陆徵祥致北京政府密电，已报告当天威尔逊责问中国何以与日本订立密约的问题。这表明美国在山东权益问题上已准备转向。4月30日美英法意“四人会议”，果然秘密决定牺牲中国，同意日本在山东“承继”德国权益的蛮横要求。梁启超闻讯立即致电国民外交协会，指名要汪大燮、林长民转告。汪、林都是梁的密友，自然对电文中“请警告政府及国民严责各全权”的含义心领神会。林长民在1919年5月2日发表的和会动向评论，使北京的知识界立即明白中国在巴黎和会上已经失败。

②时任驻美公使的顾维钧，为留美博士，娴熟国际关系而擅长用英语辩论。他在巴黎和会上成为中国专使团的主要发言人，因而成为国人瞩目的外交明星，是自然的。他言不离威尔逊的十四点宗旨，也使王正廷无懈可击。假如梁启超所指属实，则王正廷因妒而诬顾卖国，唯一可中伤的理由是顾的私德。家国不分原是中国的传统，因而当时国内报刊盛传顾将成为外交总长曹汝霖的三女婿，将转向亲日辱国，对顾的伤害就是致命的。从周策纵书的引证来看，这一谣言源于王正廷代表的广州政权。但周策纵对此说是非不予置辨，似乎过度谨慎了。熟悉民初人物史的人都知道，顾维钧确实是三女婿，但他是民初内阁总理唐绍仪为自己的三女儿遴选的东床，却不是北洋军头的外事总管曹汝霖为政治功利缔结的姻戚。参看陈灨一《新语林》，上海书店《民国史料笔记丛刊》本，1997，页97。又可参顾氏的回忆录。

定在一九一九年五月七日即袁世凯政府接受日本天皇关于“二十一条”最后通牒四周年那天，上街举行反对政府媚日卖国的大游行。岂知出乎广州政权意外，经过林长民迅即将梁启超“请警告政府及国民严责各全权，万勿署名，以示决心”的电文公诸于众，竟使北京学生将在天安门前集会举行游行示威的日期提前三天，出现震撼中外的“五四事件”，而梁启超也被舆论视作这场爱国运动的直接挑动者①。

历史的偶然与必然，是否属于辩证法所称的真理，在学者中仍属争论的课题。梁启超与“五四运动”的相关度，至今也未见专论。但历史的进程表明，发生在一九一九年五月四日的北京学生聚集天安门前抗议政府出卖国权的群众运动，引爆导火线的是远在巴黎的梁启超，则是不争的事实。

同样属于不争的事实，是梁启超当初并没有预料到他的行为的效应。前揭他的致弟家信作于“五四事件”后三十四天②，仍对王正廷对他的攻击不能释然于怀，便是明证。

因此，在巴黎和会结束以后，梁启超和他的“考察团”③，非但不乘势回国扩展已在思想界引发的效应，反而继续在欧洲漫游，便是可以理解的了。

---

①时有传说，1919年5月4日北京学生上街，乃梁启超用钱收买学生领袖煽动故。

②同页10注②。

③“在君和新六都是民国八年初随同梁任公先生到欧洲考察战后状况和巴黎和会情形的考察团团员。”见胡适《丁文江的传记》，引自前揭《胡适之先生年谱长编初稿》第一册，页328。在君，丁文江字。新六，徐振飞名。但前揭梁谱从未将梁启超一行称作“考察团”，胡适或据时论对其的习称。

“迷梦的政治活动”

梁启超说他在启程去国的前夜，在上海与他的研究系同道，包括随他欧游的蒋方震、张嘉森、刘崇杰，留在国内的张东荪、黄群和支持他们的企业家张謇等，通宵聚谈：“着实将从前迷梦的政治活动忏悔一番，相约以后决然舍弃，要从思想界尽些微力，这一席话要算我们朋辈中换了一个新生命了。”①

用不着讨论梁启超的忏悔是否真诚。这番话见于一九二〇年三月他回国后发表的《欧游心影录》，就是说属于事后追忆，没有直接佐证。况且即使确有其事，确属真诚，也只不过表征他赴欧前夕的心境，难保以后不变。他稍后发表的《清代学术概论》，不就又自承“不惜以今日之我，难昔日之我”吗？

不过欧游一年，对梁启超的思想与政见的影响确实不小，尽管未必可说“换了一个新生命”，却在言论取向上起了一个大变化。

我们都知道，在上个世纪末，梁启超是以鼓吹“全盘西化”论扬名于世的。那时他的西化论，名曰“变法维新”，内容很简单，所谓“变法之本，在育人才；人才之兴，在开学校；学校之立，在变科举；而一切要其大成，在变官制”②。逻辑是不错的，却也证明他对所谓西学西政的了解，不过限于在华西方传教士所办《万国公报》与广学会诸译著所介绍的那些皮毛。而且

①《欧游心影录节录·欧行途中》，前揭《饮冰室专集》之二十三，页39。

②《变法通议·论变法不知本源之害》，《时务报》第三册，1896年8月。

他所仰慕的西化模式,实际是黄遵宪所介绍的日本"明治维新"。这一点,当时在上海的马相伯、马建忠兄弟已看出来了。马相伯曾惋惜这位年轻人不明西方实情而鼓吹西化,并因此指责黄遵宪"贼夫人之子",而马建忠则自愿充当梁启超的拉丁文教师①。

然而梁启超真正明白日本的"变政"并非全盘西化,也非得自马氏兄弟的开导,而是得自戊戌八月政变迫使他成为政治流亡者而长住日本以后的观察。如所周知,梁启超流亡日本,虽成为他的老师康有为创设的"保救大清皇帝公司"即俗称保皇会的要角,乃至被时人看作这个古怪组织的副首领,但他的言论,却表明他对模拟明治维新愈来愈不感兴趣,相反却与章太炎恢复旧谊,愈来愈倾向后者鼓吹的"排满革命"论。这使康有为多么紧张,不仅在私函中申斥梁启超"流质易变"②,而且发表公开信予以指责,由此引出章太炎的《驳康有为论革命书》,并酿成震动中外的《苏报》案,可证③。

---

①参看朱维铮主编《马相伯集》,复旦大学出版社,1996,页1187;又,拙著《求索真文明——晚清学术史论》,上海古籍出版社,1996,页407~408。

②见清光绪二十八年十二月(1903年1月)康有为致梁书,梁谱,页299。康有为这一斥责,对梁启超刺激很深。以后梁曾在书信中屡说被康责"流质"事。

③上海《苏报》于1903年6月29日刊登了章太炎《康有为与觉罗君之关系》一文,即同月在上海散发的小册子《驳康有为政见书》的摘录。那时康仍是清廷通缉的国事犯,但清廷却以章驳康乃侮辱皇帝为由,要求上海租界当局将章和《苏报》资方及编作者捉拿治罪;租界法庭审判章及邹容等,原告竟是清政府,而最终判决却由英美日俄等驻华使节在北京会商裁定。此案当时曾轰动国内外。值得注意的是章太炎在前只驳康有为答美洲华侨的公开信,却不提当时更有影响的《与同学诸子梁启超等论印度亡国由于各省自立书》。案发时梁在美国。从他给蒋智由函可知,他很关注此案,并曾收到章太炎由狱中发出的以为此案乃由吴稚晖向清政府"告密"的私函抄件。梁的反应却是"中国之亡,不亡于顽固,而亡于新党","惩新党棼乱腐败之状,乃益不敢复倡革义矣",见梁谱,页327~328。

奇怪的是梁启超在一九〇三年《苏报》案后,却转而力主保皇,并成为稍后建立的同盟会的劲敌。促他转向的因素颇复杂,而那年他赴北美十个月的见闻,则无疑是一大原因。

这以前,梁启超到过檀香山,到过澳洲,但真的了解西化为何物,却是这次"新大陆"之行。

梁启超本有历史感,行前又向往民主革命,因而对独立战争造成的美国状况,无论政俗民情,都好刨根问底。美国民主过程经历的错综斗争已令他惊愕,美国社会现实存在的复杂矛盾也令他瞠目,尤其令他意外的,是同一法制下的白人社会和华人社会,在"政治能力"方面的巨大反差。他到处搜集华人社会状况的资料,用他所谓卢梭式的民主自由尺度衡量,以为中国人非但缺乏"市民资格"、"国家思想",更缺乏造成西方精神文明的"高尚之目的","只能受专制不能享自由"。他由此推论,生活在法制国的华人尚如此,何况习于专制国的内地人!

> 吾祝吾祷,吾讴吾思,吾惟祝祷讴思我国得如管子、商君、来喀瓦士、克伦威尔其人者生于今日,以铁以火,陶冶锻炼吾国民二十年三十年乃至五十年,夫然后与之读卢梭书!夫然后与之谈华盛顿之事[①]!

---

①参看《新大陆游记节录》第四十节,前揭《饮冰室专集》之二十二,页121~126。此节通过中西比较专论"中国人之缺点",将它与十七年后发表的《欧游心影录节录》中通过同样手法力陈孔老墨"三圣"以来中国传统的优点,对照阅读,是很有趣的。

这说法其实是黄遵宪“专欲尊王权以导民权”的回声①，却又是十多年后孙中山“建国三阶段论”的先驱。章太炎早称梁孙“所争不在宗旨而在权利”②，由此也可得一证。因此，当梁启超在美国得知章太炎、邹容在《苏报》案中被捕乃由吴敬恒“告密”的传闻，回应竟是“中国之亡，不亡于顽固，乃亡于新党”，“惩新党棼乱腐败之状，乃益不敢复倡革义矣！”③这可能是他自饰转向的托辞，却也是他上述逻辑必定演绎出来的心声。

于是梁启超“归自美利坚而作俄罗斯之梦”了④。这使黄遵

---

①见清光绪二十八年（1902）十一月黄遵宪致梁启超函，梁谱，页301~307。按，从梁任《时务报》主笔后，黄遵宪对梁启超的思想行为影响之大，在某种程度上已超过康有为。尤其在戊戌政变后，黄、梁保持密切的通信联系，每当康、梁师徒出现分歧，黄总是给梁打气。梁在排满革命与君主立宪中间摇摆的中止，从思想史角度来看，黄的婉言引导，实起了某种催化作用。奇怪的是，在黄去世（1905）后十五年，梁著《清代学术概论》，说到黄遵宪仅两处，一是黄在湖南与人合办时务学堂，二是黄的诗可与金和、康有为并提。他既不提及黄著《日本国志》在戊戌维新运动中的巨大影响，更不提他本人在1896年到1905年十年间，曾受这位密友兼导师的支持和引导。个中奥义，尚待索解。

②见清光绪二十八年二月章太炎致吴君遂等书，引自汤志钧编《章太炎政论选集》上册，北京中华书局，1977，页162。

③已见页15注①。

④黄遵宪概括梁启超《政治学大家伯伦知理之学说》（《新民丛报》三十八、三十九号合刊本）的自述语，见清光绪三十年（1904）七月四日黄与梁书，梁谱，页340。黄在此函中既批评了康有为与章太炎，也不赞成梁倾向“保国粹说”；内又以梁作《管子传》《墨子学说》二文为由头，述说自己关于周秦诸子长短的见解，表示不同意梁论学术变迁“以空间说”，而强调应“以时间说”，这正是梁晚年论学术史特重时间序列的由来。

宪欣喜,也使康有为宽慰①。可是梁启超于一九〇六年一月在《新民丛报》开始连载的《开明专制论》,固然惹得《民报》的政论家们大恼,却表明他仍以为光绪皇帝决非彼得大帝。与康有为的期待不同,他寄希望于某个能以专制铁腕推行"宪政"的强人,而无论其为君主还是僭主。由他代清廷五大臣起草出洋考察宪政的奏折,可证他心目中的彼得大帝,实为那个悬赏十万两白银购买他和康有为头颅的慈禧太后。果不其然,同年九月这个老太婆同意下诏"预备立宪"。梁启超很得意,立即著文说"从此政治革命问题,可告一段落,此后所当研究者,即在此过渡时代之条理何如"②。

慈禧岂是能容帝国有反对派合法活动余地的"开明"僭主!梁启超历尽辛苦,拉出学贯中西的政界耆老马相伯,充任他组织的政闻社的"总务员",却外遭同盟会冲击,内被慈禧封禁,害得

①梁启超在 1902 年后曾一度倾向革满清帝国之命,曾使康有为大恼,也使黄遵宪忧虑。当梁"自美归来而梦俄罗斯",即复返戊戌政变前期待清君仿效沙俄彼得大帝"变政"的立场,显然受到黄遵宪"专欲尊王权以导民权"见解的影响,而康有为则以为他回到了保救光绪皇帝的保皇主张。因此黄立致长函鼓励,而康有为也真的松了一口气,这在梁谱中都有详细记载。参看张朋园《黄遵宪的政治思想及其对梁启超的影响》,载台北中央研究院《近代史研究所集刊》第一期;亓冰峰《清季梁启超的言论及其转变》,见《中国近代现代史论集》第十六编,台北商务印书馆,1986,页 439~480。

②据李华兴、吴嘉勋编《梁启超选集》附录一《梁启超生平活动年表》转引,见该书,上海人民出版社,1984,页 897。此说当出自梁于清光绪三十二年(1906)七月刊于《新民丛报》的《杂答某报》。此篇驳《民报》的"政治革命"主张,末附《驳孙文演说中关于社会革命论者》一文,乃至斥孙关于土地问题的见解,"一字不通"。或因亵渎未来的"国父"太甚,故 1933 年中华书局出版的林志钧、陈寅恪等编《饮冰室合集》,摈此文不录?

他一团高兴化为乌有①。

可幸慈禧的假立宪,触发了全国各省的绅商参政运动。早在“庚子拳变”时期已显示脱离清廷控制的东南各省,绅商领袖率先利用慈禧“预备立宪”的许诺,纷纷成立咨议局,保护地方利益,尤其是铁路民办权。这批名流需要非革命的改革论,他们不约而同地赞赏梁启超在光绪、慈禧相继死后出版的《国风报》宗旨,所谓“忠告政府,指导国民”,而将帝国出路归结为速开国会②。

可惜政府不听梁某“忠告”。满洲皇家那班纨袴子弟,刚失去老太后约束,便对她的顾命大臣下手,赶跑袁世凯,气死张之洞,这时又继续侮弄巴望以“革政”代“革命”的地方士绅领袖,悍然成立“皇族内阁”,沐猴而冠,好不得意,恰好反证革命党人呼号“排满”有理。连“四民”之首的咨议局士绅,也带头在帝国腹心地区借保路为由同满洲政府大闹,国民岂听梁某“指导”?

于是改变中国历史的辛亥革命,便在似乎无望的时间,似乎平静的地点,由前任湖广总督张之洞招募的武昌新军中向往“满洲一倒,一切自好”的青年士兵,秘密制造炸弹失手的一次偶然事件,被引爆了。

国内风云陡变,使尚在东瀛策划如何说服摄政王开放党禁的康梁不知所措。他们不相信帝国将从此断气。梁启超想出的对策,先是火中取栗,所谓“和袁慰革,逼满服汉”。他不料革命

①关于政闻社始末,我曾予考证,见前揭《马相伯集》页1186~1192,《求索真文明》,页406~413。

②《国风报》征订广告,见《申报》宣统二年一月十二日;《国风报叙例》,前揭《梁启超选集》,页559。

党竟不顾军事失利,在孙中山回国后便宣告中华民国成立。他也不料袁世凯被满洲皇室在途穷无计中敦请复出后,反而依仗武力,乘乱得手,用接受民国招牌作手段,逼迫清室小皇帝和民国大总统,双双退位,自己披上了合法元首的衮服。

梁启超终究善于审时度势,赶紧变策略为移花就木,不惜先在保皇党内部"逼宫",力劝康有为退隐,以示向共和制输诚。这自然使康有为大恼,却使袁世凯大乐,他正需要梁启超化敌为友,帮助他在舆论界树立新形象。

哪知道事态发展竟被康有为"不幸而言中"①。梁启超原把袁世凯当作曹操,指望他"参用开明专制之意","以奏整齐严肃之治"②。直到袁世凯刺杀宋教仁,打掉孙中山、黄兴仓皇发动的"二次革命",将孙、黄再度赶出国门亡命,而将厉斥他为"新莽"的章太炎变成囚徒,这时梁启超仍然忘记"兔死狐悲"的古训,还替袁世凯出主意,说今后应仿曹操故伎,"挟国会以号召天下"③。袁世凯佯作听从,即命在"宋案"后乘国民党议员作鸟兽散而跃居国会第一大党的进步党组阁。梁启超乃此党实际领袖,出任司法总长,而大政方针都由他与总理熊希龄共商草拟。可是这个"人才内阁",仅开张三个月,便被袁世凯用解散国会的

①民国六年"丁丑复辟"失败后,康有为曾集反排满共和言论为一书,名曰《不幸而言中,不听而国亡》。

②1912年2月15日民国临时参议院选举袁世凯代孙中山为临时大总统,梁启超立即电贺,在得袁"尤盼楔教"的回电当天,便草长函,向袁献策:"善为政者,必暗中为舆论之主,而表面自居舆论之仆,夫是以能有成。今后之中国,非参用开明专制之意,不足以奏整齐严肃之治。夫开明专制与服从舆论,为道若一相反,然在共和国,非居服从舆论之名,不能举开明专制之实。以公之明,于此中之消息,当已参之极熟,无俟启超辞费也。"见梁谱,页617。

③民国二年7月26日上袁大总统书,梁谱,页675。

一纸命令,取消了存在理由。它倒台后,梁被袁任命为币制局总裁。他好像还迟迟未悟自己已如被王莽称帝前玩弄的“国师公”刘歆,投诸闲散十个月,才承认无所事事,“以不才之才为无用之用”为由请辞,却正好授袁总统奚落他“实无用”以话柄①。

然而袁世凯显然已被皇帝梦冲昏了头,低估了梁启超的能量,把梁氏绝意政治的声明视作书生怯弱的表征,放任他移家出京。随即杨度填补了梁启超留下的舆论领袖空白,替当世王莽做真皇帝鼓噪。已任参政院参政的逊清遗老汪凤瀛大为袁世凯担忧,让其子汪荣宝代草条陈,说是袁之总统权力已举世无匹,“是中国今日共和二字仅存国体之虚名,实际固已极端用开明专制之例矣”,而改总统为皇帝,只能务虚名而招实祸,所谓“七不可”②。我们不知梁启超是否见过这道条陈,但知他已与门生蔡锷密谋起兵讨伐袁世凯复辟帝制,他那举国视作为护国运动的先声的《异哉国体问题者》一文,反复辟理由也与汪氏父子条陈雷同。

民国五年六月,袁世凯终于在以“罪己”令宣布取消洪宪帝制两个半月后羞愤死去。梁启超策划的护国运动取得成功,也洗刷了自己的假共和的污名。

问题是倒袁后北洋军头们群龙无首,南方各派军阀也无所忌惮。梁启超和他的研究系朋友,除拥戴皖系军头段祺瑞组阁外别无选择,却急于制订一部宪法收拾人心。困难在于谋求国际支持以恢复“中央集权”。

---

①“梁卓如辞币制局总裁,有‘以不才之才为无用之用’语,袁总统笑曰:‘卓如非不才,总裁实无用!’”前揭《新语林》,页26。

②全文亦见《新语林》,页20~23。

那时欧战由于美国参与,形成世界大战,而且形势有利于协约国。梁启超以为乘欧战之机出兵侵占胶州湾的日本对中国威胁最大,但日本正以反德为名受英国支持,于是他想出对策,用对德绝交来联美制日,再利用日本可能因此造成的担忧,迫使其出钱帮助北京政府以扩展在中国的权益;设计似乎不错,缺点在于忘记外交是内政的延伸。

他力促段祺瑞宣布对德绝交,却造成重开的国会内各派系剧烈争吵,并造成总统黎元洪和总理段祺瑞的"府院之争"。黎为逐段下台,解散国会,招请辫帅张勋入京,以北洋制北洋。不意张勋立即与康有为合作,演出了"文武二圣"拥戴亡清废帝重坐龙庭的"丁巳复辟"丑剧。

梁启超这回行动更快,于一九一七年七月一日张勋宣布复辟当天便通电反对,随即说动段祺瑞举行"马厂誓师",仅用十天便将张勋、康有为分别驱入荷、美驻京使馆寻求庇护。当然,他与段祺瑞"再造共和",不仅成为段内阁的财政总长,还使他的对德奥宣战的外交谋略化作实践。他没想到藉此诱导日本向段内阁输血的"第二次善后大借款",却使他栽了大跟斗,仅任财长四个月便黯然下台。从此被北洋军头们抛弃,到死也没能重返政坛。

这就是梁启超自述赴欧前夜与他的派系主要成员忏悔"从前迷梦的政治活动"的由来。那以后,确切地说是从一九二〇年三月他从欧洲回国以后,到他于一九二九年一月病逝前,总共八年多,他主要以学者面目现身。

然而这位至死“仍于政治方面有泛运动之兴趣①”的人物，晚年的学者生涯，其实是中年的政治生涯的直接继续。但迄今为止的梁启超研究，对他中年从政那十年的历史，罕有讨论。这对了解他早年作为政论家的取向不利，更对了解他晚年作为学者论史的命意造成困难。因此，我在讨论《清代学术概论》成稿前，对于那十年梁启超的生涯，略作绍介，也许不算辞费。

映现危机意识的“心影”

《欧游心影录节录》是梁启超于一九二〇年三月返国伊始发表的第一部著作。它的首篇《欧游中之一般观察及一般感想》——又分上下篇，分别题作《大战前后之欧洲》、《中国人之自觉》，先后在上海的《时事新报》和北京的《晨报》连载②，立即引起轰动。

引起轰动的主要是文中的两个见解，那就是对“科学万能”的诅咒，对“东方文明”的讴歌。

---

①1920年10月15日傅治致张东荪书语。傅、张均为共学社成员，他们都对通过控制中国公学，进而主导国内大学教育的设想有兴趣。傅治还对共学社组织松散着急，以为它非“真团体”，不可能成为未来“组党”的基础。见梁谱，页920~922。按，这是当时共学社及其同情者中不少人对梁启超的共同批评，包括其中坚人物蒋方震、张嘉森等。蒋与张东荪曾辩论如何使梁将兴趣转向讲学。

②《欧游心影录》作于1919年10月11日后，约成于同年12月初。那时梁启超和他的“考察团”在巴黎和会前后已历游英、法、比、荷、瑞士、意诸国，尚未赴德国。全书分八篇，据梁谱（页895）说全书未完成。梁氏返抵上海前两日，1920年3月3日，首篇便开始在《时事新报》连载，同月25日刊毕，同月也见于同属研究系控制的北京《晨报》。但全书于1921年10月编定的《梁任公近著第一辑》上卷才发表，题作《欧游心影录节录》；《饮冰室专集》之二十三所收此书，即据1923年上海商务印书馆出版的《近著第一辑》本。

据梁启超说，将欧洲打得满目疮痍并诱发社会革命暗潮的列强战争，祸起于百年来催眠欧洲人的“科学万能之梦”，而祸首则在于达尔文的生物进化论，所谓“生存竞争，优胜劣败”；它使“自己本位的个人主义”走向极端，于是崇拜势力、崇拜金钱成了天经地义，军国主义、帝国主义变为最时髦的政治方针。“这回全世界国际大战争，其起原实由于此；将来各国内阶级大战争，其起原也实由于此。”①

梁启超似乎忘记了，当上个世纪九十年代严复“达恉”的《天演论》手稿甫成，首先被迷倒的正是他本人②。其实他并不健忘，他在《欧游心影录》中矢口不提斯宾塞便是明证。达尔文称生物界的生存竞争法则为“自然淘汰”——后人译为“自然选择”更切合原意，而斯宾塞不仅以为生存竞争也是人类社会的“第一原理”，还将它表述为“优胜劣败，弱肉强食”。这一点早由严复揭示，继由章太炎与曾广钧合译的《斯宾塞尔文集》所证明，嗣后在梁启超本人的政论中屡被引作不证自明的人类公理。倘说中国人也曾被进化论催眠，大做“科学万能之梦”，并进而做起“自己本位”之梦的话，那首唱者中便有梁启超。谓予不信，只消一瞥《饮冰室自由书》。

因此，当梁启超在巴黎近郊的寒冷别墅中，与蒋百里、张君劢等旦夕聚谈，而后奋笔讥诮“科学先生”，说是它好比沙漠中迷路的旅人发现的一个“大黑影”，令讴歌科学万能的人拼命追赶，以为它可以成为找到黄金世界的向导，“那知赶上几程，影

①《欧游心影录节录》，前揭《饮冰室专集》之二十三，页9。

②参看周予同师《五十年来中国之新史学》四，见朱维铮编《周予同经学史论著选集》增订本，上海人民出版社，1996，页527~528。

子却不见了，因此无限凄惶失望。影子是谁？就是这位‘科学先生’！欧洲人做了一场科学万能的大梦，到如今却叫起科学破产来。这便是最近思潮变迁一个大关键了。”[①]这时，他究竟在嘲笑欧洲人，还是在影射正在热情礼赞“赛先生”的中国的新青年们，还消说吗[②]？

于是，在近代中国堪称提倡“思想解放”，即把西洋文明视作人类大同的未来楷模的鼓手的梁启超，这时仍然强调中国应该成为“世界主义的国家”，应该坚持“思想解放”，而且必须“彻底”，却倒过来将目标定位于“中国人对于世界文明之大责任”[③]，也毫不奇怪。

古老的中华文明，在人类历史上曾对世界文明做过巨大贡献，这是人所共知的。当年戊戌维新运动的名角康有为、谭嗣同、梁启超等，将中国的出路寄托在“全盘西化”，甚至将斯宾塞的社会达尔文主义比附为《尚书》已有的“兼弱攻昧，取乱侮亡”学说，从而如《仁学》宣称西方侵略只会促使中国进化，或者如《康南海传》宣称的利用孔教也必须模拟德国的马丁·路德，那当然是行不通的。可是，欧战固然暴露了西洋文明的种种弊病，却正如梁启超早在本世纪初发表的《新史学》赞赏的斯宾塞的“邻猫生子”说，假定邻居失火，难道就可反证自家房屋具有避免失火的神奇功能吗？

---

①前揭《饮冰室专集》之二十三，页12。

②参看郭颖颐著、雷颐译《中国现代思想中的唯科学主义（1900~1950）》，江苏人民出版社《海外中国研究丛书》本，1995，页7~13。

③参看《欧游心影录节录》论“中国人之自觉”诸节，前揭《饮冰室专集》之二十三，页20~38。

梁启超恰在这一点上失足。他同情“五四事件”的爱国学生①,却反对“五四运动”表征新文化的方向②。因此,他在《欧游心影录》中,宣称“西洋文明已经破产”,而造成破产的正是“科学先生”,便只能说是在批评“五四”时期那班新青年将新文化运动引错了路。

不过梁启超对他所谓过信“科学万能”,而在近代西方世界造成的负面作用,也就是他说的“现今思想界的最大危机”的分析,却不能视作纯属危言耸听,不妨引录如次:

> 宗教和旧哲学,既已被科学打得个旗靡辙乱,这位“科学先生”便自当仁不让起来,要凭他的试验发明个宇宙新大原理。却是那大原理且不消说,敢是各科各科的小原理,也是日新月异,今日认为真理,明日已成谬见;新权威到底树立不起来,旧权威却是不可恢复了。所以全社会人心,都陷入怀疑沈闷畏惧之中,好像失了罗针的海船遇着风遇着雾,不知前途怎生是好。既然如此,所以那些什么乐利主义强权主义越发得势;死后既没有天堂,只好尽这几十年尽地快活!善恶既没有责任,何妨尽我的手段来充满我个人欲望!然而享用的物质增加速率,总不能和欲望的腾升同一比例,而且没有法子令他均衡,怎么好呢?只有凭自己的力

---

①梁于1920年3月归国后,即曾致函北京政府总统徐世昌,“请释放去年因五四运动被捕的学生”,见梁谱,页902。

②参看梁启超1920年3月抵沪后,对《申报》记者的谈话,在吴淞中国公学的演说等,梁谱,页899~902。

量自由竞争起来。质而言之,就是弱肉强食!近年来什么军阀什么财阀,都是从这条路产生出来的。这回大战争,便是一个报应。诸君又须知,我们若是终久立在这种唯物的机械的人生观上头,岂独军阀财阀的专横可憎可恨,就是工团的同盟抵抗乃至社会革命还不是同一种强权作用!不过从前强权,在那一班少数人手里,往后的强权,移在这一班多数人手里罢了。总之,在这种人生观底下,那么千千万万人前脚接后脚的来这世界走一趟住几十年,干什么呢?独一无二的目的就是抢面包吃。不然就是怕那宇宙间物质运动的大轮子缺了发动力,特自来供给他燃料。果真这样,人生还有一毫意味,人类还有一毫价值吗①?

用不着指出这段话在经济学政治学上的理论偏见。单看他把"弱肉强食",说成科学破坏旧宗教旧伦理权威所诱发的恶果,便是反历史的。前引他和谭嗣同等在戊戌维新时期,都把相传是商朝名相仲虺发明的"兼弱攻昧、取乱侮亡"奉作人类公理,那难道是孔德的实证论或达尔文的种源论教诲的结果么?中世纪的中国史家,都好用"饱暖思淫欲,饥寒起盗心"一类说法,来解释政府腐败和民众暴动的起因,岂非将人生目的看作"抢面包吃"在中国古已有之的明证么?

可是梁启超提出了"五四"新青年虔信"德、赛"二先生能救中国所存在的悖论,却是对那时代社会思潮的主流的一种针砭,则无可否认。他的针砭本身也属于悖论,如他在批判"科学万

---

①前揭《饮冰室专集》之二十三,页11~12。

能之梦”一节“自注”所说,“我绝不承认科学破产,不过也不承认科学万能罢了”①。这个悖论蕴涵的矛盾,甚至在他的门徒中也激发争论。后来发生的著名的“科玄论战”,在科学与人生观问题上各执一端的双方主将,竟是一同陪他欧游的丁文江和张君劢,就是确证。

问题没有解决,但在欧洲所见与从国内传来的所闻,取向如此相反,却使梁启超焦虑。他既然认定新文化运动已误入歧途,因而不惜再度“难昔日之我”,现身说法,在把“西洋文明已经破产”当作经验事实的同时,转而对他从前曾经以激烈语调否定过的“东方文明”,特别是正遭“五四”新青年们痛打的“孔家店”的传统的未来命运,重作反思,便可以理解。

作为“新史学”的倡导者,梁启超早在本世纪初就和章太炎共商编纂一部《中国通史》②。时过十六年,即欧游前一年,梁启超在被迫退出民国政坛后,曾把独力撰成《中国通史》当作主要事业。计划照例半途而废,但显然更增强了他的历史感。

徘徊于治学与问政之间

由于《欧游心影录》关于东西文明的论述,引发了“五四”后中国思想界关于东西文明问题的长期论战,由于梁启超在此书

①前揭《饮冰室专集》之二十三,页12。
②前节已述。

《中国人之自觉》末节的结语①，被梁漱溟在《东西文化及其哲学》一书中大加发挥，遂使梁启超晚年的学术思想，成为迄今争论不休的课题。有的西方汉学家乃至将他定性为“新传统主义者”②。

这里不想讨论梁启超与梁漱溟的见解同异。还是引梁启超在《欧游心影录》首篇结语中的原话作证。他在以夸张的笔调述说“近来西洋学者，许多都想输入些东方文明”③之后，有一段对青年的希望，希望青年们研究传统：

> 第一步，要人人存一个尊重爱护本国文化的诚意。第二步，要用那西洋人研究学问的方法去研究他，得他的真相。第三步，把自己的文化综合起来，还拿别人的来补助他，叫他起一种化合作用，成了一个新文化系统。第四步，把这新系统往外扩充，叫人类全体都得着他好处④。

这个四步走的设计，出发点当然是对“菲薄孔子”乃至否定中国全部“旧学”的批评⑤。然而批评别人走一极端，并不反证自己将走另一极端。梁启超在提出这设计前，先对“故步自封”和“沈醉西

---

①节题为《中国人对于世界文明之大责任》，结语说：“我们可爱的青年啊，立正，开步走！大海对岸那边有好几万万人，愁着物质文明破产，哀哀欲绝的喊救命，等着你来超拔他哩！我们在天的祖宗三大圣和许多前辈，眼巴巴盼望你完成他的事业，正在拿他的精神来加佑你哩！”见前揭《饮冰室专集》之二十三，页38。这段话曾为无数论著所引用，或赞或讥或斥，或苟同或曲解或诛心，然而多以为是表彰传统儒学，罕有人注意梁称孔老墨三大圣，实为否定孔子的独圣地位，而他以为老子才代表中国哲学，而墨子更是与西方古典科学与实践相合的圣者。

②格里德著、鲁奇译、王友琴校《胡适与中国的文艺复兴——中国革命中的自由主义(1917~1937)》，江苏人民出版社《海外中国研究丛书》本，1996，页145。按，此书叙胡适以外的中国近代思想史多不确。不了解晚清《国粹学报》曾致力在中国提倡文艺复兴，便是显例。

③④⑤均见《饮冰室专集》之二十三，页36~37。

风”两种倾向，都报以嘲笑，至少表明他对那种非此即彼的直线思维方式，是不满的。他设想未来全人类应共有“新文化系统”，固然已沾上后来陶希圣辈“中国文化本位”论那种臭味，但他以为异质文化应该互补，通过化合，而后才能创造出真正的“新文化”，便胜似如今实属亨廷顿及其批判者共识的所谓“文明冲突”论。

只是梁启超总也忘情不了政治。他归国后便筹组共学社，宗旨是“培养新人才，宣传新文化，开拓新政治”①，并将研究系的《解放与改造》杂志重组为共学社的机关刊物《改造》，由他和蒋方震同任主编②。

这个小团体想为所谓学者社会代表的中等阶级“开拓新政治”，原属空中楼阁，事实也表明他们仍想利用某派军阀的实力

①1920年5月20日梁启超致梁善济等书，见梁谱，页909。

②《解放与改造》，署新学会主办，半月刊，1919年9月在上海创刊。新学会的发起人为梁启超、张嘉森（君劢）、蒋方震（百里）、张东荪等，“该会的宗旨简单的说，是想从学术思想上谋根本的改造，以为将来新中国的基础”。见梁谱，页889。1920年4月，梁启超、蒋方震等组成共学社，即策划整顿《解放与改造》（原由张东荪主编），更名《改造》，由梁、蒋主编，实由蒋方震主持。梁启超草拟的《〈改造〉发刊词》，提出“本刊根本精神”，称作“宣言”，原十四条，经张东荪、蒋方震润色为十六条，于1920年9月15日出版的第一号刊出（卷次仍续《解放与改造》，故称三卷一号）。这份发刊词，实为“五四”后梁启超一系的全面的政治主张，即梁原稿所说“为同人之公共信条”，刊出时所称“为同人之公定趋向”。其所谓同人，由梁谱录存的书信可知，包括沪京津三地从事政治、教育、实业、文化诸事业的众多名流。其所谓信条或趋向，则可说体现了后来为人所知的“国家社会主义”。但这份政论刊物，迄今甚少为人研究。即如发刊词，梁的原稿，文字浅露直截，十四信条首谓“旧式的代议政治不宜于中国”，结末攻击“偏狭偏颇的旧爱国主义”，中间力倡“地方自治”、“分配平均”、“兵民合一”、“强迫教育”，而抨击“思想统一为文明停顿之征兆”，“浅薄笼统的文化输入实国民进步之障”等；在刊出的十六条中，经次序调整、文字删润，多变得含蓄乃至模糊，至今未见对照研究。据我考察，《饮冰室文集》之三十五内题作《〈解放与改造〉发刊词》一文，实即《〈改造〉发刊词》的原稿。它的写作时间，在《欧游心影录节录》首篇之后，在《清代学术概论》之前。三篇题材不同，但属于同一时期梁启超思想的不同角度的映现。我不赞成把这时的梁启超称作“新传统主义者”，此即一据。

支持，从事“国民制宪运动”①，但又企图同时抓教育，造舆论，所谓“于社会方面下筑基础之苦工”②。然而共学社甫立，三点宗旨如何同时付诸实践，便使身为领袖的梁启超支绌为难。因为无论讲学或办学，著书或作文，创办中外合资公司或为《改造》杂志募集经费，乃至筹画邀请罗素、柏格森等来华讲学，分主其事的社员都要他出头，用蒋方震的话说，“非任公自身出马，先冲出去不可”③。

那时梁启超四十五岁，年富力强，精力更显得超群，但要以一身推进“言论与政治并行”④，顾此失彼，自不可免。“五四”时期，由于以东南为主的一批学者名流的提倡，认为民国的出路在于“联省自治”，这一政治主张也歆动了某些军阀。梁启超归国后对此说甚表钟情。他说服了直系军头吴佩孚，出面集合各省

①参看梁谱页913~915引诸材料。

②民国九年蒋方震致张东荪书，梁谱，页925。

③同上注引书，页915。

④梁启超于欧游归国后曾主张废除常备军，“但采兵民合一制度”，实则仿效瑞士式的全民皆兵。研究系的蓝公武（志先）因此提出“废兵”论，作文交《改造》新主编蒋方震。梁启超示蒋可将“废兵运动”作为《改造》创刊号的“中心题”，说是“此最投合国民心理”，并可于文字之外，促使“目前便有一种事实上之结合运动”（当指《改造》发刊词所谓“本刊所鼓吹，在使文化运动向实际的方面进行”——梁原稿作“在文化运动与政治运动相辅而行”），“此种运动旗帜要简单，要普遍，似莫于先设一废兵运动同志会，青年集者必众，他党派之人亦或可结合”云云，见梁谱，页917。梁的这一设想，显然想造成一种对军阀力量进行釜底抽薪的舆论，并争取青年对共学社政见的支持，但在当时无异是与虎谋皮，反而引起共学社内部的不满与分歧。《改造》创刊号出版后，前揭傅治致张东荪书，说梁欲“以创议手段撼动社会，为议论行动之出发点，诚为妙着”，但徒然表现他“仍于政治方面有泛运动之兴趣”，“仍在浮处用力，不在实处用力”，“思前顾后，可为寒心”云，便反映了共学社内部的一种情绪。了解这一点，对于了解梁启超在《清代学术概论》论晚清部分，以夸张失实的笔触，彰显所谓今文学运动以及“排荀运动”，所寄托的“微言大义”，是重要的。

各团体举行“国民大会”，自任起草宪法，并想借机迫使各派军阀交出兵权，在“国民制宪”的同时掀起“废兵运动”。这更使希望他潜心讲学著述以为团体构筑基础的同道失望，说他是“仍于政治方面有泛运动的兴趣”，“仍在浮处用力，不在实处用力”①。

这批评说对了一半。所谓联省自治，似想真实行的唯有湖南军头赵恒惕，曾宣布本省自治，并邀请梁启超替湖南起草一部省宪法。但随即惹怒了吴佩孚，打起了湘鄂战争，“国民大会”成了泡影，“废兵运动”更显出是与虎谋皮。共学社“开拓新政治”就此止于幻想。

然而梁启超在“浮处”的失败，并不意味着他在“实处”毫无成绩。

他于一九二一年秋天应聘到南开大学讲授中国文化史，从此开始了教授生涯，往返南北讲学，影响很大。尤其是一九二三年九月起任清华国学研究院导师以后，与王国维、陈寅恪、赵元任等合作，为中国培养了一批未来的学术栋梁，那是后话。就是在他最热衷于“国民制宪运动”之际，他仍然成功地取得了上海商务印书馆张元济等的支持，组成了讲学社，有计划地邀请域外学者来华讲学。而当首位应邀的英国哲学家罗素即将到达上海的时候，他却没有南下“亲迎”，理由并非忙于政治，而是忙于著作。那就是我们现在看到的《清代学术概论》。

①同页31注④。

并非治清学史的第一人

梁启超不是本世纪研究清学史的第一人，却是“五四运动”后重新讨论清学史的第一人。

一九二〇年十一月，《前清一代中国思想界之蜕变》，在《改造》三卷三期（实为《解放与改造》更名后的首期），夹在大量政论文中出现，而显得似乎不伦不类的时候，那时的读者也许熟悉梁启超惯于以史论为政论的风格，没有对这一点留下惊讶的反应。但我在多年后读到篇前的作者自序——单行本《清代学术概论》照植不误，却对其中第二项的声明感到惊异。

这项声明重提作者的一篇旧著：“余于十八年前，尝著《中国学术思想变迁之大势》，刊于《新民丛报》，其第八章论清代学术，……余今日之根本观念，与十八年前无大异同。”①

这里梁启超两次提到“十八年前”，提醒人们注意他“今日的根本观念”，早在一九〇二年便基本定型了。

是这样吗？我虽然没有胡适自诩的“历史癖与考据癖”，却因浸淫于史学太久，凡遇我认为对习史者至关重要的时、地、人、事四要素，必定要征而后信。特别由于以前太多地吃亏的经验，对于各界名流回忆历史，涉及其人亲历的情节，总要寻求本证旁证才敢放心引用。幸而《新民丛报》并不难觅，核查的结果呢？更令我对这位“太老师”的说法起了疑心。

《论中国学术思想变迁之大势》，发表于一九〇二年，连载

①此篇已收入《饮冰室文集》之七，文集编者所编目录题注署作期为清光绪二十八年（1902）。但末章《近世之学术》实为清光绪三十年（1904）补作，而编者未予注明。

于当年的《新民丛报》,都是不错的。问题是这篇长文凡九章,而《新民丛报》在当年仅载毕第七章,便中断了。中断的原因很清楚,因为从一九〇三年初起,梁启超便泛舟于太平洋中,作"新大陆"之游。同年仲冬返日本,先卧病,再赴香港出席一九〇四年初举行的保皇党大会,会后又秘密到上海筹办《时报》。到一九〇四年五月再返日本,重掌《新民丛报》笔政,至同年夏天才续刊《论中国学术思想变迁之大势》的八、九两章。两章作成的时间,与前七章相距一年半,连题目也重拟了,发表时题作《近世之学术(起明亡以迄今日)》。《清代学术概论·自序》引述的那三段文字,均见于此文。就是说,假如承认梁启超在一九二〇年所说"余今日之根本观念,与十八年前无大异同"可信的话,则其中"十八年",应改为"十六年",才算属实。

时间的界定是史学家的首要基本功。自从西周共和元年以后,中国历史便以"纪年"的精确性傲视全球。自从司马迁的《史记》问世以后,中国史家重视时间的精确性,便显示为"纪月"。以后随《实录》、《大政纪》一类历史编纂形式的定型,记载历史事件的时序,精确到月日,已成宫廷史家的职业习惯。

梁启超从一九〇一年作《中国史叙论》起,便表明他通晓此道。因此他分明发表于一九〇四年夏以后的史论,却偏要强调"著"于一九〇二年,这不能不引起我们探究的兴味。那中间一年半,究竟有什么因素,才使梁启超要模拟康有为的惯用手法,用倒填著论时间,来争"论清代学术"的首创权呢?

这两章屡引"余杭章氏谓",提供了释疑的线索。余杭章氏,只可能指章太炎。这一点,由梁文引章氏谓,主要见于章太炎的《清儒》篇,可得确证。

《清儒》是章著《訄书》重订本的第十二篇。这个重订本于一九〇四年首刊于日本东京，与梁著《近世之学术》同年。如前所述，那以前章太炎因《苏报》案而在上海租界陷身囹圄，到一九〇六年六月才三年刑满，出狱赴东京。他的《訄书》重订本，其实早在一九〇二年在日本流亡时便从事改作①。那时他曾寓居《新民丛报》社，与梁启超过从甚密，旦夕切磋学术，由他们商定"中国通史略例"可知。梁启超在北美对于《苏报》案的回应，不直吴稚晖，而表同情于章太炎、邹容，也如前述。因此，《近世之学术》，屡引"余杭章氏谓"，既表示对章太炎为排满受难的同情，更凸显当年梁启超在学术上的诚实。

难道十六年后梁启超在学术上变得不诚实了吗？可以说是，也可以说不是。这十六年中梁启超与章太炎在政治上异大于同，尤其是在南北分裂中间，他们的政治态度绝异。这时梁启超著书，即使单从政见考虑，也会缩小他曾从章太炎那里获得的学术启迪。况且他在此篇中要宣布的正是他对"今文学派"所作的猛烈的宣传运动，不仅最终埋葬了清代汉学，还引发了排满共和之论，而章太炎非但是今文学的宿敌，并且是公认的排满革命学说的构建者。这时梁启超当然不会明白地承认曾受章太炎的影响。但他不忘"十八年前"的基本见解，岂非起了提醒读者去追索其来源的效应吗？

章太炎和梁启超，兼及刘师培

周予同先生首先指出这一点："梁氏论述近三百年学术史，

①参看朱维铮编校《章太炎全集》第三卷前言，上海人民出版社，1984，前言页8~14。

实在是从章太炎《清儒》那里来的。”①

因此，一九六一年周先生主编大学文科教材《中国历史文选》，便强调《清儒》实为近代论清学史的首出名篇，应为大学历史系学生必读，而坚持予以选入②。

作为周先生的老助手，我在“文革”后修订这部教材，决定尊重周先生的意愿，仍收入此篇，并决定恢复它的原初面目。在校注《訄书·清儒》的数月中，我重新将它同梁启超的《清代学术概论》、《中国近三百年学术史》二书，以及《论中国学术思想变迁之大势》八、九两章，外加刘师培的名文《清儒得失论》等，详予比照，越发相信周先生的提示是符合历史事实的。

由于章太炎的文笔，以古奥著称，而且如同《訄书》重订本的其他论文一样，《清儒》也劈头便从世界文明史的进化总趋势说起，而进入正题，又假定读者对清帝国的全部学术论著及其作者，都同他章太炎一样熟悉，需要的只是厘清史实和揭示底蕴，结果此篇纵使有注释，仍显得异常难懂③。

为了便于读者比照，现将我旧作的《清儒》提要，转录如次：

本篇是对清朝二百余年学术变迁史的系统总结。

---

①见周予同讲授、许道勋笔记整理《中国经学史讲义》上篇二章三节，前揭拙编《周予同经学史论著选集》增订本，页837。

②见周予同主编《中国历史文选》下册，中华书局，1962，页395～420。按，此册所选《清儒》，系据辛亥后收入《检论》的修改本。此册选目，当时曾遭非议，尤以周先生选入此篇及王国维《殷周制度论》的“动机”为辞，认为特重考据学有引导学生脱离学术为政治服务的倾向云云。但周先生仍力主选入，并在讲授“中国经学史”时特别指出《清儒》在学术史上的价值。

③《訄书·清儒》的注释，见周予同主编、朱维铮修订的《中国历史文选》下册，上海古籍出版社，1980，页331～351。

原篇分三节。首节分析“经”的性质,认为同世界文明古国的记录一样,是夹杂着神话迷信的古史,硬拿来搞“通经致用”,结果既不通历史,又危害政治。次节说乾嘉考据学者恢复了把六经当作历史研究的传统,所以在学术上放出异彩;但朴质的考证,不合文士的口味,于是有攻击汉学的桐城派出现,于是又有欣赏《公羊》三世说的常州学派出现,于是又有调和汉、宋学以求名的陈澧等出现。末节是关于清朝经学研究具体成果的评论。最后针对康有为等否定考据学作用的意见,认为考据学家强调无征不信,竭力搜集证据,到未来的历史家应用时,便会看到这种朴实的东西发出光辉。全篇虽对清朝今文学派的批评有失公正,对戴震一派的估价也未免过分,但材料丰富,分析清楚,是近代总结清学的首出作品。以后,刘师培著《清儒得失论》,梁启超著《清代学术概论》等,都明显地以它为继续研究的起点①。

我曾考证过《訄书》结集的过程,指出重订本的写作只能在一九〇二年夏天以后,即由日本回国以后②。《清儒》便是重订本新增的篇目。前面说过,那年章太炎在日本,与梁启超的关系十分亲密,不仅政见相合,而且酝酿学术合作。前述两人打算编撰一部《中国通史》,其名目正是章太炎首先提出的。

这时梁启超在学术上正受章太炎的影响,还可举一例。

①《訄书·清儒》的注释,同上书,页328~329。

②同页34注①。

人所共知，“保存国粹”说，在清末民初曾颇为风行。“国粹”一词，是明治维新后日本学人造作的。首先将它引进中国的是谁？或以为是梁启超，则尚待考证。一九〇二年秋天，梁启超有创办《国学报》的计划，他的理由是“养成国民，当以保国粹为主，取旧学磨洗而光大之”①。这论调同梁启超以往憎恶“旧学”即清代汉学的说法完全相反，而酷肖章太炎的口吻。这个计划，受到黄遵宪的反对而胎死腹中②，但仍由章太炎力倡，而在一九〇五年“国学保存会”创办的《国粹学报》刊行，才得以实现。十八年后梁启超在《清代学术概论》中，将清代汉学表征的“复古”思潮，比作欧洲的“文艺复兴”，其实也是由章太炎在清末首唱，并由《国粹学报》的主将刘师培等多方发挥过的意见。

有必要一提刘师培。此人在清末民初的政治名声颇劣，但不能因此否定他的学术成就。在学术上，他与章太炎的关系，类似梁启超与康有为，而学术的功底与识见，都胜过康门高弟梁

---

①此据清光绪二十八年八月黄遵宪致梁启超书所复述“《国学报》纲目”语，见梁谱，页294。按，梁所拟《国学报》创办设想，《饮冰室文集》未收，亦未见刊布。

②黄遵宪不赞成保存国粹说适合于中国，劝告梁启超要办《国学报》，“略迟数年再为之”，理由是：“日本无日本学，中古慕隋唐，举国趋而东；近世之拜欧美，举国又趋而西。当其东奔西逐，神影并驰，如醉如梦，及立足稍稳，乃自觉己身在亡何有之乡，于是乎‘国粹’之说起。若中国旧习，病在尊大，病在固蔽，非病在不能保守也。今且大开门户，容纳新学。俟新学盛行，以中国固有之学，互相比校，互相竞争，而旧学之真精神乃愈出，真道理乃益明，届时而发挥之，彼新学者或弃或取，或招或拒，或调和或并行，固在我不在人也。”见同上注引黄函，梁谱，页292～293。值得注意的是黄此函述梁欲办《国学报》所拟主持者：“公言马鸣与公及仆足分任此事。”其中“马鸣”指何人？马鸣为古印度大乘佛教的开创者。时梁启超在东京的密友中，习“国学”而对大乘佛教感兴趣者，唯有章太炎、蒋智由二人。但蒋的“国学”功底远逊于章，且友朋戏称“蒋侯”，（见章太炎1902年致吴君遂书，蒋侯本为三国魏作《万机论》的蒋济）。因此“马鸣”似应指章太炎。倘此推断不错，则梁的《国学报》计划，当曾先与章太炎共商。

启超。

例如前揭《清儒得失论》，发表于一九〇七年，那时刘师培年仅二十四岁，却已在过去四年中刊布了成百种论学论政的文章专著而饮誉学林。《清儒得失论》，着重通过明学与清学的比较，通过揭示清代学者之“病”，说明学术与政术、立言与事功的矛盾关系，认为清廷的文化政策，将大批杰出学者驱入经史考证的狭小天地，而在实践上无所作为乃至卑污从俗，“其学愈实，其遇愈乖”①。

这不仅弥补了章太炎《清儒》论述的不足，由它首刊于章太炎主编的《民报》而显示获得章太炎的激赏可证，而且也为梁启超撰写《清代学术概论》所取材。梁启超晚年论清学史，矢口不提刘师培，未免令人奇怪，而倍增人们追溯他的学术先驱的探究兴味。

非天才的天才论述

然而，在“五四运动”后，刘师培已在运动高潮中死去，章太炎还健在，却似乎已失去了重论清学史的劲头。胡适因提倡白话文而暴得大名，在学术上也曾私淑章太炎，其实对清学史，特别是晚清学术史，缺乏了解。这由他封吴虞为“只手打孔家店

①《民报》第十四号，1907年6月8日。后收钱玄同编《左盦外集》卷九，见1936年南桂馨刻《刘申叔先生遗书》四十九册。除《清儒得失论》外，刘师培关于清学史或兼及清学史的主要论著，尚有《南北学派不同论》(1905)、《汉宋学术异同论》(1905)、《论近世文学之变迁》(1907)、《近儒学术统系论》(1907)、《近代汉学变迁论》(1907)等，均原载《国粹学报》。也均收入李妙根编《刘师培论学论政》，复旦大学出版社，1990。

的老英雄”,却不知清末章太炎发表的《订孔》,早已引起过“群言相率诋孔子”的轰动效应,便得佐证。因此,胡适在梁启超出国前主动求见以后,念念不忘要他写出晚清“今文学运动”的亲历记,便是不奇怪的。

如前所述,梁启超于一九一八年在家赋闲时期,便曾为子女讲授“前清一代学术”,那时他还没有认识胡适。两年后,即一九二〇年九、十月间,他再度会晤胡适,被胡适重提上述要求打动了,恰值蒋方震要他为《欧洲文艺复兴史》作序,于是有了“著此篇之动机”[①]。其实他于一年多前访英,在伦敦的演说题中,便有《中国的文艺复兴》[②]。可见,他对前清学术,由重作反思,到与欧洲文艺复兴初作比较,而后为蒋书作序,“计不如取吾史中类似之时代相印证焉”[③],也就是契机由萌而“动”,至少已历时两年。

梁启超仅用半个月左右,便写成了五六万言的长文,而且是寓论于史的学术著作,而且稍事增改即出单行本并赢得风行不衰的悠远效应,这在本世纪的学术著作史上是少见的。

我不否认人间有天才,但我以为历史学的研究,要想真正有所成就,依赖的不是天才,而是勤奋。没有对材料的辛苦爬梳,没有对种种矛盾陈述的认真清理,没有对何谓历史实相的细致考察,没有对已有旧论新说的多方比照,没有对历史生态环境的整体认识,是不可能对业成过去的某种历史现象洞幽发微的。人们常常用效应作为判断学者资质的尺度,却往往忽视历史学

①见《清代学术概论》自序。

②1919年6月16日梁启超与长女梁思顺函。函中曾详列在英约一月的已定活动日程。见梁谱,页884~886。

③同本页注①。

家的才学识的增长过程。就以梁启超为例。假如他在青年时不曾受康有为特重“学术源流”的熏染,假如他在关注“史界革命”时不曾与黄遵宪、章太炎等切磋,假如他在“五四”前后不曾对“清代思潮”为何物做过再研究再思考,那末他著《清代学术概论》,下笔神速是可能的,但要在学术史上留下悠远的效应,则将令人难以置信。

只是《清代学术概论》成书之速,毕竟令人惊叹。据钱钟书《石语》所引,熟悉晚清“故事”的陈衍,在梁启超去世后,曾称道他作条陈的本领,说是别人以万言书还不得要领的献策,他只消五千字便说得很分明。看来梁启超晚年论学也是如此。

《清代学术概论》叙述明末到清末近三百年的学术进程,凸显所谓“时代思潮”为主线,以佛典所谓生住异灭的流转来比喻清学的蜕变,择取既有研究成果令叙事可信,照顾逻辑首尾一贯以自圆其说,行文简洁明快,似论从史出而实寓论于史,令人读来忘倦,不知不觉人其彀中。这不仅非平常学者所能,而且也非严谨学者所能。

因此,《清代学术概论》又堪称一部天才论述,越是离著作情境更远的读者,越易将它看作客观胜于主观的学术史佳作。较诸章太炎、刘师培的同类力作,这部小书反而后来居上,成为清学史入门必读的经典性名著,那缘由很发人深省。

自己给自己作盖棺之论

《清代学术概论》,篇幅既短,分节也明,因而我不拟在这里重述其内容。但它的现代价值,既然已经化作清学史的入门书籍,则原书三十三节,仅列序次,不出细目,也使缺乏清学史一般知识的读者,感到难以把握大意。

怎么办呢?多年前,我校注本书,为便于检索,曾信手记下了一份节目提要。这回从旧日杂稿堆里翻出来再看,以为尚便初学者参考,于是稍加润色,冠于书首,以省照例应有而时带偏见的内容介绍。

尽管在本书脱稿伊始,梁启超便在"诸朋好"的赞扬声中,忘记了或故意忘记了他以史论作政论的初衷,而自称本书为史,且在单行本初版加题"中国学术史第五种"①,与蒋方震的《欧洲文艺复兴史》,并列入《共学社史学丛书》。然而本书实非客观的历史论著,却也因此更加彰显。

作为本书第一位读者的将方震,便是从论史角度批评本书的第一人。蒋方震,以字百里知名,清末曾留日、留德学军事,归国后任保定军官学校校长,是他的浙江同乡蒋介石的老师。他曾向梁启超问学,终生对梁启超执弟子礼甚恭。辛亥后成为梁启超研究系的重要骨干,在梁启超欧游途中坚持全程陪同,这时正接手主持《改造》杂志。《清代学术概论》,本是老师俯允为学生著作写序,但成稿"独立"后,反而是老师要学生写序。如此阴差阳错,表明梁蒋的师生关系非同寻常,也正是清末民初学人仍然沐浴在清代汉学家特重教学相长的文化传统中的一个显例。蒋百里即蒋方震本以鲠直著称,这时承命为老师的书写序,也不负所托。

①参看朱维铮校注《梁启超论清学史二种》的"校注引言"。

蒋序同意《清学概论》[①]的基本思路，所谓“由复古得解放”，表征“清学之精神”，随即便就史论史，向老师提出四点疑问。

一问明末入华的耶稣会士输入的西方科学，为什么到酷好欧洲天算地理的清康熙晚年“中辍”？

二问清初顾炎武、颜元等力倡的“致用之学”，为什么到后来“转入经典考据”？

三问考据学大师戴震的理欲论，真合欧洲文艺复兴的人文精神，为什么在当时的中国，回应是一片沉默？

四问鸦片战后清廷设江南制造局译西方科技书，何以当时通西文者并不参与维新运动，而由戊戌维新到辛亥革命，天下从风，“而纯正科学卒不扬”？

当然还有五问：“五四”后竞言新文化，实际呢？“实利主义兴，多金为上，位尊次之，而对于学者之态度，则含有迂远不实用的意味”，难道这正是“变法维新立宪革命等”的同义语吗[②]？

可谓冰寒于水吧，老师显然被学生难倒了，在《清代学术概论》刊行时加了三节，又在两年后结集的讲义《中国近三百年学术史》里，详举史料，修苴补漏。但他说清楚没有？由胡适、钱穆、冯友兰等相继对清代学术史的种种异说，以及陈寅恪借审查冯著《中国哲学史》的报告，说出他的思想仍囿于同光之际、议

---

①《清代学术概论》，原题《前清一代中国思想界之蜕变》，见1920年10月4日梁启超致张东荪书，梁谱，页920。次月初出版的《改造》三卷三号，刊出时题目中无“中国”二字。同年12月9日张元济致梁启超书，已提及书名为《清代学术概论》。但1921年1月2日蒋方震为此书作序，则称书名为《清学概论》。据1920年10月18日梁启超致胡适书，谓已知胡适由蒋方震处得见抄稿，时在书稿寄上海商务印书馆前。由此推测，《清学概论》或为梁向蒋“征序”时为单行本起的书名，以后乃改今名。

②均见蒋序，本书移作附录。

论止乎曾国藩和张之洞之间的那段名言，可见梁启超的诠释在学者中只能引起争议。

能够在思想界引起争议，在习惯于政治一统下的思想专制的时代，便是发聋震聩的善举。况且本书的“结论”在爱好以今律古的论者那里，至今仍在暗袭以充己见。因此，在《清代学术概论》中，梁启超自称“可谓新思想界之陈涉”，却又批评自己“数十年来日在旁皇求索中”，最后估计自己的未来：“识者谓启超若能永远绝意政治，且裁敛其学问欲，专精于一二点，则于将来之思想界尚更有所贡献，否则亦适成为清代思想史之结束人物而已。”①

我以为这段话特别有趣。倘说有自知之明，自己在年尚未“知大命”之前，便给自己预作了盖棺之论，这大约可算显例。

1996 年冬草于高丽大学山居，

1997 年春改于复旦大学北隅。

①见本书第二十六节。

节目提要

自序

应胡适的要求记述晚清今文学运动而为蒋方震《欧洲文艺复兴时代史》作序　原型是《中国学术思想变迁之大势》论清代学术章　清代学术带有时代运动特色的两潮流　现在的梁启超批评历史的梁启超

第二自序

较初稿增加三节的由来　题作"中国学术史第五种"的由来　为什么命名《清代学术概论》

一　论时代思潮

"时代"与"思潮"　秦以后有四大时代思潮　时代思潮来自"继续的群众运动"　思潮如佛说有四期　破坏旧思潮的启蒙期　建设新思潮的全盛期　正统派衍生别派的蜕分期　再入创新必先推旧的衰落期　清三百年思潮流转便循此历程

二　略论"清代思潮"

"清代思潮"与欧洲"文艺复兴"绝相类　对明学之反动

的清学启蒙运动和它的“复古”诸方向　　清学全盛运动中的正统派以专经为尚　　清学蜕分运动以“托古改制”说为标志　　清学的蜕分期即衰落期　　全部清学史可说“以复古为解放”

三　清学的出发点

对宋明理学的反动符合人类德慧智术的进化公例　　“儒表佛里”的宋明学的根本缺点　　晚明理学之弊恰如欧洲中世纪黑暗时代的基督教

四　顾炎武与清学的“黎明运动”

顾炎武对晚明王学的攻击　　“经学即理学”为顾炎武所创学派的新旗帜　　顾炎武能当开派宗师在于能建设研究方法他的方法在贵创、博证和致用　　他的精神在“实用主义”

五　阎若璩和胡渭

从汪中赞颂“国朝六儒”说起　　阎、胡的伟大在于阮元《清经解》拒收的二书　　阎若璩的《尚书古文疏证》动摇了六经的神圣地位　　胡渭的《易图明辨》使宋学受到致命伤二书的价值可由达尔文《种源论》、雷能《耶稣传》对欧洲基督教地位的影响而推知　　附论毛奇龄和姚际恒

六　黄宗羲和王夫之

顾黄王颜都属明学反动的大师　　黄宗羲为清代史学之祖《明夷待访录》于近代思想最有影响　　附论万斯同、全祖望和章学诚的史学地位　　王夫之的治学方法已渐开科学研究的精神　　戴震关于天理人欲的学说实由王夫之的哲学见解衍生

七　颜元

颜元学说在清世不显是由于他对汉宋二学都唾弃　　颜学类似古罗马的斯多噶派　　颜元异于汉宋二学在于他认定舍做

事外别无学问　　颜门李塨、王源都似墨子门徒

八　梅文鼎、顾祖禹和刘献廷

梅文鼎乃清代科学的开山祖　　顾祖禹的地理学符合现代科学精神　　自唐释守温到民国七年颁行注音字母的千余年间唯有刘献廷的《新韵谱》最为精奇　　附说傅山

九　由启蒙到全盛

清学启蒙期的思想界复杂而绚烂的四点原因　　启蒙期思想的四种趋向　　由启蒙到全盛唯独正统派充分发达的四大原因

十　考证学的"群众化"和惠栋学派

无考证学则无清学　　考证学占领全学界的巨子必推惠戴　惠栋的家学专以古今为是非的标准　　惠派的治学方法用"凡古必真,凡汉皆是"八字便可概括　　江藩《国朝汉学师承记》附录的论调最足以代表惠派宗旨此派在清代学术界功罪参半

十一　戴震和他的科学精神

由一则故事说明戴学或全部清学的出发点　　"不以人蔽己,不以己自蔽"　　"实事求是,不偏主一家"　　章炳麟论戴学可谓知言　　凌廷堪述戴学绝似欧洲实证哲学派口吻　《孟子字义疏证》已轶出考证学之外　　《疏证》的精语　　戴震欲以情感哲学代理性哲学乃与欧洲文艺复兴时代思潮的本质绝相类　　其哲学之立脚点可称二千年一大翻案　　宗戴与反戴　　《疏证》被除在清学正统派运动之外表明它乃非"主义的运动"

十二　戴门后学

世称戴段二王　　由戴惠二派比较可证戴派确为清学而非

汉学　戴派岂惟不将顺古人即父师亦不苟同　治学第一步需了解其真相而第二步乃批评其是非得失　戴段二王著述正在跨出第一步而证明其有科学的研究法　析戴派的五点治学方法

十三　“朴学”

正统派学风的十个特色　其自命“朴学”的中坚乃经学朴学研究汉以来书册上学问的直接间接效果　为学问而治学问是目的还是手段

十四　经史考证

清代诸经新疏多集大成　经说研究尤多精粹　小学由附庸蔚为大国　音韵学又为小学附庸　由礼学到乐律学从经世史学到考证史学　考史四书和专门史考　私人著史学史　地志

十五　水地与天算

《水经》成为研究中心　循水道治今古地理　历代地理考证　西北边疆地理和元史研究　外国地理　各史外夷传考证　清代地理学者变活学为死学　清初的天文算学研究以王锡阐、梅文鼎最精而清圣祖使向慕尤众　戴震以后经学家十九兼治天算　天算的名家名著　李善兰、华蘅芳渐兴西学　清代算学光大古学而于西来法食而能化足觇民族器量

十六　金石学、校勘学和辑佚学

顾炎武、钱大昕一派以金石为经史考证资料　黄宗羲一派从金石中研究文史义例　商周铜器与金文研究自金文学兴而小学起一革命　龟甲文之学　清儒使校勘成专门学有功

于史学　校勘学的成绩　因校书引起诸子学研究　从汪中到孙诒让可见思想蜕变的枢机　《四库全书》宗《永乐大典》实开辑佚先声　清儒辑佚书使吾辈受赐良多

十七　清代的"学者社会"

由读书及闻见可知仿佛　置"札记册子"记读书心得以储著书资料　清儒最戒轻率著书故宁以札记体存之　清儒治学纯用归纳法纯以科学精神　此法此精神的表现程序有四步　札记之书可观者　学者喜用札记实一种困勉知行工夫　清儒赖函札以补交换知识的机会缺乏　他们的函札实为精心结撰的著述　清儒作文也宗顾炎武而有三信条　美文为清儒所最不擅长

十八　清学全盛的时代环境

清学名家多耿介恬退之士　科举教育和官员迁转方式使人无干进之心　习俗使学者成为一种职业　一国文化进展必须社会敬重学者而学者恃其学足以自养　前清乾嘉时代类似近世欧洲培养学问的环境　欧洲文艺复兴背后有翼辅提倡者　清学全盛也因清高宗右文而大僚承风宏奖者众　毕沅、阮元为汉学护法使盐商巨贾也竞趋时尚　可知时代思潮最热时能使全社会各种人参加运动

十九　桐城派与章学诚

清初学者往往出入汉宋　惠戴崛起令宋学无颜色而有方苞等造立古文义法以道统自任　戴震、钱大昕批评方姚引起两派交恶　曾国藩极尊桐城派反使其入于末流媚权贵欺流俗　方东树的《汉学商兑》对抗正统派亦一种革命事业　章学诚为全盛期与蜕分期之间的重要人物　《文史通义》实为乾嘉

后思想解放之源泉

二十　清学分裂的原因

发于考证学派自身的三个原因　以提倡一“实”字盛而以不能贯彻一“实”字衰　本为对于明之“学阀”进行革命却在乾嘉思想界形成“汉学专制”的局面　教人既尊古又善疑便令人既尊更古又疑其共信　由环境变化所促成的三个原因　因避触时忌而不谈经世致用反在大乱将至时被咎为学非所用　咸同之乱以清学的发祥地及根据地的江浙受祸最烈　鸦片战后西学输入使学者对外求索之欲日炽而对内厌弃之情日炽　向正统派举叛旗

二十一　清学分裂的导火线

经学的今古文之争为清学分裂的导火线　两汉今古文哄争的公案　南北朝郑王之争代替今古文之争　宋以后汉唐注疏亦废　清儒节节复古势必导致重翻西汉今古文旧案

二十二　清代今文学与龚魏

今文学中心在公羊学　清代公羊学由庄存与启蒙到刘逢禄发明　今文学派的开拓始于龚自珍　辨东汉古文经传皆伪以魏源最有力　后之治今文学者喜以经术作政论即龚魏遗风

二十三　康有为是今文学运动的中心

康有为曾酷好《周礼》因见廖平书而尽弃旧说　康有为的《新学伪经考》《孔子改制考》《大同书》三书好比飓风、火山喷火和大地震　康有为说孔子托古改制乃一种政治革命　康有为比孔子为基督乃误认欧洲尊景教为治强之本　孔子改制说对思想界的四大影响

二十四　《大同书》是康有为的创作

康有为以《春秋》三世之义说《礼运》为孔子理想的社会制

严译《天演论》等名著为西洋留学生与本国思想界发生关系之首　　晚清西洋思想之运动的最大不幸在西洋留学生未全体参加此运动　　晚清一切新学家失败的根源在不以学问为目的而以为手段

三十　晚清思想界一伏流——佛学

今文学家多兼治佛学　　杨文会赢得学者敬信　　新学家无一不与佛学有关系　　佛典研究的两派　　中国人以迷信学佛法使佛学将为思想界一大障　　蒋方震论欧洲文艺复兴与宗教改革对我国开拓新机运的启迪　　附论晚清的基督教

三十一　前清学风与欧洲文艺复兴的相异点

最相异一点是美术文学不发达　　清代文艺美术在中国文艺史美术史上价值极微　　清代复古乃复活古代平原文明精神与希腊文明的岛国精神趋向绝异　　欧洲文字衍声与中国文字衍形造成变异迟速而使中国文学也不发达

三十二　清代自然科学为何也不发达

文化进展总要承袭前人的知识遗产　　欧洲文艺复兴时代科学也不发达　　中国科学不发达的两大主因　　清学的研究精神实为科学发达的先驱

三十三　结语

本书的四点宗旨　　作者展望我国学术界将会出现五大潮流　　依据现状所提出的三点希望

自　序

（一）吾著此篇之动机有二。其一，胡适语我：晚清"今文学运动"，于思想界影响至大，吾子实躬与其役者，宜有以纪之。其二，蒋方震著《欧洲文艺复兴时代史》新成，索余序，吾觉泛泛为一序，无以益其善美，计不如取吾史中类似之时代相印证焉，庶可以校彼我之短长而自淬厉也。乃与约，作此文以代序。既而下笔不能自休，遂成数万言，篇幅几与原书埒。天下古今，固无此等序文。脱稿后，只得对于蒋书宣告独立矣。

（二）余于十八年前[①]，尝著《中国学术思想变迁之大势》，刊于《新民丛报》，其第八章论清代学术，章末结论云：

> "此二百余年间总可命为中国之'文艺复兴时代'[②]，特其兴也，渐而非顿耳。然固俨然若一有机体之发达，至今日而葱葱郁郁，有方春之气焉。吾于我思

①据《新民丛报》，《中国学术思想变迁之大势》第八、九二章，即题作《近世之学术（起明亡以迄今日）》的三节，刊出时间为1904年。以下引文三段，均见于此二章，故"十八年前"说不确，当作"十六年前"。

②《新民丛报》原刊作"古学复兴时代"。

想界之前途,抱无穷希望也。"

又云:

"有清学者,以实事求是为学鹄,饶有科学的精神,而更辅以分业的组织。"

又云:

"有清二百余年之学术,实取前此二千余年之学术,倒卷而缫演之,如剥春笋,愈剥而愈近里;如啖甘蔗,愈啖而愈有味;不可谓非一奇异之现象也。此现象谁造之?曰:社会周遭种种因缘造之。"

余今日之根本观念,与十八年前无大异同。惟局部的观察,今视昔似较为精密。

且当时多有为而发之言,其结论往往流于偏至。——故今全行改作,采旧文者十一二而已。

(三)有清一代学术,可纪者不少,其卓然成一潮流,带有时代运动的色彩者,在前半期为"考证学",在后半期为"今文学",而今文学又实从考证学衍生而来。故本篇所记述,以此两潮流为主,其他则附庸耳。

(四)"今文学"之运动,鄙人实为其一员,不容不叙及。本篇纯以超然客观之精神论列之,即以现在执笔之另一梁启超,批评三十年来史料上之梁启超也。其批评正当与否,吾不敢知。

吾惟对于史料上之梁启超力求忠实，亦如对于史料上之他人之力求忠实而已矣。

(五)篇中对于平生所极崇拜之先辈，与夫极尊敬之师友，皆直书其名，不用别号，从质家言，冀省读者脑力而已。

(六)自属稿至脱稿，费十五日，稿成即以寄《改造杂志》应期出版，更无余裕复勘，舛漏当甚多，惟读者教之。

民国九年十月十四日　启超识

第二自序

（一）此书成后，友人中先读其原稿者数辈，而蒋方震、林志钧、胡适三君，各有所是正，乃采其说增加三节，改正数十处。三君之说，不复具引。非敢掠美，为行文避枝蔓而已。丁敬礼所谓"后世谁相知定吾文者耶"；谨记此以志谢三君。

（二）久抱著《中国学术史》之志，迁延未成。此书既脱稿，诸朋好益相督责，谓当将清代以前学术一并论述，庶可为向学之士省精力，亦可唤起学问上兴味也。于是决意为之，分为五部：其一，先秦学术；其二，两汉六朝经学及魏晋玄学；其三，隋唐佛学；其四，宋明理学；其五，则清学也。今所从事者则佛学之部，名曰《中国佛学史》，草创正半。欲以一年内成此五部，能否未敢知，勉自策厉而已。故此书遂题为"中国学术史第五种"。

（三）本书属稿之始，本为他书作序，非独立著一书也，故其体例不自惬者甚多。既已成编，即复怠于改作，故不名曰《清代学术史》，而名曰《清代学术概论》，因著史不能若是之简陋也。五部完成后，当更改之耳。

九年十一月二十九日　启超记

一 ［论时代思潮］

今之恒言，曰“时代思潮”。此其语最妙于形容。凡文化发展之国，其国民于一时期中，因环境之变迁，与夫心理之感召，不期而思想之进路，同趋于一方向，于是相与呼应汹涌，如潮然。始焉其势甚微，几莫之觉；寖假而涨——涨——涨，而达于满度；过时焉则落，以渐至于衰熄。凡“思”非皆能成“潮”；能成“潮”者，则其“思”必有相当之价值，而又适合于其时代之要求者也。凡“时代”非皆有“思潮”；有思潮之时代，必文化昂进之时代也。其在我国，自秦以后，确能成为时代思潮者，则汉之经学，隋唐之佛学，宋及明之理学，清之考证学，四者而已。

凡时代思潮，无不由“继续的群众运动”而成。所谓运动者，非必有意识、有计划、有组织，不能分为谁主动、谁被动。其参加运动之人员，每各不相谋，各不相知。其从事运动时所任之职役，各各不同。所采之手段亦互异。于同一运动之下，往往分无数小支派，甚且相嫉视相排击。虽然，其中必有一种或数种之共通观念焉，同根据之为思想之出发点。此种观念之势力，初时本甚微弱，愈运动则愈扩大，久之则成为一种权威。此观念者，在其时代中,俨然现“宗教之色彩”。一部分人,以宣传捍卫为己任,常以极纯洁之牺牲的精神赴之。及其权威渐立,则在社会上成为一种共公之好尚,忘其所以然,而共以此为嗜,若此者,今之译语,谓之“流行”;古之成语,则曰“风气”。风气者,一时的信仰也,人鲜敢婴之,亦不乐婴之,其性质几比宗教矣。一思潮播为风气,则其成熟之时也。

佛说一切流转相,例分四期,曰:生、住、异、灭。思潮之流转也正然,例分四期:一、启蒙期(生)二、全盛期(住),三、蜕分期(异),四、衰落期(灭)。无论何国何时代之思潮,其发展变迁,多循斯轨。

启蒙期者,对于旧思潮初起反动之期也。旧思潮经全盛之后,如果之极熟而致烂,如血之凝固而成瘀,则反动不得不起。反动者,凡以求建设新思潮也。然建设必先之以破坏,故此期之重要人物,其精力皆用于破坏,而建设盖有所未遑。所谓未遑者,非阁置之谓。其建设之主要精神,在此期间必已孕育,如史家所谓“开国规模”者然。虽然,其条理未确立,其研究方法正在间错试验中,弃取未定,故此期之著作,恒驳而不纯,但在淆乱粗糙之中,自有一种元气淋漓之象。此启蒙期之特色也,当佛说所谓“生”相。

于是进为全盛期。破坏事业已告终。旧思潮屏息慑伏,不复能抗颜行,更无须攻击防卫以糜精力。而经前期酝酿培灌之结果,思想内容,日以充实;研究方法,亦日以精密。门户堂奥,次第建树,继长增高,“宗庙之美,百官之富”,粲然矣。一世才智之士,以此为好尚,相与淬厉精进;阘冗者犹希声附和,以不获厕于其林为耻。此全盛期之特色也,当佛说所谓“住”相。

更进则入于蜕分期。境界国土,为前期人士开辟殆尽,然学者之聪明才力,终不能无所用也,只得取局部问题,为“窄而深”的研究,或取其研究方法,应用之于别方面,于是派中小派出焉。而其时之环境,必有以异乎前;晚出之派,进取气较盛,易与环境顺应,故往往以附庸蔚为大国,则新衍之别派与旧传之正统派成对峙之形势,或且骎骎乎夺其席。此蜕分期之特色也,当佛说所谓“异”相。

过此以往,则衰落期至焉。凡一学派当全盛之后,社会中希附末光者日众,陈陈相因,固已可厌。其时此派中精要之义,则先辈已浚发无余,承其流者,不过捃摭末节以弄诡辩。且支派分裂,排轧随之,益自暴露其缺点。环境既已变易,社会需要,别转一方向,而犹欲以全盛期之权威临之,则稍有志者必不乐受,而豪杰之士,欲创新必先推旧,遂以彼为破坏之目标。于是入于第二思潮之启蒙期,而此思潮遂告终焉。此衰落期无可逃避之运命,当佛说所谓“灭”相。

吾观中外古今之所谓“思潮”者,皆循此历程以递相流转,而有清三百年,则其最切著之例证也。

二 ［略论“清代思潮”］

“清代思潮”果何物耶？简单言之：则对于宋明理学之一大反动，而以“复古”为其职志者也。其动机及其内容，皆与欧洲之“文艺复兴”绝相类。而欧洲当“文艺复兴期”经过以后所发生之新影响，则我国今日正见端焉。其盛衰之迹，恰如前节所论之四期。

其启蒙运动之代表人物，则顾炎武、胡渭、阎若璩也。其时正值晚明王学极盛而敝之后，学者习于“束书不观，游谈无根”，理学家不复能系社会之信仰。炎武等乃起而矫之，大倡“舍经学无理学”之说，教学者脱宋明儒羁勒，直接反求之于古经。而若璩辨伪经，唤起“求真”观念；渭攻“河洛”，扫架空说之根据；于是清学之规模立焉。同时对于明学之反动，尚有数种方向。其一，颜元、李塨一派，谓“学问固不当求诸瞑想，亦不当求诸书册，惟当于日常行事中求之”。而刘献廷以孤往之姿，其得力处亦略近于此派。其二，黄宗羲、万斯同一派，以史学为根据，而推之于当世之务。顾炎武所学，本亦具此精神。而黄、万辈规模之大不逮顾，故专向此一方面发展。同时顾祖禹之学，亦大略同一径路。其后则衍为全祖望、章学诚等，于清学为别派。其三，王锡阐、梅文鼎一派，专治天算，开自然科学之端绪焉。此诸派者，其研究学问之方法，皆与明儒根本差异。除颜、李一派中绝外，其余皆有传于后。而顾、阎、胡尤为正统派不祧之大宗。其犹为旧学（理学）坚守残垒、效死勿去者，则有孙奇逢、李中孚[①]、陆世仪等，而其学风已由明而渐返于宋。即诸新学家，其思想中，留宋人之痕迹犹不少。故此期之复古，可谓由明以复于宋，且渐复于汉、唐。

其全盛运动之代表人物，则惠栋、戴震、段玉裁、王念孙、王引之也，吾名之曰正统派。试举启蒙派与正统派相异之点：一，启蒙派对于宋学，一部分猛烈攻击，而仍因袭其一部分；正统派则自固壁垒，将宋学置之不议不论之列。二，启蒙派抱通经致用之观念，故喜言成败得失经世之务；正统派则为考证而考证，为经学而治经学。正统派之中坚，在皖与吴。开吴者惠，开皖者戴。惠栋受学于其父士奇，其弟子有江声、余萧客，而王鸣盛、钱大昕、汪中、刘台拱、江藩等皆汲其流。戴震受学于江永，亦事栋以先辈礼。震之在乡里，衍其学者，有金榜、程瑶田、凌廷堪、三胡——匡衷、培翚、春乔[②]——等。其教于京师，弟子之显者，有任大椿、卢文弨、孔广森、段玉裁、王念孙。念孙以授其子引之。玉裁、念孙、引之最能光大震学，世称戴、段、二王焉。其实清儒最恶立门户，不喜以师弟相标榜。凡诸大师皆交相师

---

①李中孚，李颙号。凡本书论及清代学者，均称名；此称号，当正。下同。

②春乔，胡秉虔号。按章炳麟《訄书·清儒》："三胡者，匡衷、承珙、培翚也，皆善治《礼》。"（《检论，清儒》同）有胡承珙，而无胡秉虔。考胡秉虔虽为安徽绩溪人，为胡匡衷之侄，胡培翚堂叔，然不治三《礼》，故章说义长。又梁氏《中国近三百年学术史》亦以胡承珙与胡匡衷、胡培翚并提。

友,更无派别可言也。惠、戴齐名,而惠尊闻好博,戴深刻断制。惠仅“述者”,而戴则“作者”也。受其学者,成就之大小亦因以异,故正统派之盟主必推戴。当时学者承流向风各有建树者,不可数计,而纪昀、王昶、毕沅、阮元辈,皆处贵要,倾心宗尚,隐若护法,于是兹派称全盛焉。其治学根本方法,在“实事求是”、“无征不信”。其研究范围,以经学为中心,而衍及小学、音韵、史学、天算、水地、典章制度、金石、校勘、辑逸等等;而引证取材,多极于两汉,故亦有“汉学”之目。当斯时也,学风殆统于一。启蒙期之宋学残绪,亦莫能续,仅有所谓古文家者,假“因文见道”之名,欲承其祧,时与汉学为难,然志力两薄,不足以张其军。

其蜕分期运动之代表人物,则康有为、梁启超也。当正统派全盛时,学者以专经为尚,于是有庄存与,始治《春秋公羊传》有心得,而刘逢禄、龚自珍最能传其学。《公羊传》者,“今文学”也。东汉时,本有今文古文之争,甚烈。《诗》之“毛传”,《春秋》之“左传”,及《周官》,皆晚出,称古文,学者不信之。至汉末而古文学乃盛。自阎若璩攻《伪古文尚书》得胜,渐开学者疑经之风。于是刘逢禄大疑《春秋左氏传》,魏源大疑《诗毛氏传》。若《周官》,则宋以来固多疑之矣。康有为乃综集诸家说,严画今古文分野,谓凡东汉晚出之古文经传,皆刘歆所伪造。正统派所最尊崇之许、郑,皆在所排击。则所谓复古者,由东汉以复于西汉。有为又宗公羊,立“孔子改制”说,谓六经皆孔子所作,尧舜皆孔子依托,而先秦诸子,亦罔不“托古改制”。实极大胆之论,对于数千年经籍谋一突飞的大解放,以开自由研究之门。其弟子最著者,陈千秋、梁启超。千秋早卒。启超以教授著述,大弘其学。然启超与正统派因缘较深，时时不慊于其师之武断，故末流多有异同。有为、启超皆抱启蒙期"致用"的观念，借经术以文饰其政论，颇失"为经学而治经学"之本意，故其业不昌，而转成为欧西思想输入之导引。

清学之蜕分期，同时即其衰落期也。顾、阎、胡、惠、戴、段、二王诸先辈，非特学识渊粹卓绝，即行谊亦至狷洁。及其学既盛，举国希声附和，浮华之士亦竞趋焉，固已渐为社会所厌。且兹学荦荦诸大端，为前人发挥略尽，后起者率因袭补苴，无复创作精神；即有发明，亦皆末节，汉人所谓"碎义逃难"也。而其人犹自倨贵，俨成一种"学阀"之观。今古文之争起，互相诋谟，缺点益暴露。海通以还，外学输入，学子憬然于竺旧之非计，相率吐弃之，其命运自不能以复久延。然在此期中，犹有一二大师焉，为正统派死守最后之壁垒，曰俞樾，曰孙诒让，皆得流[1]于高邮王氏。樾著书，惟二三种独精绝，余乃类无行之袁枚，亦衰落期之一征也。诒让则有醇无疵，得此后殿，清学有光矣。樾弟子有章炳麟，智过其师，然亦以好谈政治，稍荒厥业。而绩溪诸胡之后有胡适者，亦用清儒方法治学，有正统派遗风。

综观二百余年之学史，其影响及于全思想界者，一言蔽之，曰"以复古为解放"。第一步，复宋之古，对于王学而得解放。第二步，复汉唐之古，对于程朱而得解放。第三步，复西汉之古，对于许郑而得解放。第四步，复先秦之古，对于一切传注而得解放。夫既已复先秦之古，则非至对于孔孟而得解放焉不止矣。然其所以能著著奏解放之效者，则科学的研究精神实启之。今清学固衰落矣，"四时之运，成功者退"，其衰落乃势之必然，亦

①流，《饮冰室合集》本作"统"，此据商务版《共学社史学丛书》本。

事之有益者也。无所容其痛惜留恋，惟能将此研究精神转用于他方向，则清学亡而不亡也矣。

略论既竟，今当分说各期。

三 ［清学的出发点］

吾言"清学之出发点，在对于宋明理学一大反动"，夫宋明理学何为而招反动耶？学派上之"主智"与"主意"，"唯物"与"唯心"，"实验"与"冥证"，每迭为循环。大抵甲派至全盛时必有流弊，有流弊斯有反动，而乙派与之代兴。乙派之由盛而弊，而反动亦然。然每经一度之反动再兴，则其派之内容，必革新焉而有以异乎其前。人类德慧智术之所以进化，胥恃此也。此在欧洲三千年学术史中，其大势最著明。我国亦不能违此公例，而明清之交，则其嬗代之迹之尤易见者也。

唐代佛学极昌之后，宋儒采之，以建设一种"儒表佛里"的新哲学，至明而全盛。此派新哲学，在历史上有极大之价值，自无待言。顾吾辈所最不慊者，其一，既采取佛说而损益之，何可讳其所自出，而反加以丑诋；其二，所创新派既并非孔孟本来面目，何必附其名而淆其实？是故吾于宋明之学，认其独到且有益之处确不少，但对于其建设表示之形式，不能曲恕，谓其既诬孔，且诬佛，而并以自诬也。明王守仁为兹派晚出之杰，而其中此习气也亦更甚，即如彼所作《朱子晚年定论》，强指不同之朱陆为同,实则自附于朱,且诬朱从我。此种习气,为思想界之障碍者有二。一曰遏抑创造,一学派既为我所自创,何必依附古人以为重?必依附古人,岂非谓生古人后者,便不应有所创造耶?二曰奖励虚伪,古人之说诚如是,则宗述之可也;并非如是,而以我之所指者实之,此无异指鹿为马,淆乱真相,于学问为不忠实。宋明学之根本缺点在于是。

进而考其思想之本质,则所研究之对象,乃纯在绍绍灵灵不可捉摸之一物。少数俊拔笃挚之士,曷尝不循此道而求得身心安宅?然效之及于世者已鲜,而浮伪之辈,摭拾虚辞以相夸煽,乃甚易易。故晚明"狂禅"一派,至于"满街皆是圣人","酒色财气不碍菩提路",道德且堕落极矣。重以制科帖括,笼罩天下,学者但习此种影响因袭之谈,便足以取富贵,弋名誉,举国靡然化之,则相率于不学,且无所用心。故晚明理学之弊,恰如欧洲中世纪黑暗时代之景教。其极也,能使人之心思耳目皆闭塞不用,独立创造之精神,消蚀达于零度。夫人类之有"学问欲",其天性也。"学问饥饿"至于此极,则反动其安得不起?

四 ［顾炎武与清学的“黎明运动”］

当此反动期而从事于“黎明运动”者，则昆山顾炎武其第一人也。炎武对于晚明学风，首施猛烈之攻击，而归罪于王守仁。其言曰：

> “今之君子，聚宾客门人数十百人，与之言心言性。舍‘多学而识’以求‘一贯’之方，置‘四海困穷’不言而讲‘危微精一’，我弗敢知也。”（《亭林文集·答友人论学书》）①

又曰：

①此段引文多所删略，原文如下：“广今之君子则不然。聚宾客门人之学者数十百人，‘譬诸草本，区以别矣’，而一皆与之言心言性。舍多学而识，以求一贯之方，置四海之困穷不言，而终日讲危微精一之说，是必其道之高于夫子，而其门弟子之贤于子贡，祧东鲁而直接二帝之心传者也。我弗敢知也。据《四部丛刊》本影潘刻《亭林文集》卷3）又，篇名原作《与友人论学书》。

> “今之学者，偶有所窥，则欲尽废先儒之说而驾其上①；不学则借‘一贯’之言以文其陋，无行则逃之‘性命’之乡以使人不可诘。”（《日知录》十八）

又曰：

> “以一人而易天下，其流风至于百有余年之久者，古有之矣，王夷甫之清谈，王介甫之新说；其在于今，则王伯安之良知是也。孟子曰：‘天下之生久矣，一治一乱。’拨乱世反诸正，岂不在②后贤乎！”（同上）

凡一新学派初立，对于旧学派，非持绝对严正的攻击态度，不足以摧故锋而张新军，炎武之排斥晚明学风，其锋芒峻露，大率类是。自兹以后，王学遂衰熄，清代犹有袭理学以为名高者，则皆自托于程朱之徒也。虽曰王学末流极敝，使人心厌倦，本有不摧自破之势，然大声疾呼以促思潮之转捩，则炎武最有力焉。

炎武未尝直攻程朱，根本不承认理学之能独立。其言曰：

> “古今安得别有所谓理学者？经学即理学也。自有舍经学以言理学者，而邪说以起。”（全祖望《亭林先生神道表》引）

“经学即理学”一语，则炎武所创学派之新旗帜也。其正当

①《日知录》卷18“朱子晚年定论”条作“出”（据道光刊黄汝成集释本），当据正。
②在，同上引书下有“于”字。

与否,且勿深论。——以吾侪今日眼光观之,此语有两病。其一,以经学代理学,是推翻一偶像而别供一偶像。其二,理学即哲学也,实应离经学而为一独立学科。——虽然,有清一代学术,确在此旗帜之下而获一新生命。昔有非笑六朝经师者,谓“宁说周、孔误,不言郑、服非”。宋、元、明以来谈理学者亦然,宁得罪孔、孟,不敢议周、程、张、邵、朱、陆、王。有议之者,几如在专制君主治下犯“大不敬”律也。而所谓理学家者,盖俨然成一最尊贵之学阀而奴视群学。自炎武此说出,而此学阀之神圣,忽为革命军所粉碎,此实四五百年来思想界之一大解放也。

凡启蒙时代之大学者,其造诣不必极精深,但常规定研究之范围,创革研究之方法,而以新锐之精神贯注之。顾炎武之在“清学派”,即其人也。炎武著述,其有统系的组织而手定成书者,惟《音学五书》耳。其《天下郡国利病书》、《肇域志》,造端宏大,仅有长编,未为定稿。《日知录》为生平精力所集注,则又笔记备忘之类耳。自余遗书尚十数种,皆明单义,并非巨裁。然则炎武所以能当一代开派宗师之名者何在?则在其能建设研究之方法而已。约举有三。

一曰贵创。炎武之言曰:“有明一代之人,其所著书,无非窃盗而已。”(《日知录》十八)其论著书之难,曰:“必古人[1]所未及就,后世之所不可无,而后为之。”(《日知录》十九)其《日知录》自序云:“愚自少读书,有所得辄记之。其有不合,时复改定。或古人先我而有者,则遂削之。”故凡炎武所著书,可决其无一语蹈袭古人。其论文也亦然,曰:“近代文章之病,全在摹仿,即使逼肖古人,已非极诣。”(《日知录》

①古人,同前引书卷19“著书之难”条,原文下有“之”字。

十九)又曰:"君诗之病在于有杜,君文之病在于有韩欧。有此蹊径于胸中,便终身不脱'依傍'二字。"(《亭林文集·与人书十七》)观此知摹仿依傍,炎武所最恶也。

二曰博证。《四库全书》"日知录提要"云:"炎武学有本原,博赡而能贯通。每一事必详其始末,参以证佐,而后笔之于书,故引据浩繁,而牴牾者少。"此语最能传炎武治学法门。全祖望云:"凡先生之游,载书自随。所至阨塞,即呼老兵退卒询其曲折,或与平日所闻不合,即发书而对勘之。"①(《鲒埼亭集·亭林先生神道表》)盖炎武研学之要诀在是。论一事必举证,尤不以孤证自足,必取之甚博,证备然后自表其所信。其自述治音韵之学也,曰:"……列本证,旁证二条。本证者,诗自相证也。旁证者,采之他书也。二者俱无,则宛转以审其音,参伍以谐其韵。……"(《音论》)此所用者,皆近世科学的研究法。乾嘉以还,学者固所共习,在当时则固炎武所自创也。

三曰致用。炎武之言曰:"孔子删述六经,即伊尹、太公救民水火之心,故曰:'载诸空言,不如见诸行事。'……愚不揣,有见于此,凡文之不关于六经之指、当时之务者,一切不为。"(《亭林文集·与人书三》)②彼诚能践其言。其终身所撰著,盖不越此范围。其所谓"用"者,果真为有用与否,此属别问题。要之,其标"实用主义"以为鹄,务使学问与社会之关系增加密度,此

①所闻不合,诸本均误"不"为"相",据嘉庆十六年刊本《鲒埼亭集》卷12原文改正。又,引文删略九字:"载书自随",上有"以二马二骡"五字;"即发书",原作"则即坊肆中发书"。

②《与人书三》,诸本均误"三"为二,据前引《亭林文集》影潘刻本卷4改正。又,引文删略二十字,"孔子"下有"之"字,"救民"下有"于"字,"救民〔于〕水火之心",下略"而今之注虫鱼、命草木者,皆不足以语此也"十七字;"凡"字上有"故"字。

实对于晚明之帖括派、清谈派施一大针砭。清代儒者以朴学自命以示别于文人,实炎武启之。最近数十年以经术而影响于政体,亦远绍炎武之精神也。

五 [阎若璩和胡渭]

汪中尝拟为《国朝六儒颂》，其人则昆山顾炎武、德清胡渭、宣城梅文鼎、太原阎若璩、元和惠栋、休宁戴震也。其言曰：

> "古学之兴也，顾氏始开其端。河洛矫诬，至胡氏而绌。中西推步，至梅氏而精。力攻古文者，阎氏也。专言汉儒《易》者，惠氏也。凡此皆千余年不传之绝学，及戴氏出而集其成焉。"（凌廷堪《校礼堂集》"汪容甫墓志铭"）

其所推挹盖甚当，六君者洵清儒之魁也。然语于思想界影响之巨，则吾于顾、戴之外，独推阎、胡。

阎若璩之所以伟大，在其《尚书古文疏证》也。胡渭之所以伟大，在其《易图明辨》也。汪中则既言之矣。夫此两书所研究者，皆不过局部问题，曷为能影响于思想界之全部？且其书又不免漏略芜杂，为后人所纠者不少。——阮元辑《学海堂经解》，两书皆摈不录。——曷为推尊之如是其至？吾固有说。

《尚书古文疏证》，专辨东晋晚出之《古文尚书》十六篇①、及同时出现之孔安国《尚书传》皆为伪书也。此书之伪，自宋朱熹、元吴澄以来，既有疑之者；顾虽积疑，然有所惮而莫敢断；自若璩此书出而谳乃定。夫辨十数篇之伪书，则何关轻重？殊不知此伪书者，千余年来，举国学子人人习之，七八岁便都上口，心目中恒视为神圣不可侵犯；历代帝王，经筵日讲，临轩发策，咸所依据尊尚。毅然悍然辞而辟之，非天下之大勇，固不能矣。自汉武帝表章六艺、罢黜百家以来，国人之对于六经，只许征引，只许解释，不许批评研究。韩愈所谓"曾经圣人手，议论安敢到？"若对于经文之一字一句稍涉拟议，便自觉陷于"非圣无法"，蹙然不自安于其良心，非特畏法网、惮清议而已。凡事物之含有宗教性者，例不许作为学问上研究之问题。一作为问题，其神圣之地位固已摇动矣！今不唯成为问题而已，而研究之结果，乃知畴昔所共奉为神圣者，其中一部分实粪土也，则人心之受刺激起惊愕而生变化，宜何如者？盖自兹以往，而一切经文，皆可以成为研究之问题矣。再进一步，而一切经义，皆可以成为研究之问题矣。以旧学家眼光观之，直可指为人心世道之忧。——当时毛奇龄著《古文尚书冤词》以难阎，自比于抑洪水驱猛兽。光绪间有洪良品者，犹著书数十万言，欲翻阎案，意亦同此。——以吾侪今日之眼光观之，则诚思想界之一大解放。后此今古文经对待研究，成为问题；六经诸子对待研究，成为问题；中国经典与外

①此误。阎氏谓："予之辨伪古文，吃紧在孔壁原有真古文，为《舜典》、《汩作》、《九共》等二十四篇，非张霸伪撰，孔安国以下、马郑以上，传习尽在于是。《大禹谟》、《五子之歌》等二十五篇，则晚出魏晋间，假托孔安国之名者。此根底也。"见《尚书古文疏证》卷8。可知阎氏所辨"伪古文"，乃二十五篇，非十六篇。下文"十数篇"，亦误。

国宗教哲学诸书对待研究，成为问题；其最初之动机，实发于此。

胡渭之《易图明辨》，大旨辨宋以来所谓《河图》、《洛书》者，传自邵雍。雍受诸李之才，之才受诸道士陈抟①，非羲、文、周、孔所有，与《易》义无关。此似更属一局部之小问题，吾辈何故认为与阎书有同等之价值耶？须知所谓"无极"、"太极"，所谓《河图》、《洛书》，实组织"宋学"之主要根核。宋儒言理，言气，言数，言命，言心，言性，无不从此衍出。周敦颐自谓"得不传之学于遗经"，程朱辈祖述之，谓为道统所攸寄，于是占领思想界五六百年，其权威几与经典相埒。渭之此书，以《易》还诸羲、文、周、孔，以《图》还诸陈、邵，并不为过情之抨击，而宋学已受"致命伤"。自此，学者乃知宋学自宋学，孔学自孔学，离之双美，合之两伤。（此胡氏自序中语）自此，学者乃知欲求孔于所谓真理，舍宋人所用方法外，尚别有其途。不宁唯是，我国人好以"阴阳五行"说经说理，不自宋始，盖汉以来已然。一切惑世诬民汩灵窒智之邪说邪术，皆缘附而起。胡氏此书，乃将此等异说之来历，和盘托出，使其不复能依附经训以自重，此实思想之一大革命也。

欧洲十九世纪中叶，英人达尔文之《种源论》，法人雷能之《耶稣基督传》，先后两年出版，而全欧思想界为之大摇，基督教所受影响尤剧。夫达尔文自发表其生物学上之见解，于教宗何与？然而被其影响者，教义之立脚点破也。雷能之传，极推挹基督，然反损其信仰者，基督从来不成为学问上之问题，自此遂成为问题也。明乎此间消息，则阎、胡两君之书，在中国学术史上

---

①据《宋史·道学传》，陈抟《易》说，传于穆修，穆修传于李之才，李之才传于邵雍。是李之才为陈抟再传弟子，此谓"之才受诸道士陈抟"，盖误。

之价值，可以推见矣。

若论清学界最初之革命者，尚有毛奇龄其人。其所著《河图原舛篇》[①]、《太极图说遗议》等，皆在胡渭前；后此清儒所治诸学，彼亦多引其绪。但其言古音则诋顾炎武，言《尚书》则诋阎若璩，故汉学家祧之不宗焉。全祖望为《毛西河别传》[②]，谓"其所著书，有造为典故以欺人者，有造为师承以示人有本者，有前人之误已经辨正、尚袭其误而不知者，有信口臆说者，有不考古而妄言者，有前人之言本有出而妄斥为无稽者，有改古书以就己者"。祖望于此诸项，每项举一条为例，更著有《萧山毛氏纠缪》十卷。平心论之，毛氏在启蒙期，不失为一冲锋陷阵之猛将，但于"学者的道德"缺焉，后儒不宗之，宜耳。

同时有姚际恒者，其怀疑精神极炽烈，疑《古文尚书》，疑《周礼》，疑《诗序》，乃至疑《孝经》，疑《易传》十翼。其所著"诸经通论"未之见，但其《古今伪书考》，列举经史子部疑伪之书共数十种，中固多精凿之论也。

---

①书名当作《河图洛书原舛编》，此漏"洛书"二字。

②据前引嘉庆本《鲒埼亭集·外编》卷12，篇名原作《萧山毛检讨别传》。

六 ［黄宗羲和王夫之］

吾于清初大师，最尊顾、黄、王、颜，皆明学反动所产也。顾为正统派所自出，前既论列，今当继述三子者。

余姚黄宗羲，少受学于刘宗周，纯然明学也。中年以后，方向一变，其言曰："明人讲学，袭语录糟粕，不以六经为根柢，束书而从事于游谈，更滋流弊，故学者必先穷经。然拘执经术，不适于用，欲免迂儒，必兼读史。"（《清史·黄宗羲传》）[1]又曰："读书不多，无以证[2]理之变化。多而不求于心，则为俗学。"（全祖望《鲒埼亭集·黄梨洲先生神道碑》）大抵清代经学之祖推炎武，其史学之祖当推宗羲。所著《明儒学案》，中国之有"学术史"，自此始也。又好治天算，著书八种。全祖望谓"梅文鼎本《周髀》言天文，世惊为不传之秘，而不知宗羲实开之"。其《律吕新义》，开乐律研究之绪。其《易学象数论》，与胡渭《易图明辨》互相发明。其《授书随笔》，则答阎若璩问也。故阎、胡之

①引文见《清史列传》儒林传下一黄宗羲传，原书"语录"下有"之"字，"迂儒"下有"之诮"二字。

②证，前引嘉庆本《鲒埼亭集》卷11，于此字下有"斯"字。

学,皆受宗羲影响。其他学亦称是。

清初之儒,皆讲“致用”,所谓“经世之务”是也。宗羲以史学为根柢,故言之尤辩。其最有影响于近代思想者,则《明夷待访录》也,其言曰:

“后之为君者,以天下之利尽归于己,天下之害尽归于人。……使天下之人,不敢自私,不敢自利,以我之大私为天下之公。……视天下为莫大之产业,……凡天下之无地而得安宁者,为有君也。……天下之人,怨恶其君,视之为寇仇,名之为独夫,固其所也。而小儒规规焉以君臣之义无所逃于天地之间,至桀纣之暴犹谓不当诛。……欲以如父如天之空名,禁人窥伺。”①(《原君》)

又曰:

“后之人主,既得天下,唯恐其子孙之不能保有也,思患于未然而为之法。然则其所谓法者,一家之

①此段引文,无节引号处也删略甚多,原文如下:“后之为人君者不然,以为天下利害之权皆出于我,我以天下之利尽归于己,天下之害尽归于人,〔亦无不可〕;使天下之人,不敢自私,不敢自利,以我之大私为天下之公,〔始而惭焉,久而安焉〕。视天下为莫大之产业。……凡天下之无地而得安宁者,为君也(原文“为君”二字间无“有”字)。……〔古者天下之人,爱戴其君,比之如父,拟之如天,诚不为过也;今也〕天下之人,怨恶其君,视之为寇仇,名之为独夫,固其所也。而小儒规规焉以君臣之义无所逃于天地之间,至桀纣之暴,犹谓〔汤武〕不当诛〔之〕,……〔后世之君〕欲以如父如天之空名,禁人之窥伺〔者,皆不便于其言,至废孟子而不立〕。”(据《四部备要》本。括弧内文字,乃删略便不成句者。)

法,而非天下之法也。……夫非法之法,前王不胜其利欲之私以创之,后王或不胜其利欲之私以坏之,坏之者固足以害天下,其创之者亦未始非害天下也。……论者谓有治人无治法,吾谓有治法而后有治人。”①(《原法》)

此等论调,由今日观之,固甚普通甚肤浅,然在二百六七十年前,则真极大胆之创论也。故顾炎武见之而叹,谓“三代之治可复”。而后此梁启超、谭嗣同辈倡民权共和之说,则将其书节钞②印数万本,秘密散布,于晚清思想之骤变,极有力焉。

清代史学极盛于浙,鄞县万斯同最称首出。斯同则宗羲弟子也。唐以后之史,皆官家设局分修,斯同最非之,谓:“官修之史,仓猝成于众人,犹招市人与谋室中之事。”(钱大昕《潜研堂集·万季野先生传》)以独力成《明史稿》,论者谓迁、固以后一人而已。其后斯同同县有全祖望,亦私淑宗羲,言“文献学”者宗焉。会稽有章学诚,著《文史通义》,学识在刘知幾、郑樵上。

衡阳王夫之,生于南荒,学无所师承,且国变后遁迹深山,与一时士夫不相接,故当时无称之者。然亦因是戛戛独有所造,其攻王学甚力,尝曰:“‘侮圣人之言’,小人之大恶也。

①此段引文,也有未标节引号而删略者:“唯恐其”下,原文有“祚命之不长也”六字;“而为之法”,原文“而”作“以”;“非害天下也”,原文“下”后有“者”字;“吾谓”,原文作“吾以谓”。

②按此处所谓节钞本,名目及刊印处,均未见公私著录,迄今亦未发现刊本。待考。——按,此注承日本京都大学小野和子教授关注,而遍搜日本藏书,发现《明夷待访录》在清末确有节刊本,但刊行者并非梁启超,而是孙中山和他的盟友。请参拙著《求索真文明——晚清学术史论》,上海古籍出版社,1997 年 4 月再版,页355。

……姚江之学，横拈圣言之近似者，摘一句一字以为要妙，窜入其禅宗，尤为无忌惮之至。”①（《俟解》）又曰：“数传之后，愈徇迹而忘其真，或以钩考文句，分支配拟为穷经之能，仅资场屋射覆之用，其偏者以臆测度，趋入荒杳。”（《中庸补传衍》）遗书中此类之论甚多，皆感于明学之极敝而生反动，欲挽明以返诸宋，而于张载之《正蒙》，特推尚焉。其治学方法，已渐开科学研究的精神，尝曰：

> “天下之物理无穷，已精而又有其精者，随时以变，而皆不失于正。但信诸己而即执之，云何得当？况其所为信诸己者，又或因习气，或守一先生之言，而渐渍以为己心乎！”②（《俟解》）

夫之著书极多，同治间金陵刻本二百八十八卷，犹未逮其半。皆不落“习气”，不“守一先生之言”。其《读通鉴论》、《宋论》，往往有新解，为近代学子所喜诵习。尤能为深沈之思以擅绎名理，其《张子正蒙注》、《老子衍》、《庄子解》，皆覃精之作，盖欲自创一派哲学而未成也。其言“天理即在人欲之中，无人欲则天理亦无从发现”（《正蒙注》），可谓发宋元以来所未发。后此戴震学说，实由兹衍出。故刘献廷极推服之，谓：“天地元气，圣贤学脉，仅此一线。”（《广阳杂记》二）其乡后学谭嗣同之思想，受其影响最多，尝曰：“五百年来学者，真通天人之故者，

①“姚江之学”，原文作“至姚江之学出”；“横拈”之前，原文有“更”字。（据太平洋书店《船山遗书》本）

②“不失于正”，原文作“不失其正”；“云何得当”，原文作“如何得当”；“而渐渍以为己心乎”，原文作“渐渍而据为己心乎”。

船山一人而已。”(《仁学》卷上)尤可注意者,《遗书》目录中,有《相宗络索》及《三藏法师八识规矩论赞》二书(未刻)[①]。在彼时以儒者而知治“唯识宗”,可不谓豪杰之士耶!

①二书已见1930年太平洋书店排印本《船山遗书》。

七　[颜元]

顾、黄、王、颜，同一“王学”之反动也，而其反动所趋之方向各不同。黄氏始终不非王学，但是正其末流之空疏而已。顾、王两氏黜明存宋，而顾尊考证，王好名理。若颜氏者，则明目张胆以排程、朱、陆、王，而亦菲薄传注考证之学，故所谓“宋学”、“汉学”者，两皆吐弃，在诸儒中尤为挺拔，而其学卒不显于清世。

博野颜元，生于穷乡，育于异姓，饱更忧患，坚苦卓绝。其学有类罗马之“斯多噶派”。其对于旧思想之解放，最为彻底，尝曰：

> “立言但论是非，不论异同。是，则一二人之见不可易也。非，则虽千万人所同，不随声也；岂惟千万人，虽百千年同迷之局，我辈亦当以先觉觉后觉[1]，竟不必附和雷同也。”（钟錂著《颜习斋言行录·学问篇》）

其尊重自己良心，确乎不可拔也如此。其对于宋学，为绝无

①后觉，引文原脱“觉”字，据钟錂《颜习斋先生言行录》校补。

闪缩之正面攻击，其言曰：

“予昔尚有将就程朱，附之圣门支派之意。自一南游，见人人禅子，家家虚文，直与孔门对敌，必破一分程朱，始入一分孔孟，乃定以为孔孟与程朱判然两途，不愿作道统中乡愿矣。”（李塨著《颜习斋先生年谱》卷下）

然则元之学之所以异于宋儒者何在耶？其最要之旨曰：“习行于身者多，劳枯于心者少。”（《年谱》卷下）彼引申其义曰：“人之岁月精神有限，诵说中度一日，便习行中错一日，纸墨上多一分，便身世上少一分。”（《存学编》论讲学）又曰：“宋儒如得一路程本，观一处又观一处，自喜为通天下路程，人[①]亦以晓路称之，其实一步未行，一处未到。”（《年谱》卷下）又曰：“诸儒之论，在身乎？在世乎？徒纸笔耳。则言之悖于孔孟者坠也，言之不悖于孔孟者亦坠也。”[②]（《习斋纪余·未坠集序》）又曰：“譬之于医，有妄人者，止务览医书千百卷，熟读详说，以为予国手矣，视诊脉制药针灸为粗不足学。书日博，识日精，一人倡之，举世效之，岐、黄盈天下，而天下之人病相枕、死相接也。”（《存学编·学辩一》）[③]又

①人，原谱（《畿辅丛书》本）作“人人”，此脱一“人”字。

②据《习斋纪余》卷1（《畿辅丛书》本），后二语内“孔孟”二字，原序均作“尧舜周孔”四字。此处删三字，增一字。

③此段引文多所删略。《四存编》（《畿辅丛书》本）原文如下：“辟之于医，〔《黄帝素问》、《金匮》、《玉函》，所以明医理也，而疗疾救世，则必诊脉、制药、针灸、摩砭为之力也。〕今有妄人者，止务览医书千百卷，熟读详说，以为予国手矣，视诊脉、制药、针灸、〔摩砭〕为〔术家之〕粗，不足学〔也〕。书日博，识日精，一人倡之，举世效之，岐、黄盈天下，而天下之人，病相枕、死相接也，〔可谓明医乎？〕（括弧内为删略文字。）内“辟”字，梁改为“譬”，是；“千百卷”，梁引作“千万卷”，误。又，篇题《学辩一》，“辩”当作“辨”。

曰:“为爱静空谈之学久,必至厌事。厌事必至废事,遇事即茫然,故误人才败天下事者宋学也”①(《年谱》卷下)又曰:“书本上见,心头上思,可无所不及,而最易自欺欺世。不特无能,其实一无知也。”②(《言行录》卷下)其论学宗旨大率类此。

由此观之,元不独不认宋学为学,并不认汉学为学,明矣。元之意,盖谓学问绝不能向书本上或讲堂上求之,惟当于社会日常行事中求之。故其言曰:“人之认读者为学者,固非孔子之学;以读书之学解书,并非孔子之书。”(《言行录》卷下)又曰:“后儒将博学改为博读博著。”③(《年谱》卷下)其所揭橥以为学者,曰《周礼》大司徒之“乡三物”。——一,六德,知、仁、圣、义、忠、和;二,六行,孝、友、睦、姻、任、恤;三,六艺,礼、乐、射、御、书、数;而其所实行者尤在六艺。故躬耕、习医、学技击、学兵法、习礼、习乐,其教门人必使之各执一艺。“劳作神圣”之义,元之所最信仰也。其言曰:“养身莫善于习动,夙兴夜寐,振起精神,寻事去做。”(《言行录》卷上)曰:“生存一日当为生民办事一日。”(《年谱》卷下)质而言之,为做事故求学问,做事即是学问,舍做事外别无学问,此元之根本主义也。以实学代虚学,以动学代静学,以活学代死学,与最近教育新思潮最相合。但其所谓实、所谓动、所谓活者,究竟能免于虚静与死否耶?此则时代为之,未可以今日社会情状绳古人矣。

---

①“遇事”以下引文有删略,原文如下:“遇事即茫然,〔贤豪不免,况常人乎?予尝言〕误人才、败天下事者,宋〔人之〕学。(据前揭本原谱)梁氏将“贤豪”云十一字删去,改为“故”字;“宋人之学”,改为“宋学”。

②“不特无能”二语,于原文有删改。《颜习斋先生言行录》(《颜李丛书》本)原文作:“究之莫道一无能,其实一无知也。”

③引文有删略。原谱(前揭本)引作:“后儒〔以文墨为文,以虚理为礼,〕将博学改为博读〔博讲〕博著。”

元弟子最著者，曰李塨，曰王源，皆能实践其教。然元道太刻苦，类墨氏，传者卒稀，非久遂中绝。

八 ［梅文鼎、顾祖禹和刘献廷］

我国科学最昌明者，惟天文算法，至清而尤盛。凡治经学者多兼通之。其开山之祖，则宣城梅文鼎也。杭世骏谓："自明万历中利玛窦入中国，制器作图颇精密，……学者张皇过甚，无暇深考中算源流，辄以世传浅术，谓古《九章》尽此，于是薄古法为不足观；而或者株守旧闻，遽斥西人为异学。两家遂成隔阂。鼎集其书而为之说，稍变从我法，若三角比例等，原非中法可该，特为表出；古法方程，亦非西法所有，则专著论以明古人精意。"（杭世骏《道古堂集·梅定九征君传》）①文鼎著书八十余种，其精神大率类是，知学问无国界，故无主奴之见。其所创获甚多，自言："吾为此学，皆历最艰苦之后而后得简易。……惟求此理大显，绝学不致无传，则死且不憾。"（同上）盖粹然学者态度也。

---

①此段引文多删略。《道古堂文集》（光绪振绮堂补刊本）卷30本传原文如下："自明万历中利玛窦入中国，〔始倡几何之学，以点线面体为测量之资，〕制器作图，颇〔为〕精密。……学者张皇过甚，无暇深考〔乎〕中算〔之〕源流，辄以世传浅术，谓古《九章》尽此，于是薄古法为不足观，而或者株守旧闻，遽斥西人为异学。两家〔之说〕，遂成隔阂。〔文〕鼎集其书而为之说，〔用筹用笔用尺，稍〕稍变从我法。若三角比例等，原非中法可该，特为表出；古法方程，亦非西法所有，则专著论，以明古人〔之〕精意〔不可湮没〕。"

清代地理学亦极盛。然乾嘉以后,率偏于考古,且其发明多属于局部的。以云体大思精,至今盖尚无出无锡顾祖禹《读史方舆纪要》上者。魏禧评之曰:"《职方》、《广舆》诸书,袭讹踵谬,名实乖错,悉据正史考订折衷之。此数千百年所绝无仅有之书也。……贯穿诸史,出以己所独见,其深思远识,在语言文字之外。"①(魏禧《叔子集·读史方舆纪要叙》)祖禹为此书,年二十九始属稿,五十乃成,无一日中辍,自言:"舟车所经,必览城郭②,按山川,稽里道,问关津;以及商旅之子、征戍之夫,或与从容谈论,考核异同。"(《读史方舆纪要》自叙)盖纯然现代科学精神也。

清初有一大学者而其学无传于后者,曰大兴刘献廷。王源表其墓曰:"脱身遍历九州,览其山川形势,访遗佚,交其豪杰,观其土俗,博采轶事,以益广其闻见,而质证其所学。……讨论天地阴阳之变、霸王大略、兵法、文章、典制、方域要害,……于礼乐、象纬、医药、书数、法律、农桑、火攻器制,旁通博考,浩浩无涯矣。"(王源《居业堂集·刘处士墓表》)③而全祖望述其遗著有《新韵谱》者,最为精奇。全氏曰:

> 继庄(献廷字)"自谓于声音之道,别有所窥,足穷造化之奥,百世而不惑。尝作《新韵谱》,其悟自华严

①据《读史方舆纪要》(嘉庆敷文阁本)卷首魏叙,此语作"有在于言语文字之外"。

②前揭书顾氏《总叙二》,"必览"前有"亦"字。

③此段引文有删略。覆按《居业堂文集》(《畿辅丛书》本)卷19本文:"脱身遍历九州",原作"于是慨然欲遍历九洲";"观其土俗"四字原无;"文章典制"下尚有"古今兴亡之故"六字。

字母入,而参[①]以天竺陀罗尼、泰西腊顶话、小西天梵书,暨天方、蒙古、女直等音,又证之以辽人林益长之说,而益自信。同时吴修龄自谓苍颉以后第一人。继庄则曰,是其于天竺以下书皆未得通,而但略见华严之旨者也。继庄之法,先立鼻音二,以为韵本[②],有开有合,各转阴阳上去入之五音,——阴阳即上下二平,——共十声,而不历喉腭舌齿唇之七位,故有横转无直送,则等韵重叠之失去矣。次定喉音四,为诸韵之宗,而后知[③]腊顶话,女直国书,梵音,尚有未精者;以四者为正喉音,而从此得半音、转音、伏音、送音、变喉音。又以二鼻音分配之,一为东北韵宗,一为西南韵宗。八韵立而四海之音可齐。于是以喉音互相合,凡得音十七;喉音与鼻音互相合,凡得音十;又以有余不尽者三合之,凡得音五;共计三十音为韵父。而韵历二十二位为韵母,横转各有五子,而万有不齐之声摄于此矣"。"又欲谱四方土音,以穷宇宙元音之变,乃取《新韵谱》为主,而以四方土音填之,逢人便可印正。"(全祖望《鲒埼亭集·刘继庄传》)

盖自唐释守温始谋为中国创立新字母,直至民国七年教育部颁行注音字母,垂阅千年,而斯业乃成。而中间最能覃思而具其条理者,则献廷也。使其书而传于后,则此问题或早已解决,

---

①全氏原文(前揭本卷28),"参"下有"之"字。

②以为韵本,原文作"以鼻音为韵本"。

③而后知,原文此下尚有"泰西"二字。

而近三十年来学者,或可省许多研究之精力。然犹幸而有全氏传其厓略,以资近代学者之取材。今注音字母,采其成法不少,则固受赐多矣。全氏又述献廷关于地理、关于史学、关于宗法之意见,而总论之曰:“凡继庄所撰著,其运量皆非一人一时所能成,故虽言之甚殷,而难于毕业。”斯实然也。然学问之道,固未有成之于一人一时者,在后人能否善袭遗产以光大之而已。彼献廷之《新韵谱》,岂非阅三百年而竟成也哉？献廷尝言曰:“人苟不能斡旋气运,利济天下①,徒以其知能为一身家之谋,则不能②谓之人。”(王源《墓表》引)其学问大本可概见,惜乎当时莫能传其绪也。

献廷书今存者惟一《广阳杂记》,实涉笔漫录之作,殆不足以见献廷。

同时有太原傅山者,以任侠闻于鼎革之交,国变后冯铨、魏象枢尝强荐之,几以身殉,遂易服为道士③。有问学者,则告之曰:“老夫学庄、列者也,于此间诸仁义事,实羞道之。”(全祖望《鲒埼亭·傅青主事略》)④然史家谓“其学大河以北莫能及者”。(吴翔凤《人史》)

---

①利济天下,此四字乃王源《刘处士墓表》(前揭本)原文所无。

②不能,王氏原文作“不得”。

③按此处叙事误。全祖望《阳曲傅先生事略》(《鲒埼亭集》卷26),谓“天下大定,自是始以黄冠自放”。据乾隆《寿阳县志》,谓明崇祯十七年(即清顺治元年,1644),傅山至山西寿阳拜郭静中为师,出家为道士。此后自号朱衣道人。而其以死拒博学鸿儒科征,事在康熙十八年(1679),距其为道士已三十五年。

④注中篇名当作《阳曲傅先生事略》,见《鲒埼亭集》卷26。

九 [由启蒙到全盛]

综上所述,可知启蒙期之思想界,极复杂而极绚烂。其所以致此之原因有四:

第一,承明学极空疏之后,人心厌倦,相率返于沈实。

第二,经大乱后,社会比较的安宁,故人得有余裕以自厉于学。

第三,异族入主中夏,有志节者耻立乎其朝,故刊落声华,专集精力以治朴学。

第四,旧学派权威既坠,新学派系统未成,无"定于一尊"之弊,故自由之研究精神特盛。

其研究精神,因环境之冲动,所趋之方向亦有四:

第一,因矫晚明不学之弊,乃读古书,愈读而愈觉求真解之不易,则先求诸训诂名物典章制度等等,于是考证一派出。

第二,当时诸大师,皆遗老也。其于宗社之变,类含隐痛,志图匡复,故好研究古今史迹成败,地理阨塞,以及其他经世之务。

第三,自明之末叶,利玛窦等输入当时所谓西学者于中国,而学问研究方法上,生一种外来的变化。其初惟治天算者宗之,后则渐应用于他学。

第四，学风既由空返实，于是有从书上求实者，有从事上求实者。南人明敏多条理，故向著作方面发展。北人朴悫坚卓，故向力行方面发展。

此启蒙期思想发展途径之大概也。

然则第二期之全盛时代，独所谓正统派者（考证学）充量发达，余派则不盛，或全然中绝。其故何耶？以吾所思，原因亦有四：

一、颜、李之力行派，陈义甚高，然未免如庄子评墨子所云："其道大觳"，恐"天下不堪"。（《天下篇》）此等苦行，惟有宗教的信仰者能践之，然已不能责望之于人。颜元之教，既绝无"来生的"、"他界的"观念，在此现实界而惟恃极单纯极严冷的道德义务观念，教人牺牲一切享乐，本不能成为天下之达道。元之学所以一时尚能光大者，因其弟子直接受彼之人格的感化。一再传后，感化力递减，其渐归衰灭，乃自然之理。况其所谓实用之"艺"，因社会变迁，非皆能周于用，而彼所最重者在"礼"。所谓"礼"者，二千年前一种形式，万非今日所能一一实践。既不能，则实者乃反为虚矣。此与当时求实之思潮，亦不相吻合，其不能成为风气也固宜。

二、吾尝言当时"经世学派"之昌，由于诸大师之志存匡复。诸大师始终不为清廷所用，固已大受猜忌。其后文字狱频兴，学者渐惴惴不自保，凡学术之触时讳者，不敢相讲习。然英拔之士，其聪明才力，终不能无所用也。诠释故训，究索名物，真所谓"于世无患、与人无争"，学者可以自藏焉。又所谓经世之务者，固当与时消息，过时焉则不适用。治此学者既未能立见推行，则藏诸名山,终不免成为一种空论。等是空论,则浮薄之士,何尝不可剿说以自附?附者众则乱真而见厌矣。故乾嘉以降,此派衰熄,即治史学地理学者,亦全趋于考证方面,无复以议论行之矣。

三、凡欲一种学术之发达,其第一要件,在先有精良之研究法。清代考证学,顾、阎、胡、惠、戴诸师,实辟出一新途径,俾人人共循。贤者识大,不贤识小,皆可勉焉。中国积数千年文明,其古籍实有研究之大价值,如金之蕴于矿者至丰也。而又非研究之后,加以整理,则不能享其用,如在矿之金,非开采磨治焉不得也。故研究法一开,学者既感其有味,又感其必要,遂靡然向风焉。愈析而愈密,愈浚而愈深。盖此学派在当时饶有开拓之余地,凡加入派中者,苟能忠实从事,不拘大小,而总可以有所成,所以能拔异于诸派而独光大也。

四、清学之研究法,既近于"科学的",则其趋向似宜向科学方面发展。今专用之于考古,除算学天文外,一切自然科学皆不发达,何也?凡一学术之兴,一面须有相当之历史,一面又乘特殊之机运。我国数千年学术,皆集中社会方面,于自然界方面素不措意,此无庸为讳也。而当时又无特别动机,使学者精力转一方向。且当考证新学派初兴,可开拓之殖民地太多,才智之士正趋焉,自不能分力于他途。天算者,经史中所固有也,故能以附庸之资格连带发达,而他无闻焉。其实欧洲之科学,亦直至近代而始昌明,在彼之"文艺复兴"时,其学风亦偏于考古。盖学术进化必经之级,应如是矣。

右述启蒙期竟,次及全盛期。

十 [考证学的“群众化”和惠栋学派]

启蒙期之考证学,不过居一部分势力。全盛期则占领全学界。故治全盛期学史者,考证学以外,殆不必置论。启蒙期之考证学,不过粗引端绪,其研究之漏略者,不一而足。——例如阎若璩之《尚书古文疏证》中多阑入日记信札之类,体例极芜杂。胡渭之《禹贡锥指》,多经济谈,且汉宋杂糅,家法不严。——苟无全盛期诸贤,则考证学能否成一宗派,盖未可知。夫无考证学则是无清学也,故言清学必以此时期为中坚。在此期中,此学派已成为“群众化”,派中有力人物甚多,皆互相师友。其学业亦极“单调的”,无甚派别之可特纪。故吾欲专叙一二人,以代表其余。当时巨子,共推惠栋、戴震,而戴学之精深,实过于惠。今略述二人之著述言论及其传授之绪,资比较焉。

元和惠栋,世传经学。祖父周惕,父士奇,咸有著述,称儒宗焉。栋受家学,益弘其业。所著有《九经古义》、《易汉学》、《周易述》、《明堂大道录》、《古文尚书考》、《后汉书补注》诸书。其弟子则沈彤①、江声、余萧客最著。萧客弟子江藩②著《汉学师承记》,推栋为斯学正统。实则栋未能完全代表一代之学术,不过门户壁垒,由彼而立耳。惠氏之学,以博闻强记为入门,以尊古守家法为究竟。士奇于九经、四史③、《国语》、《国策》、《楚辞》之文,皆能暗诵,尝对座客诵《史记·封禅书》终篇,不失一字。(钱大昕《潜研堂集·惠天牧先生传》)栋受其教,记诵益赅洽。士奇之言曰:

> "康成三《礼》,何休《公羊》,多引汉法,以其去古未远。……贾公彦于郑注……之类皆不能疏。……夫汉远于周,而唐又远于汉,宜其说之不能尽通也,况宋以后乎!"④(《礼说》)

此可见惠氏家学,专以"古今"为"是非"之标准。栋之学,

---

①按沈彤少于惠栋九岁,但为何焯弟子,知名较惠栋为早,乾隆初曾召试博学宏词科。沈、惠二人为友。阮元《国史儒林传》,江藩《汉学师承记》,均未有沈彤师事惠栋的记录。此谓沈为惠栋弟子,盖误。

②按江藩曾师事惠栋、江声,非专为余萧客弟子。

③按《潜研堂集·惠先生士奇传》述惠士奇能背诵《史记》、《汉书》、《三国志》,即习称之"三史"。此言"四史",不确。

④按此段转引自江藩《汉学师承记》卷2惠周惕传附惠士奇传。引文经梁氏删节后,与原意有出入。原文乃引惠士奇论《周礼》语,今录如次:"〔《礼经》出于屋壁,多古字古音。经之义存乎训,识字审音,乃知其义,故古训不可改也。康成注经,皆从古读,盖字有音义相近而伪者,故读从之。后世不学,遂谓康成好改字,岂其然乎?〕康成三《礼》,何休《公羊》,多引汉法,以其去古未远,〔故借以为说。〕贾公彦于郑注〔如'苞茅、扶苏、薄、借綦'〕之类皆不能疏,〔所读之字,亦不能疏,辄曰从俗读,甚违'不知益阙'之义。〕夫汉远于周,而唐又远于汉,宜其说之不能尽通也,况宋以后乎?〔周秦诸子,其文虽不尽雅驯,然皆可引为《礼经》之证,以其近古也。〕(括弧内为梁氏删去文句。)

其根本精神即在是。其言曰：

“汉人通经有家法，故有五经师。训诂之学，皆师所口授，其后乃著竹帛。所以汉经师之说，立于学官，与经并行。……古字古言，非经师不能辨。……是故古训不可改也，经师不可废也。……余家四世传经[①]，咸通古义。……因述家学作《九经古义》一书。……”(《九经古义·首述》)

惠派治学方法，吾得以八字蔽之，曰：“凡古必真，凡汉皆好。”其言“汉经师说与经并行”，意盖欲尊之使侪于经矣。王引之尝曰：“惠定宇先生考古虽勤，而识不高，心不细，见异于今者则从之，大都不论是非。”(《焦氏丛书》卷首王伯申手札)可谓知言。栋以善《易》名，其治《易》也，于郑玄之所谓“爻辰”，虞翻之所谓“纳甲”，荀谞[②]之所谓“升降”，京房之所谓“世应”、“飞伏”[③]，与夫“六日七分”[④]、“世轨”诸说，一一为之疏通证明。汪

①按《九经古义》(咸丰补刊《皇清经解》本)“述首”，于“经师不可废也”下，即接“余家四世传经”云云。此段引文于二语中加删节号，未详所本。又，篇名“首述”，当作“述首”。

②荀谞，东汉经学家荀爽别名。惠栋《易说》提其名，正谓“荀爽”。

③飞伏，当作“飞候”。京房有《周易飞候》九卷、又一部六卷，见《隋书·经籍志》子部五行家类。清王谟《汉魏丛书钞》、严可均《京氏易》，均有辑本。

④六日七分，即京房“飞候”之术。京房又有《周易飞候六日七分》八卷，见《隋书·经籍志》子部五行家类。京房飞候术，乃“布六十四卦于一岁中，卦直六日七分迭更用事，以风雨寒温为候，各有占验”，参严可均校辑本序。梁氏于此以“飞候”与“六日七分”为二说，盖误。

中所谓“千余年不传之绝学”①者也。以吾观之,此其矫诬,与陈抟之“河图洛书”有何差别？然彼则因其宋人所诵习也而排之,此则因其为汉人所倡道也而信之,可谓大惑不解。然而当时之人蔽焉,辄以此相尚。江藩者,惠派嫡传之法嗣也,其所著《国朝汉学师承记》,末附有《国朝经师经义目录》一篇,其言曰:

> “黄宗羲之《易学象数论》,虽辟陈抟、康节之学,而以纳甲动爻为伪象,又称王辅嗣注简当无浮义。黄宗炎之《图书辨惑》,力辟宋人,然不专宗汉学,非笃信之士。……胡朏明(渭)《洪范正论》,虽力攻图书之谬,而辟汉学五行灾异之说,是不知夏侯始昌之《洪范五行传》亦出伏生也。是以黜之。”②

此种论调,最足以代表惠派宗旨。盖谓凡学说出于汉儒者,

---

①按汪中语,见江藩《汉学师承记》卷7汪中传,原作“国朝诸儒崛起,接二千余年沈沦之绪”。此乃约举大意。又,汪中所举乃“六儒”,以惠栋治《汉易》为“继往开来者”之一,非专指惠氏一家而言。

②按江藩《国朝经师经义目录》,乃分经论列,每经先述略史,再列目录。梁氏此段引文,将原本《易》、《书》两类略史合并节引,引文又有删略。现据江氏原著(《粤雅堂丛书》二编本),分列原文如下:(1)“〔国初老儒,亦有攻王弼之注,击陈抟之图者,如〕黄宗羲之《易学象数论》。虽辟陈抟、康节之学,而以纳甲动爻为伪象,又称王辅嗣注简当无浮义。黄宗炎之《〔周易象辞〕图书辨惑》,〔亦〕力辟宋人〔图书之说,可谓不遗余力矣〕,然不宗(原文“宗”上无“专”字)汉学,〔皆〕非笃信之士〔也〕”。见该书《易》类。(2)“〔国朝注《尚书》者十有余家,不知伪古文伪孔传者,概不著录,如〕胡朏明《洪范正论》,虽力攻图书之谬,而辟汉学五行灾异之说,是不知夏侯始昌之《洪范五行传》亦出于伏生也。〔朏明虽知伪古文,而不知《五行传》之不可辟,〕是以黜之。”见该书《书》类。又,《易》类目录,首列胡渭《易图明辨》,次列惠士奇《易》说;《书》类目录,首列阎若璩《古文尚书疏证》,次列胡渭《禹贡锥指》,再次列惠栋《古文尚书考》;则阎、胡最知名的三部著作均当首选。

皆当遵守，其有敢指斥者，则目为信道不笃也。其后阮元辑《学海堂经解》，即以此为标准，故顾、黄、阎、胡诸名著，多见摈焉，谓其不醇也。平心论之，此派在清代学术界，功罪参半。笃守家法，令所谓“汉学”者壁垒森固，旗帜鲜明，此其功也；胶固、盲从、褊狭、好排斥异己，以致启蒙时代之怀疑的精神、批评的态度，几夭阏焉，此其罪也。清代学术，论者多称为“汉学”。其实前此顾、黄、王、颜诸家所治，并非“汉学”；后此戴、段、二王诸家所治，亦并非“汉学”。其“纯粹的汉学”，则惠氏一派，洵足当之矣。夫不问“真不真”，惟问“汉不汉”，以此治学，安能通方？况汉儒经说，派别正繁，其两说绝对不相容者甚多，欲盲从其一，则不得不驳斥其他。栋固以尊汉为标帜者也。其释“箕子明夷”之义，因欲扬孟喜说而抑施雠、梁丘贺说，乃云“谬种流传，肇①于西汉(《周易述》卷五)。致方东树摭之以反唇相稽(《汉学商兑》卷下)。然则所谓“凡汉皆好”之旗帜，亦终见其不贯彻而已。故苟无戴震，则清学能否卓然自树立，盖未可知也。

①肇，《周易述》(咸丰补刊《皇清经解》本)原作“兆”。又，谬种，《周易述》原作“谬说”，《汉学师承记》引作“谬种”，此当据江书转引。

十一 ［戴震和他的科学精神］

休宁戴震受学江永，其与惠栋亦在师友之间。震十岁就傅，受《大学章句》，至“右经一章”以下，问其塾师曰：“此何以知为孔子之言而曾子述之？又何以知为曾子之意而门人记之？”师应之曰：“此先儒朱子所注云尔。”又问：“朱子何时人？”曰：“南宋。”又问：“孔子、曾子何时人？”曰：“东周。”又问：“周去宋几何时？”曰：“几二千年。”又问：“然则朱子何以知其然？”师无以应。（据王昶《述庵文钞·戴东原墓志铭》）①此一段故事，非惟可以说明戴氏学术之出发点，实可以代表清学派时代精神之全部。盖无论何人之言，决不肯漫然置信，必求其所以然之故；常从众人所不注意处觅得间隙，既得间，则层层逼拶，直到尽头处；苟终无足以起其信者，虽圣哲父师之言不信也。此种研究精神，实近世科学所赖以成立。而震以童年具此本能，其能为一代学派完成建设之业固宜。

震之言曰：

---

①《述庵文钞》，未见。按王昶为戴东原墓志铭，今见于《春融堂集》卷55。

"学者当不以人蔽己,不以己自蔽。不为一时之名,亦不期后世之名。有名之见,其蔽二:非掊击前人以自表暴,即依傍昔贤以附骥尾。……私智穿凿者,或非尽掊击以自表暴,积非成是而无从知,先入为主而惑以终身;或非尽依傍以附骥尾,无鄙陋之心,而失与之等。……"(《东原文集》答郑用牧书)[①]

"不以人蔽己,不以己自蔽"二语,实震一生最得力处。盖学问之难也,粗涉其途,未有不为人蔽者;及其稍深入,力求自脱于人蔽,而己旋自蔽矣。非廓然卓然,鉴空衡平,不失于彼,必失于此。震之破"人蔽"也,曰:

"志存闻道,必空所依傍。汉儒训诂,有师承,有时亦傅会。晋人傅会凿空益多。宋人则恃胸臆以为断,故其袭取者多谬,而不谬者反在其所弃。……宋以来儒者,以己之见硬坐为古圣贤立言之意,而语言文字实未之知。其于天下之事也,以己所谓理强断行之,而事情源委隐曲实未能得,是以大道失而行事乖。……自以为于心无愧,而天下受其咎,其谁之咎?不知者且以实践躬行之儒归焉。"[②](《东原集》与某书)

①引文文字与段玉裁编《戴东原集》(《四部备要》本)卷9《答郑丈用牧书》略异:引文"学者当不以人蔽己",段编作"其得于学,不以人蔽己";引文"以自表暴",段编均作"以自表襮"。

②引文文字与段编《戴东原集》卷9所刊略异:引文"汉儒训诂",段编作"汉儒故训";"恃胸臆以为断",段编无"以"字;"不谬者反在其所弃",段编无"反"字;"实践躬行之儒",段编作"躬行实践之儒"。

其破"己蔽"也,曰:

"凡仆所以寻求于遗经,惧圣人之绪言暗汶于后世也。然寻求而有获十分之见者,有未至十分之见者。所谓十分之见,必征诸古[1]而靡不条贯,合诸道而不留余议,巨细毕究,本末兼察。若夫依于传闻以拟其是,择于众说以裁其优,出于空言以定其论,据以孤证以信其通,虽溯流可以知源,不目睹渊泉所导,循根可以达杪,不手披枝肄所歧,皆未至十分之见也。以此治经,失'不知为不知'之意,而徒增一惑以滋识者之辨之也。……既深思自得而近之矣,然后知孰为十分之见,孰为未至十分之见。如绳绳木,昔以为直者,其曲于是可见也;如水准地,昔以为平者,其坳于是可见也。夫然后传其信、不传其疑,疑则阙,庶几治经不害。"(《东原集》与姚姬传书)

读第一段,则知目震所治者为"汉学",实未当也。震之所期,在"空诸依傍"。晋宋学风,固在所诋斥矣,即汉人亦仅称其有家法,而未尝教人以盲从。钱大昕谓其"实事求是,不主[2]一家"。(《潜研堂集》戴震传)余廷灿谓其"有一字不准六书,一字解不通贯群经,即无稽者不信,不信必反复参证而后即安。以故胸中所得,皆破出传注重围。"(余氏撰《戴东原先生事略》,见

①"寻求而有获",段编(卷9《与姚孝廉姬传书》)作"寻求而获有";"有未至十分之见者",段编无"者"字;"必征诸古",段编作"必征之古"。

②不主,《潜研堂集》卷39《戴先生震传》原作"不偏主"。

《国朝耆献类征》百三十一)此最能传写其思想解放之精神。读第二段,其所谓十分之见与未至十分之见者,即科学家定理与假说之分也。科学之目的,在求定理,然定理必经过假设之阶级而后成。初得一义,未敢信为真也,其真之程度,或仅一二分而已,然姑假定以为近真焉,而凭藉之以为研究之点,几经试验之结果,寖假而真之程度增至五六分,七八分,卒达于十分,于是认为定理而主张之。其不能至十分者,或仍存为假说以俟后人,或遂自废弃之也。凡科学家之态度,固当如是也。震之此论,实从甘苦阅历得来。所谓昔以为直而今见其曲,昔以为平而今见其坳,实科学研究法一定之历程,而其毅然割舍,"传信不传疑",又学者社会最主要之道德矣。震又言曰:

> "学有三难[①]:淹博难,识断难,精审难。三者仆诚不足以[②]与于其间,其私自持及[③]为书之大概,端在乎是。前人之博闻强识,如郑渔仲、杨用修诸君子,著书满家,淹博有之,精审未也。……"

戴学所以异于惠学者,惠仅淹博,而戴则识断且精审也。章炳麟曰:"戴学分析条理,参密严瑮[④],上溯古义,而断以己之律令。"(《检论·清儒篇》)可谓知言。

①此段引自戴震《与是仲明论学书》,见段编《戴东原集》卷9。引文"学有三难",原作"仆闻事于经学,盖有三难"。

②以,段编本无此字。

③及,段编本作"暨"。

④以上二语,《检论》(浙江图书馆刊《章氏丛书》本)原文作:"凡戴学数家,分析条理,皆参密严瑮"。又,诸本均误"瑮"为"慄",据《检论》校改。

凌廷堪为震作事略状，而系以论曰：“昔河间献王实事求是。夫实事在前，吾所谓是者，人不能强辞而非之也；吾所谓非，人不能强辞而是之也；如六书、九数及典章制度之学是也。虚理在前，吾所谓是者，人既可别持一说以为非；吾所谓非者，人亦可别持一说以为是也；如义理之学是也。”（《校礼堂集》）此其言绝似实证哲学派之口吻，而戴震之精神见焉，清学派之精神见焉。惜乎此精神仅应用于考古，而未能应用于自然科学界，则时代为之也。

震常言：“知十而皆非真，不若知一之为真知也。”（段玉裁《经韵楼集·娱亲雅言序》引）故其学虽淹博而不泛滥。其最专精者，曰小学，曰历算，曰水地。小学之书，有《声韵考》四卷，《声类表》十卷，《方言疏证》十三卷，《尔雅文字考》十卷。历算之书，有《原象》一卷，《历问》二卷，《古历考》二卷，《句股割圆记》三卷，《续天文略》三卷[1]，《策算》一卷。水地之书，有《水地记》一卷，《校水经注》四十卷，《直隶河渠书》六十四卷，其他著述不备举。《四库全书》天算类提要全出其手，他部亦多参与焉，而其晚年最得意之作，曰《孟子字义疏证》。

《孟子字义疏证》，盖轶出考证学范围以外，欲建设一“戴氏哲学”矣。震尝言曰：

> “圣人之道，使天下无不达之情，求遂其欲，而天下治。后儒不知情之至于纤微无憾是谓理，而其所谓理者，同于酷吏所谓法。酷吏以法杀人，后儒以理杀

---

①《续天文略》，段玉裁谓疑即《古历考》，为戴震续《通志·天文略》之作，后因三通馆未用，故改名《古历考》。又段玉裁著录此书为二卷。见《戴东原先生年谱》。

人。骎骎乎舍法而论理，死矣，更无可救矣！"（《东原文集》卷八与某书）

又曰：

"程朱以'理'为'如有物焉，得于天而具于心'，启天下后世人人凭在己之意见而执之曰'理'，以祸斯民。更淆以'无欲'之说，于得理益远，于执其意见益坚，而祸斯民益烈。岂理祸斯民哉？不自知为意见也。"（《戴氏遗书》九附录答彭进士书）

又曰：

"宋以前，孔孟自孔孟，老释自老释。谈老释者，高妙其言，不依附孔孟。宋以来，孔孟之书，尽失其解，儒者杂袭老释之言以解之。……譬犹子孙未睹其祖父之貌者，误图他人之貌为其貌而事之，所事固己之祖父也，貌则非矣。"（同上）

震欲祛"以释混儒"、"舍欲言理"之两蔽，故既作《原善》三篇，复为《孟子字义疏证》，《疏证》之精语曰：

"……《记》曰：'饮食男女，人之大欲存焉。'圣人治天下，体民之情，遂民之欲，而王道备。人知老、庄、释氏异于圣人，闻其无欲之说，犹未之信也。于宋儒，则信以为同于圣人；理欲之分，人人能言之。故今之治人者，视古圣贤[1]体民之情、遂民之欲，多出于鄙细隐曲，不措诸意，不足为怪。及其责以理也，不难举旷世之高节著于义而罪之。尊者以理责卑，长者以理责幼，贵者以理责贱，虽失谓之顺；卑者幼者贱者以理争之[2]，虽得谓之逆。于是下之人不能以天下之同情、天下所同欲达之于上；上以理责其下，而在下之罪，人人不胜指数。人死于法，犹有怜之者；死于理，其谁怜之！”

又曰：

“孟子言‘养心莫善于寡欲’，明乎欲之[3]不可无也，寡之而已。人之生也，莫病乎[4]无以遂其生。欲遂其生，亦遂人之生，仁也；欲遂其生，至于戕人之生而不顾者[5]，不仁也。不仁实始于欲遂其生之心。使其无此欲，必无不仁矣。然使其无此[6]欲，则于天下之人生道穷蹙，亦将漠然视之。已[7]不必遂其生而遂人之生，无是情也。”

---

①圣贤，《疏证》（《微波榭丛书》本）卷上原作“贤圣”。
②之，诸本均脱，据《疏证》校补。
③此“之”字衍。
④病乎，《疏证》卷上原作“病于”。
⑤者，诸本均脱，据《疏证》校补。
⑥此，诸本均脱，据《疏证》校补。
⑦己，诸本均误作“已”，据《疏证》校改。

又曰：

"朱子屡言'人欲所蔽'，凡'欲'无非以生以养之事，'欲'之失为'私'不为'蔽'，自以为得理而所执之实谬乃'蔽'。人之大患，'私'与'蔽'而已，'私'生于欲之失，'蔽'生于'知'之失。"①

又曰：

"君子之治天下也，使人各得其情，各遂其欲，勿悖于道义。君子之自治也，情与欲使一于道义。夫遏欲之害，甚于防川，绝情去智，充塞仁义。"②

又曰：

"古圣贤所谓仁义礼智，不求于所谓欲之外，不离乎血气心知。而后儒以为如有别物焉凑泊附著以为

①此段引文多删略。《疏证》卷上原文如次："朱子［亦］屡言'人欲所蔽'，［皆以为无欲则无蔽，非《中庸》'虽愚必明'之道也。有生而愚者，虽无欲，亦愚也。］凡［出于］欲，无非以生以养之事。欲之失，为私不为蔽；自以为得理，而所执之实谬，乃蔽［而不明。天下古今之］人，［其］大患，私与蔽［二端］而已。私生于欲之失，蔽生于知之失，［欲生于血气，知生于心。］"

②按此段引文不见于《孟子字义疏证》，而见于《汉学师承记》卷5戴震传。所述大意，略见于《原善》卷中，现录以资参照："禹之行水也，使水由地中行。君子之于欲也，使一于道义。治水者徒恃防遏，将塞于东而逆行于西，其甚也决防四出，泛滥不可救。自治治人，徒恃遏御其欲，亦然。能苟焉以求静，而欲之翦抑窜绝，君子不取也。君子一于道义，使人勿悖于道义，如斯而已矣。"（《原善》卷中，微波榭丛书本）

性，由杂乎老释，终昧于孔孟之言故也。"①

又曰：

"问：宋儒之言……也，求之六经中无其文，故借……之语以饰其说、以取信学者欤？曰：舍圣人立言之本指，而以己说为圣人所言，是诬圣。借其语以饰吾之说以求取信，是欺学者也。诬圣欺学者，程朱之贤不为。盖其学借阶于老释，是故失之。凡习于先入之言，往往受其蔽而不自觉。"②

《疏证》一书，字字精粹，右所录者未尽其万一也。综其内容，不外欲以"情感哲学"代"理性哲学"，就此点论之，乃与欧洲文艺复兴时代之思潮之本质绝相类。盖当时人心，为基督教绝对禁欲主义所束缚，痛苦无艺，既反乎人理而又不敢违，乃相与作伪，而道德反扫地以尽。文艺复兴之运动，乃采久阏窒之"希腊的情感主义"以药之。一旦解放，文化转一新方向以进行，则蓬勃而莫能御。戴震盖确有见于此，其志愿确欲为中国文化转一新方向。其哲学之立脚点，真可称二千年一大翻案。其论尊卑顺逆一段，实以平等精神，作伦理学上一大革命。其斥宋儒之糅合儒佛，虽辞带含蓄，而意极严正，随处发挥科学家求真求是

①引文见《疏证》卷中"性"，文字有删略："古圣贤"，原作"古贤圣"；"如有别物焉"，原作"别如有物"；"老释"，原作"老庄释氏之言"；"孔孟之言"，原作"六经孔孟之言"。

②引文见《疏证》卷中"天道"，文字有删略："不为"，原作"不为也"；"老释"，原作"老庄释氏"。

之精神,实三百年间最有价值之奇书也。震亦极以此自负,尝曰:"仆生平著述之大,以《孟子字义疏证》为第一。"(《戴东原集》卷首,段玉裁序引)虽然,戴氏学派虽披靡一世,独此书影响极小。据江藩所记,谓当时读《疏证》者莫能通其义,惟洪榜好焉;榜为震行状,载《与彭尺木书》(按此书即与《孟子字义疏证》相发明者)。朱筠见之,谓:"可不必载!戴氏可传者不在是。"①榜贻筠书力争不得。震子中立,卒将此书删去。(《汉学师承记》卷六)可见当时戴门诸子之对于此书,已持异同。唐鉴谓:"先生本训诂家,欲讳其不知义理,特著《孟子字义疏证》以诋程朱。"②(《国朝学案小识》)鉴非能知戴学者,其言诚不足轻重,然可以代表当时多数人之心理也。当时宗戴之人,于此书既鲜诵习发明,其反驳者亦仅一方东树(《汉学商兑》卷上)然搔不著痒处。此书盖百余年未生反响之书也,岂其反响当在今日以后耶?然而论清学正统派之运动,遂不得不将此书除外。吾常言:"清代学派之运动,乃'研究法的运动',非'主义的运动'也。"此其收获所以不逮"欧洲文艺复兴运动"之丰大也欤?

①朱筠,原文误作朱珪,据《汉学师承记》卷6洪榜传校正。又,不在是,原传作"不在此"。

②引文有删改,原文如次:"先生故训[之学也,而]欲讳其不知义理,特著《孟子字义疏证》,[乃至]诋程朱[为老为佛],……"(《国朝学案小识》,四部备要本)

十二 ［戴门后学］

戴门后学，名家甚众，而最能光大其业者，莫如金坛段玉裁，高邮王念孙及念孙子引之，故世称戴、段、二王焉。玉裁所著书，最著者曰《说文解字注》、《六书音韵表》；念孙所著书，最著者曰《读书杂志》、《广雅疏证》；引之所著书，最著者曰《经义述闻》、《经传释词》。

戴、段、二王之学，其所以特异于惠派者：惠派之治经也，如不通欧语之人读欧书，视译人为神圣，汉儒则其译人也，故信凭之不敢有所出入；戴派不然，对于译人不轻信焉，必求原文之正确然后即安。惠派所得，则断章零句，援古正后而已。戴派每发明一义例，则通诸群书而皆得其读。是故惠派可名之曰汉学，戴派则确为清学而非汉学。

以爻辰纳甲说《易》，以五行灾异说《书》，以五际六情说《诗》，其他诸经义，无不杂引谶纬，此汉儒通习也。戴派之清学，则芟汰此等，不稍涉其藩，惟于训诂名物制度注全力焉。戴派之言训诂名物，虽常博引汉人之说，然并不墨守之。例如《读书杂志》、《经义述闻》，全书皆纠正旧注旧疏之失误。所谓旧注者，则毛、郑、马、贾、服、杜[①]也；旧疏者，则陆、孔、贾[②]也。宋以后之说，则其所不屑是正矣。是故如高邮父子者，实毛、郑、贾、马、服、杜之诤臣，非其将顺之臣也。

夫岂惟不将顺古人，虽其父师，亦不苟同。段之尊戴，可谓至矣。试读其《说文注》，则"先生之言非也"，"先生之说非是"诸文，到处皆是。即王引之《经义述闻》，与其父念孙之说相出入者，且不少也。

彼等不惟于旧注旧疏之舛误丝毫不假借而已，而且敢于改经文。此与宋明儒者之好改古书，迹相类而实大殊。彼纯凭主观的臆断，而此则出于客观的钩稽参验也。段玉裁曰：

> "校书定是非最难[③]，是非有二：曰底本之是非，曰立说之是非。必先定[④]底本之是非，而后可断其立说之是非。……何谓底本？著书者之稿本是也。何谓立说？著书者所言之义理是也。……不先正底本[⑤]，则多诬古人；不断其立说之是非，则多误今人。……"（《经韵楼集》与诸同志论校书之难）

①毛，大毛公，小毛公，《诗》古文经传编者，西汉人。郑，郑兴、郑众、郑玄；马，马融；贾，贾逵；服，服虔；均东汉经学家，古文经传诠释者。服虔以继贾逵注《左传》知名。郑玄继先郑、贾、马古文经说，参以西汉今文经说，遍注群经，号称"通学"。杜，杜预，西晋经学家，传世的《春秋左氏传》的诠释者。

②陆，陆德明，在隋代作《经典释文》。孔，孔颖达；贾，贾公彦；均唐初《五经正义》的主要疏解者。

③此语原作"校书之难，非照本改字不讹不漏之难也，定其是非之难"。（经韵楼丛书本）

④定，原文下有"其"字。

⑤此语原作"不先正注疏释文之底本"。

此论最能说明考证学在学术界之位置及价值。盖吾辈不治一学则已，既治一学，则第一步须先将此学之真相，了解明确，第二步乃批评其是非得失。譬如今日，欲批评欧人某家之学说，若仅凭拙劣伪谬之译本，相与辩争讨论，实则所驳斥者乃并非原著，如此岂不可怜可笑！研究中国古书，虽不至差违如此其甚，然以语法古今之不同，与写刻传袭之讹错，读之而不能通其文句者，则甚多矣。对于未通文句之书，而批评其义理之是非，则批评必多枉用，此无可逃避也。清代之考证学家，即对于此第一步工夫而非常努力，且其所努力皆不虚，确能使我辈生其后者，得省却无限精力，而用之以从事于第二步。清代学之成绩，全在此点，而戴、段、二王之著述，则其代表也。阮元之序《经义述闻》也，曰：

> “凡古儒所误解者，无不旁征曲喻，而得其本义之所在。使古圣贤见之，必解颐曰：‘吾言固如是！数千年误解之，今得明矣。’……”

此其言洵非溢美，吾侪今日读王氏父子之书，只觉其条条皆犁然有当于吾心，前此之误解，乃一旦涣然冰释也。虽以方东树之力排“汉学”，犹云：“高邮王氏《经义述闻》，实足令郑、朱俯首。汉唐以来，未有其比。”(《汉学商兑》卷中之下)亦可见公论之不可磨灭矣。

然则诸公曷为能有此成绩耶？一言以蔽之曰：用科学的研究法而已。试细读王氏父子之著述，最能表现此等精神。吾尝研察其治学方法：第一曰注意。凡常人容易滑眼看过之处，彼善能注意观察,发现其应特别研究之点,所谓读书得间也。如自有天地以来,苹果落地不知凡几,惟奈端能注意及之;家家日日皆有沸水,惟瓦特能注意及之;《经义述闻》所厘正之各经文,吾辈自童时即诵习如流,惟王氏能注意及之。凡学问上能有发明者,其第一步工夫必恃此也。第二曰虚己。注意观察之后,既获有疑窦,最易以一时主观的感想,轻下判断,如此则所得之"间",行将失去。考证家决不然,先空明其心,绝不许有一毫先入之见存,惟取客观的资料,为极忠实的研究。第三曰立说。研究非散漫无纪也,先立一假定之说以为标准焉。第四曰搜证。既立一说,绝不遽信为定论,乃广集证据,务求按诸同类之事实而皆合,如动植物学家之日日搜集标本,如物理化学家之日日化验也。第五曰断案。第六曰推论。经数番归纳研究之后,则可以得正确之断案矣。既得断案,则可以推论于同类之事项而无阂也。王引之《经传释词》自序云:

> "……始取《尚书》二十八篇绌绎之,见其词之发句助句者,昔人以实义释之,往往诘籲为病,窃尝私为之说而未敢定也。及闻大人(指其父念孙)论《毛诗》'终风且暴'……诸条,发明意旨,涣若冰释。……乃遂引而伸之,尽其义类。自九经、三传及周秦西汉之书,凡助语之文,遍为搜讨,分字编次,为《经传释词》十卷。"

又云:

“揆之本文而协，验之他卷而通，虽旧说所无，可以心知其意”。……“凡其散见于经传者，皆可比例而知，触类长之。”

此自言其治学次第及应用之法颇详明，虽仅叙一书著述始末，然他书可以类推，他家之书亦可以类推矣。此清学所以异于前代，而永足为我辈程式者也。

十三 ［“朴学”］

正统派之学风，其特色可指者略如下：

一、凡立一义，必凭证据；无证据而以臆度者，在所必摈。

二、选择证据，以古为尚。以汉唐证据难宋明，不以宋明证据难汉唐；据汉魏可以难唐，据汉可以难魏晋，据先秦西汉可以难东汉。以经证经，可以难一切传记。

三、孤证不为定说。其无反证者姑存之，得有续证则渐信之，遇有力之反证则弃之。

四、隐匿证据或曲解证据，皆认为不德。

五、最喜罗列事项之同类者，为比较的研究，而求得其公则。

六、凡采用旧说，必明引之，剿说认为大不德。

七、所见不合，则相辩诘，虽弟子驳难本师，亦所不避，受之者从不以为忤。

八、辩诘以本问题为范围，词旨务笃实温厚。虽不肯枉自己意见，同时仍尊重别人意见。有盛气凌轹，或支离牵涉，或影射讥笑者，认为不德。

九、喜专治一业，为“窄而深”的研究。

十、文体贵朴实简絜,最忌"言有枝叶"。

当时学者,以此种学风相矜尚,自命曰"朴学"。其学问之中坚,则经学也。经学之附庸则小学,以次及于史学、天算学、地理学、音韵学、律吕学、金石学、校勘学、目录学等等,一皆以此种研究精神治之。质言之,则举凡自汉以来书册上之学问,皆加以一番磨琢,施以一种组织。

其直接之效果:一,吾辈向觉难读难解之古书,自此可以读可以解。二,许多伪书及书中窜乱芜秽者,吾辈可以知所别择,不复虚糜精力。三,有久坠之绝学,或前人向不注意之学,自此皆卓然成一专门学科;使吾辈学问之内容,日益丰富。

其间接之效果:一,读诸大师之传记及著述,见其"为学问而学问",治一业终身以之,铢积寸累,先难后获,无形中受一种人格的观感,使吾辈奋兴向学。二,用此种研究法以治学,能使吾辈心细,读书得间;能使吾辈忠实,不欺饰;能使吾辈独立,不雷同;能使得吾辈虚受,不敢执一自是。

正统派所治之学,为有用耶?为无用耶?此甚难言。试持以与现代世界诸学科比较,则其大部分属于无用,此无可讳言也。虽然,有用无用云者,不过相对的名词。老子曰:"三十辐共一毂,当其无,有车之用。"此言乎以无用为用也。循斯义也,则凡真学者之态度,皆当为学问而治学问。夫用之云者,以所用为目的,学问则为达此目的之一手段也。为学问而治学问者,学问即目的,故更无有用无用之可言。庄子称"不龟手之药,或以霸,或不免于洴澼绕",此言乎为用不为用,存乎其人也。循斯义也,则同是一学,在某时某地某人治之为极无用者,易时易地易人治之,可变为极有用,是故难言也。其实就纯粹的学者之见地论之,只当问成为学不成为学,不必问有用与无用,非如此则学问不能独立,不能发达。夫清学派固能成为学者也,其在我国文化史上有价值者以此。

十四 [经史考证]

清学自当以经学为中坚。其最有功于经学者,则诸经殆皆有新疏也。其在《易》,则有惠栋之《周易述》,张惠言之《周易虞氏义》,姚配中之《周易姚氏学》。其在《书》,则有江声之《尚书集注音疏》,孙星衍之《尚书今古文注疏》,段玉裁之《古文尚书撰异》,王鸣盛之《尚书后案》。其在《诗》,则有陈奂之《诗毛氏传疏》,马瑞辰之《毛诗传笺通释》,胡承珙之《毛诗后笺》。其在《周官》,有孙诒让之《周礼正义》。其在《仪礼》,有胡承珙之《仪礼今古文疏义》①,胡培翚之《仪礼正义》。其在《左传》,有刘文淇之《春秋左氏传正义》②。其在《公羊传》,有孔广森之《公羊通义》③,陈立之《公羊义疏》。其在《论语》,有刘宝楠之《论语正义》。其在《孝经》,有皮锡瑞之《孝经郑注疏》。其在《尔雅》,有邵晋涵之《尔雅正义》,郝懿行之《尔雅义疏》。其在《孟子》,有焦循之《孟子正义》。

---

①书名当作《仪礼古今文疏义》。

②书名当作《春秋左氏传旧注疏证》。刘文淇未撰毕,其子毓崧、孙寿曾相继续编,但也只至襄公五年而止。

③书名当作《春秋公羊传通义》。

以上诸书，惟马、胡之于《诗》，非全释经传文，不能直谓之新疏。《易》诸家穿凿汉儒说，非训诂家言。清儒最善言《易》者，惟一焦循。其所著《易通释》、《易图略》、《易章句》，皆絜净精微，但非新疏体例耳。《书》则段、王二家稍粗滥。《公羊》则孔著不通家法。自余则皆博通精粹，前无古人。尤有吾乡简朝亮，著《尚书集注述疏》，《论语集注补正述疏》，志在沟通汉宋，非正统派家法，然精核处极多。十三经除《礼记》、《穀梁》外，余皆有新疏一种或数种，而《大戴礼记》则有孔广森《补注》、王聘珍《解诂》焉。此诸新疏者，类皆撷取一代经说之菁华，加以别择结撰，殆可谓集大成。其余为部分的研究之书，最著者则惠士奇之《礼说》，胡渭之《禹贡锥指》，惠栋之《易汉学》、《古文尚书考》、《明堂大道录》，焦循之《周易郑氏义》、《荀氏九家义》、《易义别录》①，陈寿祺之《三家诗遗说考》，江永之《周礼疑义举要》，戴震之《考工记图》，段玉裁之《周礼仪礼汉读考》，张惠言之《仪礼图》，凌廷堪之《礼经释例》，金榜之《礼笺》，孔广森之《礼学卮言》，武亿之《三礼义证》，金鹗之《求古录礼说》，黄以周之《礼书通故》，王引之之《春秋名字解诂》，侯康之《穀梁礼证》，江永之《乡党图考》，王引之之《经义述闻》，陈寿祺之《左海经辨》，程瑶田之《通艺录》，焦循之《群经宫室图》等，其精粹者不下数百种。

清儒以小学为治经之途径，嗜之甚笃，附庸遂蔚为大国。其

①按三书均非焦循著作。《周易郑氏义》二卷，《周易荀氏九家义》一卷，均为张惠言撰，均收入《皇清经解》。《易义别录》十四卷，乃汉人《易》说的辑录，也是张惠言所辑，并收入《皇清经解》。焦循论《易》作品，除前列《雕菰楼易学三书》以外，尚有《周易补疏》二卷，《易话》二卷、《易广记》三卷，均编入《焦氏丛书》；又有《易余籥录》二十卷，收入《木犀轩丛书》。

在《说文》，则有段玉裁之《说文注》[1]，桂馥之《说文义证》，王筠之《说文释例》、《说文句读》[2]，朱骏声之《说文通训定声》。其在《说文》以外之古字书，则有戴震之《方言疏证》，江声之《释名疏证》，宋翔凤之《小尔雅训纂》，胡承珙之《小尔雅义证》，王念孙之《广雅疏证》，此与《尔雅》之邵、郝二疏略同体例。得此而六朝以前之字书，差无疑滞矣。而以极严正之训诂家法贯穴群书而会其通者，则王念孙之《经传释词》[3]，俞樾之《古书疑义举例》最精凿。近世则章炳麟之《小学答问》，益多新理解。而马建忠学之以著《文通》[4]，严复学之以著《英文汉诂》，为"文典学"之椎轮焉。而梁启超著《国文语原解》，又往往以证社会学。

音韵学又小学之附庸也，而清代特盛。自顾炎武始著《音论》、《古音表》、《唐韵正》，而江永有《音学辨微》、《古韵标准》，戴震有《声韵考》、《声类表》，段玉裁有《六书音韵表》，姚文田有《说文声系》，苗夔有《说文声读表》，严可均有《说文声类》，陈澧有《切韵考》，而章炳麟《国故论衡》中论音韵诸篇，皆精绝。此学也，其动机本起于考证古音，而愈推愈密，遂能穷极人类发音官能之构造，推出声音变化之公例。刘献廷著《新韵谱》，创字母，其书不传。近世治此学者，积多数人之讨论折衷，遂有注音字母之颁定。

典章制度一科，在清代亦为绝学。其动机起于治三《礼》，后遂泛滥益广。惠栋著《明堂大道录》，对于古制度专考一事、

①书名当作《说文解字注》。

②书名当作《说文解字句读》，又有《句读补正》。

③作者乃王引之。此作王念孙，或因相传王念孙以己作嫁名其子。

④书名当作《马氏文通》。实为马良（字相伯）、马建忠兄弟合著，出版时马良让名于幼弟。

渤成专书者始此。徐乾学编《读礼通考》，秦蕙田编《五礼通考》，多出一时名人之手。其后则胡匡衷有《仪礼释官》，戴震有《考工记图》，沈彤有《周官禄田考》，王鸣盛有《周礼军赋说》，洪颐煊有《礼经宫室答问》，任大椿有《弁服释例》、《深衣释例》，皆专注《礼》，而焦循有《群经宫室图》，程瑶田有《通艺录》，贯通诸经焉。晚清则有黄以周之《礼书通故》①，最博赡精审，盖清代礼学之后劲矣。而乐律一门，亦几蔚为大国。毛奇龄始著《竟山乐录》，次则江永著《律吕新论》、《律吕阐微》，江藩著《乐县考》，凌廷堪著《燕乐考原》，而陈澧之《声律通考》，晚出最精善。此皆足为将来著中国音乐史最好之资料也。焦循著《剧说》，专考今乐沿革，尤为切近有用矣。

清初诸师皆治史学，欲以为经世之用。工大之长于史论，其《读通鉴论》、《宋论》皆有特识。而后之史学家不循斯轨。黄宗羲、万斯同以一代文献自任，实为史学嫡派。康熙间，清廷方开《明史》馆，欲藉以网罗遗逸；诸师既抱所学，且藉以寄故国之思，虽多不受职，而皆间接参与其事，相与讨论体例，别择事实。故唐以后官修诸史，独《明史》称完善焉。乾隆以后，传此派者，全祖望最著。

顾炎武治史，于典章制度风俗，多论列得失，然亦好为考证。乾嘉以还，考证学统一学界，其洪波自不得不及于史，则有赵翼之《廿二史札记》，王鸣盛之《十七史商榷》，钱大昕之《二十二史考异》，洪颐煊之《诸史考异》，皆汲其流。四书体例略同，其职志皆在考证史迹，订讹正谬。惟赵书于每代之后，常有多条胪列史中故实，用归纳法比较研究，以观盛衰治乱之原，此其特长也。

①"书"，《饮冰室合集》本或误作"经"，以《礼书通故》为是。

其专考证一史者，则有惠栋之《后汉书补注》，梁玉绳之《史记志疑》、《汉书人表考》[①]钱大昕之《汉书辨疑》、《后汉书辨疑》、《续汉书辨疑》[②]，梁章钜之《三国志旁证》，周寿昌之《汉书注校补》、《后汉书注补正》，杭世骏之《三国志补注》，其尤著也。

自万斯同力言表志之重要，自著《历代史表》，此后表志专书，可观者多。顾栋高有《春秋大事表》，钱大昭有《后汉书补表》，周嘉猷[③]有《南北史表》[④]、《三国纪年表》、《五代纪年表》，洪饴孙有《三国职官表》，钱大昕有《元史氏族表》，齐召南有《历代帝王年表》。林春溥著《竹柏山房十五种》，皆考证古史，其中《战国纪年》、孔孟年表[⑤]诸篇最精审，而官书亦有《历代职官表》。洪亮吉有《三国疆域志》[⑥]、《东晋疆域志》、《十六国疆域志》，洪齮孙有《补梁疆域志》，钱仪吉有《补晋兵志》，侯康有《补三国艺文志》，倪灿有《宋史艺文志补》[⑦]，《补辽金元三史艺文志》[⑧]，顾櫰三[⑨]有《补五代史艺文志》，钱大昕有《补元史艺文志》，郝懿行有《补宋书刑法志食货志》，皆称善本焉。

而对于古代别史杂史，亦多考证笺注，则有陈逢衡之《逸周书补注》，朱右曾之《周书集训校释》，丁宗洛之《逸周书管笺》，

①书名当作《汉书古今人表考》。
②按《汉书辨疑》二十二卷，《后汉书辨疑》十一卷，《续汉书辨疑》九卷，均为钱大昭撰。此谓钱大昕之作，盖偶误。
③周嘉猷，诸本均误“猷”为“献”，今改正。
④书名当作《补南北史表》。
⑤有《孔门师弟年表》、附《孟子时事年表》，各一卷，又各有《后说》一卷。
⑥书名当作《补三国疆域志》。
⑦《宋史艺文志补》，署黄虞稷、倪灿撰，卢文弨录。
⑧书名内“三史”二字衍。又，此书署倪灿撰、卢文弨录。
⑨顾櫰三，诸本均误作“顾懷三”，今改正。

洪亮吉之《国语注疏》，顾广圻之《国语札记》、《战国策札记》[①]，程恩泽之《国策地名考》，郝懿行之《山海经笺疏》，陈逢衡之《竹书纪年集证》。

降及晚清，研究元史，忽成为一时风尚，则有何秋涛之《元圣武亲征录校正》[②]，李文田之《元秘史注》[③]。

凡此皆以经学考证之法，移以治史，只能谓之考证学，殆不可谓之史学。其专研究史法者，独有章学诚之《文史通义》，其价值可比刘知幾《史通》。

自唐以后，罕能以私人独力著史，惟万斯同之《明史稿》，最称巨制。而魏源亦独力改著《元史》[④]。柯劭忞之《新元史》，则近出之巨制也。源又有《圣武记》，记清一代大事，有条贯。而毕沅《续资治通鉴》亦称善本。

黄宗羲始著《明儒学案》，为学史之祖。其《宋元学案》，则其子百家与全祖望先后续成之。皆清代史学之光也。

史之缩本，则地志也。清之盛时，各省府州县皆以修志相尚，其志多出硕学之手。其在省志，《浙江通志》、《广东通志》、《云南通志》之总纂，则阮元也；《广西通志》，则谢启昆也；《湖北通志》，则章学诚原稿也。其在府县志，则《汾州府志》出戴震，《泾县志》、《淳化县志》出洪亮吉，《三水县志》出孙星衍，《朝邑县志》出钱坫，《偃师志》、《安阳志》出武亿，《富顺县志》出段玉裁，《和州志》、《亳州志》、《永清县志》、《天门县志》出章学诚，

①二书名内“札记”，诸本均误作“扎记”，今改正。

②书名当作《校正元亲征录》。

③书名原作《元朝秘史》，署李文田注。

④魏氏所撰名《元史新编》。

《凤台县志》出李兆洛,《长沙志》出董祐诚[1],《遵义府志》出郑珍、莫友芝。凡作者皆一时之选,其书有别裁有断制,其讨论体例见于各家文集者甚周备。欲知清代史学家之特色,当于此求之。

①董祐诚,诸本均误作"章祐诚",今改正。

十五　[水地与天算]

顾炎武、刘献廷皆酷嗜地理学，所著书皆未成，而顾祖禹之《读史方舆纪要》，言形势阨塞略尽，后人莫能尚，于是中清之地理学，亦偏于考古一途。

自戴震著《水地记》、《校水经注》，而《水经》为一时研究之中心。孔广森有《水经释地》[①]，全祖望有《新校水经注》[②]，赵一清有《水经注释》，张匡学有《水经注释地》，而近人杨守敬为《水经注疏》，尤集斯学大成（未刻，刻者仅《注疏要删》）。

而齐召南著《水道提纲》，则循水道治今地理也。洪颐煊有《汉志水道疏证》，陈澧有《汉书地理志水道图说》，亦以水道治汉地理。

阎若璩著《四书释地》，徐善著《春秋地名考略》[③]，江永著《春秋地名考实》[④]，焦循著《毛诗地理释》，程恩泽著《国策地名考》，皆考证先秦地理。

---

①《水经释地》八卷，孔继涵撰。此谓孔广森（孔继涵从子）作，盖误。

②书名当作《水经注校正》。

③书名当作《春秋地名考》。清代有《春秋地名考略》一书，乃高士奇撰。

④书名当作《春秋地理考实》。

其考证各史地理者，则吴卓信《汉书地理志补注》，杨守敬《隋书地理志考证》最精博。

其通考历代者，有陈芳绩之《历代地理沿革表》，李兆洛之《历代地理志韵编今释》，皆便检阅。而杨守敬之《历代疆域志》、《历代地理沿革图》①，极综核，惜制图术未精，难言正确矣。

自乾隆后边徼多事，嘉道间学者渐留意西北边新疆、青海、西藏、蒙古诸地理，而徐松、张穆、何秋涛最名家，松有《西域水道记》、《汉书西域传补注》、《新疆识略》，穆有《蒙古游牧记》，秋涛有《朔方备乘》，渐引起研究元史的兴味，至晚清尤盛。

外国地理，自徐继畬著《瀛寰②志略》，魏源著《海国图志》，开始端绪，而其后竟不光大。近人丁谦于各史外夷传及《穆天子传》、《佛国记》、《大唐西域记》诸古籍，皆博加考证，成书二十余种，(无总名③最近浙江图书馆校刻)颇精赡。要之清代地理学偏于考古，故活学变为死学，惟据全祖望著刘献廷传，知献廷有意治“人文地理”，惜其业不竟，而后亦无继也。

自明徐光启以后，士大夫渐好治天文算学。清初则王锡阐、梅文鼎最专精，而大师黄宗羲、江永辈皆提倡之。清圣祖尤笃嗜，召西士南怀仁等供奉内廷。风声所被，向慕尤众。圣祖著有《数理精蕴》、《历象考成》。锡阐有《晓庵新法》。文鼎有《勿庵

①杨守敬所撰名《历代舆地图》，首列《历代舆地沿革险要图》，次据各史地理志详示历代疆域山川形势。此处举作二书，名称亦不确。

②寰，诸本均作“环”，今改正。

③丁谦所著，总名《蓬莱轩舆地丛书》，凡诸史少数民族或外域传列入“前编”，余均列入“续编”。二编即《浙江图书馆丛书》一、二集。

历算全书》二十九种[①]。江永有《慎修数学》九种[②]。戴震校《周髀》以后迄六朝唐人算书十种，命曰《算经》。自尔而后，经学家十九兼治天算。尤专门者，李锐、董祐诚、焦循、罗士琳、张作楠、刘衡、徐有壬、邹伯奇、丁取忠、李善兰、华蘅芳。锐有《李氏遗书》，祐诚有《董方立遗书》，循有《里堂学算记》，作楠有《翠微山房数学》[③]，衡有《六九轩算书》，有壬有《务民义斋算书》，伯奇有《邹征君遗书》，取忠有《白芙堂算学丛书》[④]，善兰有《则古昔斋算学》。而曾国藩设江南制造局于上海，颇译泰西科学书，其算学名著多出善兰、蘅芳手[⑤]，自是所谓"西学"者渐兴矣。阮元著《畴人传》，罗士琳续补之，清代斯学变迁略具焉。

兹学中国发源甚古，而光大之实在清代，学者精研虚受，各有创获，其于西来法，食而能化，足觇民族器量焉。

①此书乃康熙间魏荔彤兼济堂所刻。后梅氏孙瑴成重加编次，更名《梅氏丛书辑要》，凡六十二卷。

②江永所撰历算诸书，初名《翼梅》，后戴震重新订正，更名《数学》，凡八种，分八卷；又有《续数学》一卷。但另有《推步法解》五卷，未列入《数学》正续编。故江永所著，至少有十种。

③书名当作《翠微山房算学丛书》。

④书名内或无"算学"二字。

⑤按江南制造局"译泰西科学书"，均为在沪欧美传教士与华人学者合译，如补译《几何原本》为足本，即出英人伟烈亚力与李善兰合译。此说不确。

十六 [金石学、校勘学和辑佚学]

金石学之在清代又彪然成一科学也。自顾炎武著《金石文字记》,实为斯学滥觞。继此有钱大昕之《潜研堂金石文字跋尾》,武亿之《金石三跋》,洪颐煊之《平津馆读碑记》,严可均之《铁桥金石跋》,陈介祺之《金石文字释》,皆考证精彻,而王昶之《金石萃编》,荟录众说,颇似类书。其专举目录者,则孙星衍、邢澍之《寰宇访碑录》。其后碑版出土日多,故《萃编》、《访碑录》等再三续补而不能尽。

顾、钱一派专务以金石为考证经史之资料,同时有黄宗羲一派,从此中研究文史义例。宗羲著《金石要例》,其后梁玉绳、王芑孙、郭麐、刘宝楠、李富孙、冯登府等皆赓续有作①。别有翁方纲、黄易一派,专讲鉴别②,则其考证非以助经史矣。包世臣一派专讲书势③,则美术的研究也。而叶昌炽著《语石》,颇集诸派之长,此皆石学也。

①梁玉绳《志铭广例》二卷,王芑孙《碑版文广例》十卷,郭麐《金石例补》二卷,刘宝楠《汉石例》六卷,李富孙《金石学录》四卷,冯登府《金石综例》四卷。

②翁方纲《两汉金石记》廿二卷,黄易《访碑图题记》一卷等。

③包世臣《艺舟双楫》六卷,附录三卷,《安吴论书》一卷。

其“金文学”则考证商周铜器。初,此等古物,惟集于内府,则有《西清古鉴》、《宁寿鉴古》等官书,然其文字皆摹写,取姿媚,失原形,又无释文,有亦臆舛。自阮元、吴荣光以封疆大吏,嗜古而力足以副之,于是收藏寖富,遂有著录。阮有《积古斋钟鼎彝器款识》,吴有《筠清馆金石文字》,研究金文之端开矣。道咸以后日益盛,名家者有刘喜海、吴式芬、陈介祺、王懿荣、潘祖荫、吴大澂、罗振玉。式芬有《攈古录金文》,祖荫有《攀古楼彝器款识》,大澂有《愙斋集古录》,皆称精博。其所以考证,多一时师友互相赏析所得,非必著者一人私言也。

自金文学兴,而小学起一革命。前此尊《说文》若六经,祔孔子以许慎。至是援古文籀文以难许者纷作。若庄述祖之《说文古籀疏证》,孙诒让之《古籀拾遗》①,其著也。

诸器文字既可读,其事迹出古经以外者甚多,因此增无数史料,而其花文雕镂之研究,亦为美术史上可宝之资,惜今尚未有从事者耳。

最近复有龟甲文之学。龟甲文者,光绪己亥在河南汤阴县出土,殆数万片,而文字不可识,共不审为何时物。后罗振玉考定为殷文,著《贞卜文字》②、《殷虚书契考释》、《殷虚书契待问篇》。而孙诒让著《名原》③,亦多根据甲文。近更有人言其物质非龟甲乃竹简云。惜文至简,足供史材者希,然文字变迁异同之迹可稽焉。

清儒之有功于史学者,更一端焉,则校勘也。古书传习愈希

①商务版原文作《古籀疏证》,《饮冰室合集》本据孙氏原书名改正。

②书名当作《殷商贞卜文字考》。

③名原,诸本均倒植为“原名”,今正。

者，其传钞踵刻，讹谬愈甚，驯至不可读，而其书以废。清儒则博征善本以校雠之，校勘遂成一专门学。其成绩可纪者，若汪中、毕沅之校《大戴礼记》，周廷寀、赵怀玉之校《韩诗外传》，卢文弨之校《逸周书》，汪中、毕沅、孙诒让之校《墨子》，谢墉之校《荀子》，孙星衍之校《孙子》、《吴子》，汪继培、任大椿、秦恩复之校《列子》，顾广圻之校《国语》、《战国策》、《韩非子》，毕沅、梁玉绳之校《吕氏春秋》，严可均之校《慎子》、《商君书》，毕沅之校《山海经》，洪颐煊[①]之校《竹书纪年》、《穆天子传》，丁谦之校《穆天子传》，戴震、卢文弨之校《春秋繁露》[②]，汪中之校《贾谊新书》，戴震之校《算经十书》，戴震、全祖望之校《水经注》，顾广圻之校《华阳国志》。诸所校者，或遵善本，或据他书所征引，或以本文上下互证，或是正其文字，或厘定其句读，或疏证其义训，往往有前此不可索解之语句，一旦昭若发蒙。

其功尤钜者，则所校多属先秦诸子，因此引起研究诸子学之兴味。盖自汉武罢黜百家以后，直至清之中叶，诸子学可谓全废。若荀若墨，以得罪孟子之故，几莫敢齿及。及考证学兴，引据惟古是尚，学者始思及六经以外，尚有如许可珍之籍。故王念孙《读书杂志》，已推勘及于诸子。其后俞樾亦著《诸子平议》，与《群经平议》并列。而汪、戴、卢、孙、毕诸贤，乃遍取古籍而校之。

夫校其文必寻其义，寻其义则新理解出矣。故汪中之《荀卿子通论》、《墨子序》、《墨子后序》（并见《述学》），孙星衍之

①洪颐煊，诸本均误作“洪颐孙”，今改正。洪颐煊所校沈约注《竹书纪年》、郭璞注《穆天子传》，均收入《平津馆丛书》。

②按戴震校《春秋繁露》，未见著录。孔广森《戴氏遗书序》、段玉裁《戴东原先生年谱》，均详列戴震著校书目，也未提及此事。梁氏此说，未详所据。

《墨子序》(平津馆丛书本《墨子》),我辈今日读之,诚觉甚平易,然在当日,固发人所未发,且言人所不敢言也。后此洪颐煊著《管子义证》,孙诒让著《墨子间诂》,王先慎著《韩非子集释》[1],则跻诸经而为之注矣。及今而稍明达之学者,皆以子与经并重。思想蜕变之枢机,有捩于彼而辟于此者,此类是已。

吾辈尤有一事当感谢清儒者,曰辑佚。

书籍经久必渐散亡,取各史艺文、经籍等志校其存佚易见也。肤芜之作,存亡固无足轻重;名著失坠,则国民之遗产损焉。

乾隆中修《四库全书》,其书之采自《永乐大典》者以百计,实开辑佚之先声。此后兹业日昌,自周秦诸子,汉人经注,魏晋六朝逸史逸集,苟有片语留存,无不搜罗最录。其取材则唐宋间数种大类书,如《艺文类聚》、《初学记》、《太平御览》等最多,而诸经注疏及他书,凡可搜者无不遍。当时学者从事此业者甚多,不备举。而马国翰之《玉函山房辑佚书》,分经史子三部,集所辑至数百种,他可推矣。遂使《汉志》诸书、《隋唐志》久称已佚者,今乃累累现于吾辈之藏书目录中,虽复片鳞碎羽,而受赐则既多矣。

---

①王先慎有《韩非子集解》二十卷,前有王先谦序。《饮冰室合集》本或作"王先谦著",误。此处书名作"集释",亦误。

十七 ［清代的“学者社会”］

呜呼！自吾之生，而乾嘉学者已零落略尽，然十三岁肄业于广州之学海堂，堂则前总督阮元所创，以朴学教于吾乡者也。其规模矩矱，一循百年之旧。十六七岁游京师，亦获交当时耆宿数人，守先辈遗风不替者。中间涉览诸大师著述，参以所闻见，盖当时“学者社会”之状况，可仿佛一二焉。

大抵当时好学之士，每人必置一“札记册子”，每读书有心得则记焉。盖清学祖顾炎武，而炎武精神传于后者在其《日知录》。其自述曰：“所著《日知录》三十余卷[①]，平生之志与业皆在其中。”（《亭林文集·与友人论门人书》）又曰：“承问《日知录》又成几卷[②]，而某自别来一载，早夜诵读，反复寻觅，仅得十余条，……”（同《与人书》十[③]）其成之难而视之重也如此。推原札记之性质，本非著书，不过储著书之资料，然清儒最戒轻率著书，非得有极满意之资料，不肯泐为定本，故往往有终其身在预

---

①三十余卷，诸本均作“三十余种”，据《亭林文集》卷3校改。

②此语下原文尚有“盖期之以废铜”一语，引文删略。

③原文注如此，似出前夹注《与友人论门人书》。

备资料中者。又当时第一流学者所著书，恒不欲有一字余于己所心得之外。著专书或专篇，其范围必较广泛，则不免于所心得外摭拾冗词以相凑附。此非诸师所乐，故宁以札记体存之而已。

夫吾固屡言之矣，清儒之治学，纯用归纳法，纯用科学精神。此法此精神，果用何种程序始能表现耶？第一步，必先留心观察事物，觑出某点某点有应特别注意之价值；第二步，既注意于一事项，则凡与此事项同类者或相关系者，皆罗列比较以研究之；第三步，比较研究的结果，立出自己一种意见；第四步，根据此意见，更从正面旁面反面博求证据，证据备则泐为定说，遇有力之反证则弃之。凡今世一切科学之成立，皆循此步骤，而清考证家之每立一说，亦必循此步骤也。

既已如此，则试思每一步骤进行中，所需资料几何，精力几何，非用极绵密之札记安能致者？训诂学之模范的名著，共推王引之《经传释词》，俞樾《古书疑义举例》。苟一察其内容，即可知其实先有数千条之札记，后乃组织而成书。又不惟专书为然耳，即在札记本身中，其精到者，亦必先之以初稿之札记，——例如钱大昕发明古书①轻唇音，试读《十驾斋养新录》本条，即知其必先有百数十条之初稿札记，乃能产出。——故顾氏谓一年仅能得十余条，非虚言也。

由此观之，则札记实为治此学者所最必要，而欲知清儒治学次第及其得力处，固当于此求之。

札记之书则夥矣，其最可观者，《日知录》外，则有阎若璩之《潜邱札记》，钱大昕之《十驾斋养新录》，臧琳之《经义杂记》，卢文弨之《钟山札记》、《龙城札记》，孙志祖之《读书脞录》，王

①古书，当为“古无”之误。

鸣盛之《蛾术编》①,汪中之《知新记》②,洪亮吉之《晓读书斋四录》③,赵翼之《陔余丛考》,王念孙之《读书杂志》,王引之之《经义述闻》,何焯之《义门读书记》,臧庸之《拜经日记》,梁玉绳之《瞥记》,俞正燮之《癸巳类稿》、《癸巳存稿》,宋翔凤之《过庭录》,陈澧之《东塾读书记》等。其他不可殚举。各家札记,精粗之程度不同,即同一书中,每条价值亦有差别。有纯属原料性质者(对于一事项初下注意的观察者),有渐成为粗制品者(胪列比较而附以自己意见者)有已成精制品者(意见经反复引证后认为定说者),而原料与粗制品,皆足为后人精制所取资,此其所以可贵也。

要之当时学者喜用札记,实一种困知勉行工夫,其所以能绵密深入而有创获者,颇恃此,而今亡矣。

清儒既不喜效宋明人聚徒讲学,又非如今之欧美有种种学会学校为聚集讲习之所,则其交换知识之机会,自不免缺乏。其赖以补之者,则函札也。后辈之谒先辈,率以问学书为贽。——有著述者则媵以著述。——先辈视其可教者,必报书,释其疑滞而奖进之。平辈亦然。每得一义,辄驰书其共学之友相商榷,答者未尝不尽其词。凡著一书成,必经挚友数辈严勘得失,乃以问世,而其勘也皆以函札。此类函札,皆精心结撰,其实即著述也。此种风气,他时代亦间有之,而清为独盛。

其为文也朴实说理,言无枝叶,而旨壹归于雅正。语录文体,所不喜也,而亦不以奇古为尚。顾炎武之论文曰:“孔子言:

---

①蛾术编,诸本均误作“蛾述篇”,据原书校正。

②书名当作《经义知新记》。

③书名当作《晓读书斋杂录》,分初、二、三、四录,各二卷。

‘其旨远，其辞文。’又曰：‘言之无文，行而不远。’曾子曰：‘出辞气，斯远鄙倍。’今讲学先生从语录入者，多不善修辞。”①又曰：“时有今古，非文有今古，今之不能为二汉，犹二汉之不能为《尚书》、《左氏》，乃剿取《史》、《汉》中文法以为古，甚者猎其一二字句用之于文，殊为不称②，……舍今日恒用之字而借古字之通用者，文人所以自盖其俚浅也。”（《日知录》十九）

清学皆宗炎武，文亦宗之。其所奉为信条者，一曰不俗，二曰不古，三曰不枝。盖此种文体于学术上之说明，最为宜矣，然因此与当时所谓“古文家”者每不相容。

美文，清儒所最不擅长也。诸经师中，殆无一人能为诗者。——集中多皆有诗，然真无足观。——其能为词者，仅一张惠言。能为骈体文者，有孔广森、汪中、凌廷堪、洪亮吉、孙星衍、董祐诚，其文仍力洗浮艳，如其学风。

---

①引文见《日知录》卷19“修辞”，有删改。原文如次：“后之君子，于下学之初，即谈性道，乃以文章为小技，而不必用力。然则夫子不曰‘其旨远、其辞文’乎？不曰‘言之无文、行而不远’乎？曾子曰：‘出辞气，斯远鄙倍矣。’尝见今讲学先生从语录入门者，多不善于修辞。……”

②引文见《日知录》卷19“文人求古之病”，乃合二则为一则。前半有删改，原文如次：“《后周书·柳虯传》：‘时人论文体有今古之异。虯以为时有今古，非文有今古。’此至当之论。夫今之不能为二汉，犹二汉之不能为《尚书》、《左氏》。乃剿取《史》、《汉》中文法以为古，甚者猎其一二字句用之于文，殊为不称。”

十八 ［清学全盛的时代环境］

兹学盛时，凡名家者，比较的多耿介恬退之士。时方以科举笼罩天下，学者自宜十九从兹途出。大抵后辈志学之士未得第者，或新得第而俸入薄者，恒有先辈延主其家为课子弟。此先辈亦以子弟畜之，当奖诱增益其学；此先辈家有藏书，足供其研索；所交游率当代学者，常得陪末座以广其闻见，于是所学渐成矣。官之迁皆以年资，人无干进之心，即干亦无幸获。得第早而享年永者，则驯跻卿相，否则以词馆郎署老。俗既俭朴，事畜易周，而寒士素惯淡泊，故得与世无竞，而终其身于学。京官簿书期会至简，惟日夕闭户亲书卷，得间与同气相过从，则互出所学相质。琉璃厂书贾，渐染风气，大可人意，每过一肆，可以永日，不啻为京朝士夫作一公共图书馆，——凌廷堪佣于书坊以成学，——学者滋便焉。其有外任学差或疆吏者，辄妙选名流充幕选，所至则网罗遗逸，汲引后进，而从之游者，既得以稍裕生计，亦自增其学。其学成名著而厌仕宦者，亦到处有逢迎，或书院山长，或各省府州县修志，或大族姓修谱，或有力者刻书请鉴定，皆其职业也。凡此皆有相当之报酬，又有益于学业，故学者常乐就之。吾常言：欲一国文化进展，必也社会对于学者有相当之敬礼；学者恃其学足以自养，无忧饥寒，然后能有余裕以从事于更深的研究，而学乃日新焉。近世欧洲学问多在此种环境之下培养出来，而前清乾嘉时代，则亦庶几矣。

欧洲文艺复兴，固由时代环境所酝酿，与二三豪俊所浚发，然尚有立乎其后以翼而辅之者，若罗马教皇尼古拉第五，佛罗棱萨之麦地奇家父子，拿波里王阿尔芬梭，以及其他意大利自由市府之豪商阀族，皆沾染一时风尚，为之先后疏附，直接间接提倡奖借者不少，故其业益昌。

清学之在全盛期也亦然。清高宗席祖父之业，承平殷阜，以右文之主自命，开四库馆，修《一统志》，纂《续三通》、《皇朝三通》，修《会典》，修《通礼》，日不暇给，其事皆有待于学者。内外大僚承风宏奖者甚众。嘉庆间，毕沅、阮元之流，本以经师致身通显，任封疆，有力养士，所至提倡，隐然兹学之护法神也。淮南盐商，既穷极奢欲，亦趋时尚，思自附于风雅，竞蓄书画图器，邀名士鉴定，洁亭舍、丰馆谷以待。其时刻书之风甚盛，若黄丕烈、鲍廷博辈固自能别择雠校，其余则多有力者欲假此自显，聘名流董其事。乃至贩鸦片起家之伍崇曜，亦有《粤雅堂丛书》之刻，而其书且以精审闻，他可推矣。

夫此类之人，则何与于学问？然固不能谓其于兹学之发达无助力，与南欧巨室豪贾之于文艺复兴，若合符契也。吾乃知时代思潮之为物，当运动热度最高时，可以举全社会各部分之人人，悉参加于此运动。其在中国，则晚明之心学，盛清之考证，皆其例也。

十九　[桐城派与章学诚]

以上诸师所论，皆为全盛期之正统派。此派远发源于顺、康之交，直至光、宣，而流风余韵，虽替未沫，直可谓与前清朝运相终始。而中间乾、嘉、道百余年间，其气象更掩袭一世，实更无他派足与抗颜行。若强求其一焉，则固有在此统一的权威之下而常怀反侧者，即所谓"古文家"者是已。

宋明理学极敝，然后清学兴。清学既兴，治理学者渐不复能成军。其在启蒙期，犹为程、朱、陆、王守残垒者，有孙奇逢、李中孚①、刁包、张履祥、张尔岐、陆陇其、陆世仪诸人，皆尚名节，厉实行，粹然纯儒，然皆硁硁自守，所学遂不克光大。同时有汤斌、李光地、魏象枢、魏裔介辈，亦治宋学，颇嫕婀投时主好以跻通显。时清学壁垒未立，诸大师著述谈说，往往出入汉宋，则亦相忘于道术而已。

乾隆之初，惠、戴崛起，汉帜大张，畴昔以宋学鸣者，颇无颜色。时则有方苞者，名位略似斌、光地等，尊宋学，笃谨能躬行，而又好为文。苞，桐城人也，与同里姚范、刘大櫆共学文，诵法曾

①李中孚，按本书称名例，当作李颙。梁氏盖沿清朝讳嘉庆名(颙琰)习惯而称其字。

巩、归有光，造立所谓古文义法，号曰“桐城派”。又好述欧阳修“因文见道”之言，以孔、孟、韩、欧、程、朱以来之道统自任，而与当时所谓汉学者互相轻。范从子鼐，欲从学戴震。震固不好为人师，谢之。震之规古文家也曰：“诸君子之为之也，曰：是道也，非艺也。夫道固有存焉者矣，如诸君子之文，亦恶睹其非艺欤？”①（《东原集，与方希原书》）钱大昕亦曰：方氏“所谓古文义法者，特世俗选本之古文，……法且不知，义更何有？……若方氏乃真不读书之甚者，吾兄特以其波澜意度近于古而喜之。……”②（《潜研堂集》三十三《与友人书》）由是诸方诸姚颇不平。鼐屡为文诋汉学破碎，而方东树著《汉学商兑》，遍诋阎、胡、惠、戴所学，不遗余力。自是两派始交恶。其后阳湖恽敬、陆继辂自“桐城”受义法而稍变其体；张惠言、李兆洛皆治考证学，而亦好为文，与恽、陆同气，号“阳湖派”。戴、段派之考证学，虽披靡一世，然规律太严整，且亦声希味淡，不能悉投众嗜，故诵习两派古文家者卒不衰，然才力薄，罕能张其军者。

咸同间，曾国藩善为文而极尊“桐城”，尝为《圣哲画像赞》，至跻姚鼐与周公、孔子并列。国藩功业既焜耀一世，“桐城”亦缘以增重，至今犹有挟之以媚权贵欺流俗者。

平心论之，“桐城”开派诸人，本狷洁自好，当“汉学”全盛时而奋然与抗，亦可谓有勇。不能以其末流之堕落归罪于作始。

---

①引文有删略，且与原文文意有出入。原书谓：“古今学问之途，其大致有三，……事于文章者，等而末者也。然自子长、孟坚、退之、子厚诸君子之为之，曰是道也，非艺也。以云道，道固有存焉者矣。如诸君子之文，亦恶睹其非艺欤？”可知诸君子乃指司马迁、班固、韩愈、柳宗元等。段玉裁《戴东原先生年谱》述此书，意同。梁氏删前文而谓指桐城派古文家，非。

②引文略有删改，如“义更何有”，原作“而义于何有”；“以其波澜意度”，原作“以其文之波澜意度”等。

然此派者，以文而论，因袭矫揉，无所取材；以学而论，则奖空疏，阏创获，无益于社会。且其在清代学界，始终未尝占重要位置，今后亦断不复能自存，置之不论焉可耳。

方东树之《汉学商兑》，却为清代一极有价值之书。其书成于嘉庆间，正值正统派炙手可热之时，奋然与抗，亦一种革命事业也。其书为宋学辩护处，固多迂旧，其针砭汉学家处，却多切中其病，就中指斥言"汉易"者之矫诬，及言典章制度之莫衷一是，尤为知言。后此治汉学者颇欲调和汉宋，如阮元著《性命古训》。陈澧著《汉儒通义》，谓汉儒亦言理学，其《东塾读书记》中有《朱子》一卷，谓朱子亦言考证，盖颇受此书之反响云。

在全盛期与蜕分期之间，有一重要人物，曰会稽章学诚。学诚不屑屑于考证之学，与正统派异。其言"六经皆史"，且极尊刘歆《七略》，与今文家异。然其所著《文史通义》，实为乾嘉后思想解放之源泉。其言"贤智学于圣人，圣人学于百姓"，"集大成者乃[①]周公而非孔子"（《原道篇》）；言"六经皆史，而诸子又皆出于六经"（《易教》、《诗教》、《经解》诸篇）；言"战国以前无著述"（《诗教篇》）；言"古人之言，所以为公，未尝私据[②]为己有"（《言公篇》）；言"古之糟粕，可以为今之精华"（《说林篇》）；言"后人之学胜于前人，乃后起之智虑所应尔"[③]（《朱陆篇》）；言"学术与一时风尚不必求适合"（《感遇篇》）；言"文不能彼此相易，不可舍己之所求以摩古人之形似"（《文理篇》）；言"学贵

①乃，《文史通义》原作"为"。

②未尝私据，《文史通义》原作"未尝矜于文辞而私据"。

③此二语，《文史通义》原作"历象之学，后人必胜前人，……抑亦后起之智虑所应尔也"。

自成一家,人所能者,我不必以不能为愧”(《博约篇》)。书中创见类此者不可悉数,实为晚清学者开拓心胸,非直史家之杰而已。

二十 [清学分裂的原因]

道、咸以后,清学曷为而分裂耶?其原因,有发于本学派之自身者,有由环境之变化所促成者。

所谓发于本学派自身者何耶?

其一,考证学之研究方法虽甚精善,其研究范围却甚拘迂。就中成绩最高者,惟训诂一科,然经数大师发明略尽,所余者不过糟粕。其名物一科,考明堂,考燕寝,考弁服,考车制,原物今既不存,聚讼终末由决。典章制度一科,言丧服,言禘祫,言封建,言井田,在古代本世有损益变迁,即群书亦末[①]由折衷通会。夫清学所以能夺明学之席而与之代兴者,毋亦曰彼空而我实也?今纷纭于不可究诘之名物制度,则其为空也,与言心言性者相去几何?甚至言《易》者摈"河图洛书"而代以"卦气爻辰",其矫诬正相类。诸如此类者尚多,殊不足以服人。要之清学以提倡一"实"字而盛,以不能贯彻一"实"字而衰,自业自得,固其所矣。

其二,凡一有机体发育至一定限度,则凝滞不复进,因凝滞

①末,别本或作"未",按末作"勿"解,义长。

而腐败,而衰谢,此物理之恒也。政制之蜕变也亦然,学派之蜕变也亦然。清学之兴,对于明之“学阀”而行革命也。乃至乾嘉以降,而清学已自成为炙手可热之一“学阀”。即如方东树之《汉学商兑》,其意气排轧之处固甚多,而切中当时流弊者抑亦不少,然正统派诸贤,莫之能受,其驺卒之依附末光者,目盛气以临之。于是思想界成一“汉学专制”之局。学派自身,既有缺点,而复行以专制,此破灭之兆矣。

其三,清学家既教人以尊古,又教人以善疑。既尊古矣,则有更古焉者,固在所当尊。既善疑矣,则当时诸人所共信者,吾曷为不可疑之?盖清学经乾嘉全盛以后,恰如欧洲近世史初期,各国内部略奠定,不能不有如科仑布其人者别求新陆,故在本派中有异军突起,而本派之命运,遂根本摇动,则亦事所必至、理有固然矣。

所谓由环境之变化所促成者何耶?

其一,清初“经世致用”之一学派所以中绝者,固由学风正趋于归纳的研究法,厌其空泛,抑亦因避触时忌,聊以自藏。嘉道以还,积威日弛,人心已渐获解放,而当文恬武嬉之既极,稍有识者,咸知大乱之将至。追寻根原,归咎于学非所用,则最尊严之学阀,自不得不首当其冲。

其二,清学之发祥地及根据地,本在江浙;咸同之乱,江浙受祸最烈,文献荡然,后起者转徙流离,更无余裕以自振其业,而一时英拔之士,奋志事功,更不复以学问为重。凡学术之赓续发展,非比较的承平时代则不能。咸同间之百学中落,固其宜矣。

其三,“鸦片战役”以后,志士扼腕切齿,引为大辱奇戚,思所以自湔拔;经世致用观念之复活,炎炎不可抑。又海禁既开,所谓“西学”者逐渐输入,始则工艺,次则政制。学者若生息于漆室之中,不知室外更何所有,忽穴一牖外窥,则粲然者皆昔所未睹也,还顾室中,则皆沈黑积秽。于是对外求索之欲日炽,对内厌弃之情日烈。欲破壁以自拔于此黑暗,不得不先对于旧政治而试奋斗,于是以其极幼稚之“西学”知识、与清初启蒙期所谓“经世之学”者相结合,别树一派,向于正统派公然举叛旗矣。此则清学分裂之主要原因也。

二十一 ［清学分裂的导火线］

清学分裂之导火线，则经学今古文之争也。

何谓今古文？初，秦始皇焚书，六经绝焉①。汉兴，诸儒始渐以其学教授，而亦有派别。《易》则有施（雠）、孟（喜）、梁丘（贺）三家，而同出田何；《书》则有欧阳（生）、大夏侯（胜）、小夏侯（建）三家，而同出伏胜；《诗》则有齐、鲁、韩三家，《鲁诗》出申公，《齐诗》出辕固，《韩诗》出韩婴；《春秋》则惟《公羊传》，有严（彭祖）、颜（安乐）两家，同出胡毋生、董仲舒；《礼》则惟《仪礼》，有大戴（德）、小戴（圣）、庆（普）三家，而同出高堂生。此十四家者，皆汉武帝、宣帝时立于学官，置博士教授，其写本皆用秦汉时通行篆书，谓之今文。《史记·儒林传》所述经学传授止此②，所谓十四博士是也。逮西汉之末，则有所谓古文经传出焉。《易》则有费氏，谓东莱人费直所传；《书》则有孔氏，谓孔子裔孔安国发其壁藏所献；《诗》则有毛氏，谓河间献王博士毛公

①按秦焚书，未焚《易》；又，《乐》本无经。

②此说不妥。《史记·儒林传》仅记五经传授。上举《易》、《书》、《春秋》、《礼》各经分立之诸博士，时代多在司马迁死后。清人考西汉十四博士，主要依据《汉书·儒林传》等篇。

所传;《春秋》则《左氏传》,谓张苍曾以教授;《礼》则有《逸礼》三十九篇,谓鲁共王得自孔子坏宅中;又有《周官》,谓河间献王所得。此诸经传者,皆以科斗文字写,故谓之古文。两汉经师,多不信古文。刘歆屡求以立学官,不得。歆移书让太常博士,谓其"专己守残,党同妒真"者也。王莽擅汉,歆挟莽力立之;光武复废之,东京初叶,信者殊稀。至东汉末,大师服虔、马融、郑玄[①]皆尊习古文,古文学遂大昌。而其时争论焦点,则在《春秋公羊传》。今文大家何休[②]著《左氏膏肓》、《穀梁废疾》、《公羊墨守》,古文大家郑玄则著《箴膏肓》、《起废疾》、《发墨守》以驳之。玄既淹博,遍注群经,其后晋杜预、王肃[③]皆衍其绪,今文学遂衰。此两汉时今古文哄争之一大公案也[④]。

南北朝以降,经说学派,只争郑(玄)、王(肃),今古文之争遂熄。唐陆德明著《释文》,孔颖达著《正义》,皆杂宗郑、王。今所传《十三经注疏》者,《易》用王(弼)注,《书》用伪孔(安国)传,《诗》用毛传郑笺,《周礼》、《仪礼》、《礼记》皆用郑注,《春秋左氏传》用杜(预)注,其余诸经,皆汲晚汉古文家之流。西汉所谓十四博士者,其学说皆亡,仅存者惟《春秋公羊传》之何(休)注而已。自宋以后,程朱等亦遍注诸经,而汉唐注疏废。

入清代则节节复古,顾炎武、惠士奇辈专提倡注疏学,则复于六朝、唐。自阎若璩攻伪《古文尚书》,后证明作伪者出王肃,

---

①按马融为东汉中期人,此列入东汉末,非。又,马融为郑玄师,郑玄年长于服虔,此处序列也不妥。而古文学大昌,至迟要由东汉前期的贾逵算起,此处所述亦非。

②何休,诸本均误"休"为"林",今改正。

③按王肃卒于魏高贵乡公甘露元年(256),下距晋代尚有十年,此谓王为晋人,非。

④按此述两汉今古文之争,过于简约,史实亦有误。可参周予同《经今古文学》一书概述,见朱维铮编《周予同经学史论著选集》增订本,上海人民出版社,1996,页1~14。

学者乃重提南北朝郑、王公案，绌王申郑，则复于东汉。乾嘉以来，家家许、郑，人人贾、马，东汉学烂然如日中天矣。悬崖转石，非达于地不止。则西汉今古文旧案，终必须翻腾一度，势则然矣。

二十二 [清代今文学与龚魏]

今文学之中心在《公羊》，而《公羊》家言，则真所谓"其中多非常异义可怪之论"（何休《公羊传注自序》），自魏晋以还，莫敢道焉。今《十三经注疏》本，《公羊传》虽用何注，而唐徐彦为之疏，于何义一无发明。《公羊》之成为绝学，垂二千年矣。清儒既遍治古经，戴震弟子孔广森始著《公羊通义》，然不明家法，治今文学者不宗之。

今文学启蒙大师，则武进庄存与也。存与著《春秋正辞》，刊落训诂名物之末，专求所谓"微言大义"者，与戴、段一派所取途径，全然不同。其同县后进刘逢禄继之，著《春秋公羊经传何氏释例》，凡何氏所谓非常异义可怪之论，如"张三世"、"通三统"、"绌周王鲁"、"受命改制"诸义，次第发明。其书亦用科学的归纳研究法，有条贯，有断制，在清人著述中，实最有价值之创作。

段玉裁外孙龚自珍，既受训诂学于段，而好今文，说经宗庄、刘。自珍性诶宕，不检细行，颇似法之卢骚；喜为要眇之思，其文辞俶诡连犿，当时之人弗善也。而自珍益以此自憙，往往引《公羊》义讥切时政，诋排专制；晚岁亦耽佛学，好谈名理。综自珍所学，病在不深入，所有思想，仅引其绪而止，又为瑰丽之辞所掩，意不豁达。虽然，晚清思想之解放，自珍确与有功焉。光绪间所谓新学家者，大率人人皆经过崇拜龚氏之一时期。初读《定庵文集》，若受电然，稍进乃厌其浅薄。然今文学派之开拓，实自龚氏。夏曾佑赠梁启超诗云："璱人（龚[①]）申受（刘）出方耕（庄），孤绪微茫接董生（仲舒）。"此言"今文学"之渊源最分明。拟诸"正统派"，庄可比顾，龚、刘则阎、胡也。

"今文学"之初期，则专言《公羊》而已，未及他经。然因此知汉代经师家法，今古两派，截然不同；知贾、马、许、郑，殊不足以尽汉学。时辑佚之学正极盛，古经说片语只字，搜集不遗余力，于是研究今文遗说者渐多。冯登府有《三家诗异文疏证》，陈寿祺有《三家诗遗说考》，陈乔枞有《今文尚书经说考》、《尚书欧阳夏侯遗说考》[②]、《三家诗遗说考》[③]、《齐诗翼氏学疏证》，迮鹤寿有《齐诗翼氏学》，然皆不过言家法同异而已，未及真伪问题。道光末，魏源著《诗古微》，始大攻《毛传》及《大小序》，谓为晚出伪作。其言博辩，比于阎氏之《书疏证》，且亦时有新理解。其论《诗》不为美刺而作，谓："美刺固《毛诗》一家之例，……作诗者自道其情，情达而止，……岂有欢愉哀乐，专为无病代呻者耶？"（《诗古微·齐鲁韩毛异同论中》）此深合"为文艺而作文艺"之旨，直破二千年来文家之束缚。又论诗乐合一，谓："古者乐以诗为体，孔子正乐即正诗。"同（《夫子正乐论》

①龚，诸本均作"乐"，当系传写之讹，今改正。

②书名当作《今文尚书遗说考》，见《左海续集》。

③按实为三书：《鲁诗遗说考》、《齐诗遗说考》、《韩诗遗说考》。见《左海续集》。

上)皆能自创新见,使古书顿带活气。源又著《书古微》,谓不惟东晋晚出之《古文尚书》(即阎氏所攻者)为伪也,东汉马、郑之古文说,亦非孔安国之旧。同时邵懿辰亦著《礼经通论》,谓《仪礼》十七篇为足本,所谓古文《逸礼》三十九篇者,出刘歆伪造。而刘逢禄故有《左氏春秋考证》,谓:此书本名《左氏春秋》,不名《春秋左氏传》,与《晏子春秋》、《吕氏春秋》同性质,乃记事之书,非解经之书;其解经者,皆刘歆所窜入,《左氏传》之名,亦歆所伪创。

盖自刘书出而《左传》真伪成问题,自魏书出而《毛诗》真伪成问题,自邵书出而《逸礼》真伪成问题。若《周礼》填伪,则自宋以来成问题久矣。初时诸家不过各取一书为局部的研究而已,既而寻,其系统,则此诸书者,同为西汉末出现,其传授端绪,俱不可深考,同为刘歆所主持争立。质言之,则所谓古文诸经传者,皆有连带关系,真则俱真,伪则俱伪。于是将两汉今古文之全案,重提覆勘,则康有为其人也。

今文学之健者,必推龚、魏。龚、魏之时,清政既渐陵夷衰微矣;举国方沈酣太平,而彼辈若不胜其忧危,恒相与指天画地,规天下大计。考证之学,本非其所好也,而因众所共习,则亦能之;能之而颇欲用以别辟国土,故虽言经学,而其精神与正统派之为经学而治经学者则既有以异。自珍、源皆好作经济谈,而最注意边事。自珍作《西域置行省议》,至光绪间实行,则今新疆也,又著《蒙古图志》,研究蒙古政俗而附以论议(未刻)。源有《元史》,有《海国图志》。治域外地理者,源实为先驱。故后之治今文学者,喜以经术作政论,则龚、魏之遗风也。

二十三 [康有为是今文学运动的中心]

今文学运动之中心,曰南海康有为。然有为盖斯学之集成者,非其创作者也。有为早年,酷好《周礼》,尝贯穴之著《政学通议》[1],后见廖平所著书,乃尽弃其旧说。平,王闿运弟子。闿运以治《公羊》闻于时,然故文人耳,经学所造甚浅,其所著《公羊笺》[2],尚不逮孔广森。平受其学,著《四益馆经学丛书》十数种,颇知守今文家法。晚年受张之洞贿逼,复著书自驳。其人固不足道,然有为之思想,受其影响,不可诬也。

有为最初所著书日:《新学伪经考》。"伪经"者,谓《周礼》、《逸礼》、《左传》及《诗》之毛传,凡西汉末刘歆所力争立博士者。"新学"者,谓新莽之学。时清儒诵法许、郑者,自号曰"汉学"。有为以为此新代之学,非汉代之学,故更其名焉。《新学伪经考》之要点:一、西汉经学,并无所谓古文者,凡古文皆刘歆伪作。二、秦焚书,并未厄及六经,汉十四博士所传,皆孔门足

①书名当作《教学通议》。佚稿原藏上海市文物保管委员会,《中国文化》研究集刊第三辑(复旦大学出版社,1986年3月)已予以整理刊布,参看朱维铮为该文刊布所作"编者按"的考订。

②书名为《春秋公羊传笺》,凡十一卷。

本,并无残缺。三、孔子时所用字,即秦汉间篆书,即以“文”论,亦绝无今古之目。四、刘歆欲弥缝其作伪之迹,故校中秘书时,于一切古书多所羼乱。五、刘歆所以作伪经之故,因欲佐莽篡汉,先谋湮乱孔子之微言大义。诸所主张,是否悉当,且勿论,要之此说一出,而所生影响有二:第一,清学正统派之立脚点,根本摇动;第二,一切古书,皆须从新检查估价。此实思想界之一大飓风也。

有为弟子有陈千秋、梁启超者,并夙治考证学,陈尤精洽;闻有为说,则尽弃其学而学焉。《伪经考》之著,二人者多所参与,亦时时病其师之武断,然卒莫能夺也。实则此书大体皆精当,其可议处乃在小节目。乃至谓《史记》、《楚辞》经刘歆羼入者数十条,出土之钟鼎彝器,皆刘歆私铸埋藏以欺后世。此实为事理之万不可通者,而有为必力持之。实则其主张之要点,并不必借重于此等枝词强辩而始成立,而有为以好博好异之故,往往不惜抹杀证据或曲解证据,以犯科学家之大忌,此其所短也。

有为之为人也,万事纯任主观,自信力极强,而持之极毅。其对于客观的事实,或竟蔑视,或必欲强之以从我。其在事业上也有然,其在学问上也亦有然;其所以自成家数、崛起一时者以此,其所以不能立健实之基础者亦以此;读《新学伪经考》而可见也。

《新学伪经考》出甫一年,遭清廷之忌,毁其板,传习颇稀。其后有崔适者,著《史记探原》、《春秋复始》二书,皆引申有为之说,益加精密,今文派之后劲也。

有为第二部著述,曰《孔子改制考》。其第三部著述,曰《大同书》。若以《新学伪经考》比飓风,则此二书者,其火山大喷火也,其大地震也。

有为之治《公羊》也,不断断于其书法义例之小节,专求其微言大义,即何休所谓非常异义可怪之论者。定《春秋》为孔子改制创作之书,谓文字不过其符号,如电报之密码,如乐谱之音符,非口授不能明。又不惟《春秋》而已,凡六经皆孔子所作,昔人言孔子删述者误也。孔子盖自立一宗旨而凭之以进退古人去取古籍。孔子改制,恒托于古。尧舜者,孔子所托也,其人有无不可知;即有,亦至寻常;经典中尧舜之盛德大业,皆孔子理想上所构成也。又不惟孔子而已,周秦诸子罔不改制,罔不托古。老子之托黄帝,墨子之托大禹,许行之托神农,是也。近人祖述何休以治《公羊》者,若刘逢禄、龚自珍、陈立辈,皆言改制,而有为之说,实与彼异。有为所谓改制者,则一种政治革命、社会改造的意味也,故喜言"通三统"。"三统"者,谓夏、商、周三代不同,当随时因革也。喜言"张三世"。"三世"者,谓据乱世、升平世、太平世,愈改而愈进也。有为政治上"变法维新"之主张,实本于此。有为谓孔子之改制,上掩百世,下掩百世,故尊之为教主;误认欧洲之尊景教为治强之本,故恒欲侪孔子于基督,乃杂引谶纬之言以实之;于是有为心目中之孔子,又带有"神秘性"矣。《孔子改制考》之内容,大略如此;其所及于思想界之影响,可得言焉。

一、教人读古书,不当求诸章句训诂名物制度之末,当求其义理。所谓义理者,又非言心言性,乃在古人创法立制之精意。于是汉学、宋学,皆所吐弃,为学界别辟一新殖民地。

二、语孔子之所以为大,在于建设新学派(创教),鼓舞人创作精神。

三、《伪经考》既以诸经中一大部分为刘歆所伪托,《改制考》复以真经之全部分为孔子托古之作,则数千年来共认为神圣不可侵犯之经典,根本发生疑问,引起学者怀疑批评的态度。

四、虽极力推挹孔子,然既谓孔子之创学派与诸子之创学派,同一动机,同一目的,同一手段,则已夷孔子于诸子之列。所谓"别黑白定一尊"之观念,全然解放,导人以比较的研究。

二十四 [《大同书》是康有为的创作]

右两书皆有为整理旧学之作，其自身所创作，则《大同书》也。

初，有为既从学于朱次琦毕业，退而独居西樵山者两年，专为深沈之思，穷极天人之故，欲自创一学派，而归于经世之用。有为以《春秋》"三世"之义说《礼运》，谓"升平世"为"小康"，"太平世"为"大同"。《礼运》之言曰："大道之行也，天下为公，选贤与能，讲信修睦。故人不独亲其亲，不独子其子；使老有所归，壮有所用，幼有所长，鳏寡孤独废疾者皆有所养；男有分，女有归，货恶其弃于地也，不必藏诸己，力恶其不出于身也，不必为己；……是谓大同。"此一段者，以今语释之，则民治主义存焉（天下……与能），国际联合主义存焉（讲信修睦），儿童公育主义存焉（故人不……其子），老病保险主义存焉（使老有……有所养），共产主义存焉（货恶……藏诸己），劳作神圣主义存焉（力恶……为己）有为谓此为孔子之理想的社会制度，谓《春秋》所谓"太平世"者即此，乃衍其条理为书，略如左：

一、无国家，全世界置一总政府，分若干区域。

二、总政府及区政府皆由民选。

三、无家族，男女同栖不得逾一年，届期须易人。

四、妇女有身者入胎教院，儿童出胎者入育婴院。

五、儿童按年入蒙养院，及各级学校。

六、成年后由政府指派分任农工等生产事业。

七、病则入养病院，老则入养老院。

八、胎教、育婴、蒙养、养病、养老诸院，为各区最高之设备，入者得最高之享乐。

九、成年男女，例须以若干年服役于此诸院，若今世之兵役然。

十、设公共宿舍、公共食堂，有等差，各以其劳作所入自由享用。

十一、警惰为最严之刑罚。

十二、学术上有新发明者，及在胎教等五院有特别劳绩者，得殊奖。

十三、死则火葬，火葬场比邻为肥料工厂。

《大同书》之条理略如是。全书数十万言，于人生苦乐之根原，善恶之标准，言之极详辩，然后说明其立法之理由。其最要关键，在毁灭家族。有为谓佛法出家，求脱苦也，不如使其无家可出；谓私有财产为争乱之源，无家族则谁复乐有私产？若夫国家，则又随家族而消灭者也。有为悬此鹄为人类进化之极轨，至其当由何道乃能致此？则未尝言。其第一眼目所谓男女同栖当立期限者，是否适于人性，则亦未甚能自完其说。虽然，有为著此书时，固一无依傍，一无剿袭，在三十年前[1]，而其理想与今世所谓世界主义、社会主义者多合符契，而陈义之高且过之。呜呼！真可谓豪杰之士也已。

有为虽著此书，然秘不以示人，亦从不以此义教学者，谓今方为"据乱"之世，只能言小康，不能言大同，言则陷天下于洪水猛兽。其弟子最初得读此书者，惟陈千秋、梁启超，读则大乐，锐意欲宣传其一部分。有为弗善也，而亦不能禁其所为，后此万木草堂学徒多言大同矣。而有为始终谓当以小康义救今世，对于政治问题，对于社会道德问题，皆以维持旧状为职志。自发明一种新理想，自认为至善至美，然不愿其实现，且竭全力以抗之遏之；人类秉性之奇诡，度无以过是者。有为当中日战役后，纠合青年学子数千人上书言时事，所谓"公车上书"者是也。中国之有"群众的政治运动"，实自此始。然有为既欲实行其小康主义的政治，不能无所求于人，终莫之能用，屡遭窜逐。而后辈多不喜其所为，相与诋诃之。有为亦果于自信，而轻视后辈，益为顽旧之态以相角。今老矣，殆不复与世相闻问，遂使国中有一大思想家，而国人不蒙其泽，悲夫！启超屡请印布其《大同书》，久不许，卒乃印诸《不忍杂志》中，仅三之一[2]，杂志停版，竟不继印。

---

①此说非。"三十年前"，当清光绪十七年(1891)，而康有为《大同书题辞》，则称该书作于光绪甲申(十年，当1884)。但据《大同书》内容考证，其书属稿不可能早于清光绪二十八年(1902)，成稿时间更晚。康有为早年佚著《实理公法全书》，当系《大同书》雏型，前揭《中国文化》研究集刊第一辑(1984)，曾据美国斯坦福大学胡佛研究所、上海市文物保管委员会所藏该书抄件互校，予以刊布；拙作"编者按"指出其成稿时不会早于1891年。

②按《大同书》凡十部，《不忍》杂志仅刊出甲、乙二部，见该刊第一至第七期(上海广智书局，1913年2月至10月刊行)。1919年3月，上海长兴书局曾出版这二部的单行本。

二十五 [梁启超的今文学派宣传运动]

对于“今文学派”为猛烈的宣传运动者,则新会梁启超也。

启超年十三[①],与其友陈千秋同学于学海堂,治戴、段、王之学。千秋所以辅益之者良厚[②]。越三年,而康有为以布衣上书被放归,举国目为怪。千秋、启超好奇,相将谒之,一见大服,遂执业为弟子,共请康开馆讲学,则所谓万木草堂是也。二人者学数月,则以其所闻昌言于学海堂,大诋诃旧学,与长老侪辈辩诘无虚日。有为不轻以所学授人。草堂常课,除《公羊传》外,则点读《资治通鉴》、《宋元学案》、《朱子语类》等,又时时习古礼。千秋、启超弗嗜也,则相与治周秦诸子及佛典,亦涉猎清儒经济书及译本西籍,皆就有为决疑滞。居一年,乃闻所谓“大同义”者,喜欲狂,锐意谋宣传。有为谓非其时,然不能禁也。又二年,而千秋卒(年二十二),启超益独力自任。

启超治《伪经考》,时复不慊于其师之武断,后遂置不复道。

①据丁文江、赵丰田编《梁启超年谱长编》(上海人民出版社,1983),梁氏肄业于学海堂,时在1887年(清光绪十三年),此年梁氏十五岁。

②据梁启超《三十自述》(《饮冰室文集》十一),记十八岁(清光绪十六年,1890)“其年秋,始交陈通甫”。梁此段述早年经历失于含胡。

其师好引纬书,以神秘性说孔子,启超亦不谓然。启超[①]谓孔门之学,后衍为孟子、荀卿两派,荀传小康,孟传大同;汉代经师,不问为今文家古文家,皆出荀卿(汪中说);二千年间,宗派屡变,壹皆盘旋荀学肘下,孟学绝而孔学亦衰。于是专以绌荀申孟为标帜,引《孟子》中诛责"民贼"、"独夫"、"善战服上刑"、"授田制产"诸义,谓为大同精意所寄,日倡道之;又好《墨子》,诵说其"兼爱"、"非攻"诸论。启超屡游京师,渐交当世士大夫,而其讲学最契之友,曰夏曾佑、谭嗣同。曾佑方治龚、刘今文学,每发一义,辄相视莫逆。其后启超亡命日本,曾佑赠以诗,中有句曰:"……冥冥兰陵(荀卿)门,万鬼头如蚁,质多(魔鬼)举只手,阳乌为之死。袒裼往暴之,一击类执豕,酒酣掷杯起,跌宕笑相视。颇谓宙合间,只此足欢喜。……"此可想见当时彼辈"排荀"运动,实有一种元气淋漓景象。嗣同方治王夫之之学,喜谈名理,谈经济,及交启超,亦盛言大同,运动尤烈。(详次节)而启超之学,受夏、谭影响亦至巨。

其后启超等之运动,益带政治的色彩。启超创一旬刊杂志于上海,曰《时务报》。自著《变法通议》,批评秕政,而救敝之法,归于废科举、兴学校,亦时时发"民权论",但微引其绪,未敢昌言。

已而嗣同与黄遵宪、熊希龄等,设时务学堂于长沙,聘启超主讲席,唐才常等为助教。启超至,以《公羊》、《孟子》教,课以札记,学生仅四十人,而李炳寰、林圭、蔡锷称高才生焉。启超每日在讲堂四小时,夜则批答诸生札记,每条或至千言,往往彻夜不寐。所言皆当时一派之民权论,又多言清代故实,胪举失政,

①启超,通行本误作"启题",今改正。

盛倡革命。其论学术,则自荀卿以下汉、唐、宋、明、清学者,掊击无完肤。时学生皆住舍,不与外通,堂内空气日日激变,外间莫或知之。及年假,诸生归省,出札记示亲友,全湘大哗。先是嗣同、才常等,设"南学会"聚讲,又设《湘报》(日刊)、《湘学报》(旬刊),所言虽不如学堂中激烈,实阴相策应。又窃印《明夷待访录》、《扬州十日记》等书,加以案语,秘密分布,传播革命思想,信奉者日众,于是湖南新旧派大哄。叶德辉著《翼教丛编》①数十万言,将康有为所著书,启超所批学生札记,及《时务报》、《湘报》、《湘学报》诸论文,逐条痛斥。而张之洞亦著《劝学篇》,旨趣略同。

戊戌政变前,某御史胪举札记批语数十条指斥清室、鼓吹民权者具摺揭参,卒兴大狱。嗣同死焉,启超亡命,才常等被逐,学堂解散。盖学术之争,延为政争矣。

启超既亡居日本,其弟子李、林、蔡等弃家从之者十有一人,才常亦数数往来,共图革命。积年余,举事于汉口,十一人者先后归,从才常死者六人焉。启超亦自美洲驰归,及上海而事已败。自是启超复专以宣传为业,为《新民丛报》、《新小说》等诸杂志,畅其旨义,国人竞喜读之;清廷虽严禁,不能遏;每一册出,内地翻刻本辄十数。二十年来学子之思想,颇蒙其影响。

启超夙不喜桐城派古文,幼年为文,学晚汉魏晋,颇尚矜炼,至是自解放,务为平易畅达,时杂以俚语韵语及外国语法,纵笔所至不检束,学者竞效之,号新文体。老辈则痛恨,诋为野狐。然其文条理明晰,笔锋常带情感,对于读者,别有一种魔力焉。

---

①按苏舆辑《翼教丛编》,成书于戊戌七月以后。此盖谓内所收"驳伪学"诸文。

二十六 [梁启超与康有为的分歧]

启超既日倡革命排满共和之论,而其师康有为深不谓然,屡责备之,继以婉劝,两年间函札数万言。启超亦不慊于当时革命家之所为,惩羹而吹齑,持论稍变矣。然其保守性与进取性常交战于胸中,随感情而发,所执往往前后相矛盾,尝自言曰:"不惜以今日之我,难昔日之我。"世多以此为诟病,而其言论之效力亦往往相消,盖生性之弱点然矣。

启超自三十以后,已绝口不谈"伪经",亦不甚谈"改制"。而其师康有为大倡设孔教会定国教祀天配孔诸义,国中附和不乏。启超不谓然,屡起而驳之,其言曰:

> 我国学界之光明,人物之伟大,莫盛于战国,盖思想自由之明效也。及秦始皇焚百家之语,而思想一窒;汉武帝表章六艺、罢黜百家,而思想又一窒。自汉以来,号称行孔教二千余年于兹矣,而皆持所谓表章某某、罢黜某某者为一贯之精神。故正学异端有争,今学古学有争,言考据则争师法,言性理则争道统,各自以

为孔教，而排斥他人以为非孔教。……寖假而孔子变为董江都、何邵公矣，寖假而孔子变为马季长、郑康成矣，寖假而孔子变为韩退之、欧阳永叔矣，寖假而孔子变为程伊川、朱晦庵矣，寖假而孔子变为陆象山、王阳明矣，寖假而孔子变为顾亭林、戴东原矣，皆由思想束缚于一点，不能自开生面。如群猿得一果，跳掷以相攫，如群妪得一钱，诟詈以相夺，情状抑何可怜？……此二千年来保教党所生之结果也。……”（壬寅年《新民丛报》）①

又曰：

“今之言保教者，取近世新学新理而缘附之，曰：某某孔子所已知也，某某孔子所曾言也。……然则非以此新学新理厘然有当于吾心而从之也，不过以其暗合于我孔子而从之耳。是所爱者，仍在孔子，非在真理也。万一遍索诸四书六经而终无可比附者，则将明知为真理而亦不敢从矣。万一吾所比附者，有人剔之，曰孔子不如是，斯亦不敢不弃之矣。若是乎真理之终不能饷遗我国民也。故吾所恶乎舞文贱儒，动以西学缘

①引文见《保教非所以尊孔论》第五节“论保教之说束缚国民思想”。原文刊于《新民丛报》第2号（1902年2月22日出版），署名“中国之新民”。引文经删改后，与原意已有出入。主要删改处有：“焚百家之语”，下删“坑方术之士”一语；“罢黜百家”下删“凡不在六艺之科者绝勿进”一语；“以为非孔教”下删节号内，原为“于是孔教之范围，益日缩日小”二语；“韩退之”，原作“韩昌黎”；“顾亭林、戴东原”，原作“纪晓岚、阮芸台”。末语“所生之结果也”下删节号内，原有百余字，乃颂扬孔子主张思想自由，而自命为孔子徒者则相反云云。

附中学者,以其名为开新,实则保守,煽思想界之奴性而滋益之也。"①(同上)

又曰:

"摭古书片词单语以傅会今义,最易发生两种流弊。一、倘所印证之义,其表里适相吻合,善已;若稍有牵合附会,则最易导国民以不正确之观念,而缘郢书燕说以滋弊。例如畴昔谈立宪谈共和者,偶见经典中某字某句,与立宪共和等字义略相近,辄摭拾以沾沾自喜,谓此制为我所固有。其实今世共和立宪制度之为物,即泰西亦不过起于近百年,求诸彼古代之希腊罗马且不可得,遑论我国?而比附之言,传播既广,则能使多数人之眼光之思想,见局见缚于所比附之文句,以为所谓立宪共和者不过如是,而不复追求其真义之所存。……此等结习,最易为国民研究实学之魔障。二、劝人行此制,告之曰,吾先哲所尝行也;劝人治此学,告之曰,吾先哲所尝治也;其势较易入,固也。然频以此相诏,则人于先哲未尝行之制,辄疑其不可行,于先哲未尝治之学,辄疑其不当治。无形之中,恒足以增其故见

①引文见前揭《保教非所以尊孔论》同节,有较大删改。原文如次:"抑今日之言保教者,其道亦稍异于昔。彼欲广孔教之范围也,于是取近世之新学新理以缘附之,曰某某者孔子所已知也,某某者孔子所曾言也。……(中删"其一片苦心,吾亦敬之,而惜其重诬孔子而益阻人思想自由之路也"云云,凡150字。)然则非以此新学新理厘然有当于吾心而从之也,不过以其暗合于我孔子而从之也。(下删改较少,略)"

自满之习，而障其择善服从之明。……吾雅不愿采撷隔墙桃李之繁葩，缀结于吾家杉松之老干，而沾沾自鸣得意。吾诚爱桃李也，惟当思所以移植之，而何必使与杉松淆其名实者。”（乙卯年《国风报》）①

此诸论者，虽专为一问题而发，然启超对于我国旧思想之总批判，及其所认为今后新思想发展应遵之途径，皆略见焉。中国思想之痼疾，确在“好依傍”与“名实混淆”。若援佛入儒也，若好造伪书也，皆原本于此等精神。以清儒论，颜元几于墨矣，而必自谓出孔子；戴震全属西洋思想，而必自谓出孔子；康有为之大同，空前创获，而必自谓出孔子。及至孔子之改制，何为必托古？诸子何为皆托古？则亦依傍混淆也已。此病根不拔，则思想终无独立自由之望。启超盖于此三致意焉。然持论既屡与其师不合，康、梁学派。遂分。

启超之在思想界，其破坏力确不小，而建设则未有闻。晚清思想界之粗率浅薄，启超与有罪焉。启超常称佛说，谓“未能自度，而先度人，是为菩萨发心”。故其生平著作极多，皆随有所见，随即发表。彼尝言：“我读到‘性本善’，则教人以‘人之初’而已。”殊不思“性相近”以下尚未读通，恐并“人之初”一句亦不能解。以此教人，安见其不为误人？启超平素主张，谓须将世界学说为无制限的尽量输入，斯固然矣。然必所输入者确为该思

①按乙卯年当1915年，而《国风报》创刊于1910年2月，1911年7月停刊。经查，此段引文乃《孔子教义实际裨益于今日国民者何在欲昌明之其道何由》中语，原载《大中华》一卷二期，1915年2月20日出版，收入《饮冰室合集》文集之三十三，页64~65，作于1915年。原文批评“时流所谓国粹主义”，“当世之尊孔者”，在此均删去。又，内容及文句删改甚多。

想之本来面目，又必具其条理本末，始能供国人切实研究之资，此其事非多数人专门分担不能。启超务广而荒，每一学稍涉其樊，便加论列，故其所述著，多模糊影响笼统之谈，甚者纯然错误，及其自发现而自谋矫正，则已前后矛盾矣！

平心论之，以二十年前思想界之闭塞萎靡，非用此种卤莽疏阔手段，不能烈山泽以辟新局。就此点论，梁启超可谓新思想界之陈涉。虽然，国人所责望于启超不止此。以其人本身之魄力，及其三十年历史上所积之资格，实应为我新思想界力图缔造一开国规模。若此人而长此以自终，则在中国文化史上，不能不谓为一大损失也。

启超与康有为最相反之一点，有为太有成见，启超太无成见。其应事也有然，去治学也亦有然。有为常言："吾学三十岁已成，此后不复有进，亦不必求进。"[①]启超不然，常自觉其学未成，且忧其不成，数十年日在旁皇求索中。故有为之学，在今日可以论定；启超之学，则未能论定。然启超以太无成见之故，往往徇物而夺其所守，其创造力不逮有为，殆可断言矣。

启超"学问欲"极炽，其所嗜之种类亦繁杂，每治一业，则沈溺焉，集中精力，尽抛其他；历若干时日，移于他业，则又抛其前所治者。以集中精力故，故常有所得；以移时而抛故，故入焉而不深。彼尝有诗题其女令娴《艺蘅馆日记》云："吾学病爱博，是用浅且芜；尤病在无恒，有获旋失诸；百凡可效我，此二无我如。"可谓有自知之明。启超虽自知其短，而改之不勇，中间又

①康有为说，见其佚稿《与沈刑部子培书》（收入蒋贵麟编《万木草堂遗稿外编》，台北成文出版社，1978），内谓其"至乙酉之年而学大定，不复有进矣"。按乙酉为清光绪十一年（1885），时康有为二十八岁。据此梁述康言，较诸康本人估计，尚迟二年。

屡为无聊的政治活动所牵率,耗其精而荒其业。识者谓启超若能永远绝意政治,且裁敛其学问欲,专精于一二点,则于将来之思想界尚更有所贡献,否则亦适成为清代思想史之结束人物而已。

二十七 [晚清思想界一慧星——谭嗣同]

晚清思想界有一彗星，曰浏阳谭嗣同。

嗣同幼好为骈体文，缘是以窥"今文学"，其诗有"江(中)魏(源)龚(自珍)王(闿运)始是才"之语，可见其向往所自。又好王夫之之学，喜谈名理。自交梁启超后，其学一变。自从杨文会闻佛法，其学又一变。尝自裒其少作诗文刻之，题曰《东海褰冥氏三十以前旧学》，示此后不复事此矣。其所谓"新学"之著作，则有《仁学》，亦题曰"台湾人所著书"，盖中多讥切清廷，假台人抒愤也。书成，自藏其稿，而写一副本畀其友梁启超；启超在日本印布之，始传于世。《仁学自叙》曰：

"吾将哀号流涕，强聒不舍，以速其冲决网罗。冲决利禄之网罗，冲决俗学若考据若词章之网罗，冲决全球群学群教之网罗，冲决君主之网罗，冲决伦常之网罗，冲决天之网罗。……然既可冲决，自无网罗；真无网罗，乃可言冲决。……”①

《仁学》内容之精神，大略如是。英奈端倡“打破偶像”之论，遂启近代科学。嗣同之“冲决罗网”，正其义也。《仁学》之作，欲将科学、哲学、宗教冶为一炉，而更使适于人生之用，真可谓极大胆极辽远之一种计划。此计划，吾不敢谓终无成立之望，然以现在全世界学术进步之大势观之，则似为期尚早，况在嗣同当时之中国耶？

嗣同幼治算学，颇深造，亦尝尽读所谓“格致”类之译书，将当时所能有之科学知识，尽量应用。又治佛教之“唯识宗”、“华严宗”，用以为思想之基础，而通之以科学。又用今文学家“太平”、“大同”之义，以为“世法”之极轨，而通之于佛教。嗣同之书，盖取资于此三部分，而组织之以立己之意见。其驳杂幼稚之论甚多，固无庸讳，其尽脱旧思想之束缚，戛戛独造，则前清一代，未有其比也。

嗣同根本的排斥尊古观念，尝曰：“古而可好，则②何必为今之人哉！”（《仁学》卷上）对于中国历史，下一总批评曰：“二千年来之政，秦政也，皆大盗也；二千年来之学，荀学也，皆乡愿也；惟大盗利用乡愿，惟乡愿工媚大盗。”（《仁学》卷下）当时谭、梁、夏一派之论调，大约以此为基本，而嗣同尤为悍勇。其《仁学》

①引文有删略。原文如次：“以吾之遭，……则何可不千一述之，为流涕哀号，强聒不舍，以速其冲决网罗，留作券剂耶？网罗重重，与虚空而无极。初当冲决利禄之网罗，次冲决俗学若考据若词章之网罗，次冲决全球群学之网罗，次冲决君主之网罗，次冲决伦常之网罗，次冲决天之网罗，次冲决全球群教之网罗，终将冲决佛法之网罗。然真能冲决，亦自无网罗；真无网罗，乃可言冲决；故冲决网罗者，即是未尝冲决网罗。”

②则，《仁学》原作“又”。

所谓冲决罗网者,全书皆是也,不可悉举,姑举数条为例。

嗣同明目张胆以诋名教,其言曰:

"俗学陋行,动言名教,……以名为教,则其教已为实之宾,而决非实也。又况名者由人创造,上以制其下而下不能不奉之,则数千年三纲五常之惨祸酷毒由此矣。……如曰'仁'则共名也,君父以责臣子,臣子亦可反之君父,于箝制之术不便,故不能不有'忠孝廉节'一切分别等衰之名。……忠孝既为臣子之专名,则终不能以此反之,虽或他有所据,意欲诘诉,而终不敌忠孝之名为名教之所尚。……名之所在,不惟关其口使不敢昌言,乃并锢其心使不敢涉想。……"①

嗣同对于善恶,有特别见解,谓"天地间无所谓恶,恶者名耳,非实也",谓"俗儒以天理为善,人欲为恶,不知无人欲安得有天理"②。彼欲申其"恶由名起"说,乃有极诡僻之论,曰:

"恶莫大淫杀。……男女构精名淫,此淫名也。淫名亦生民以来沿习既久,名之不改,习谓为恶。向使生民之始,即相习以淫为朝聘宴飨之巨典,行诸朝庙,行诸都市,行诸稠人广众,如中国之长揖拜跪,西国之抱腰接吻,则孰知为恶者?戕害生命名杀,此杀名也。

①此段引文乃将《仁学》八、三七两节有关文字拼合而成,并略有删改。如"惨祸酷毒由此矣",原作"惨祸烈毒由是酷焉矣";"忠孝廉节",原作"忠孝廉节等";"他有所据",原作"他有所摭";"名教之所尚",原作"名教之所出"。

②据《仁学》,此语乃引王船山言。梁氏又有删略。

然杀为恶,则凡杀皆当为恶。人不当杀,则凡虎狼牛马鸡豚,又何当杀者,何以不并名恶也?或曰,'人与人同类耳'然则虎狼于人不同类也,虎狼杀人,则名虎狼为恶;人杀虎狼,何以不名人为恶也?……"①

此等论调,近于诡辩矣,然其怀疑之精神,解放之勇气,正可察见。

《仁学》下篇,多政治谈。其篇首论国家起原及民治主义(文不具引),实当时谭、梁一派之根本信条,以殉教的精神力图传播者也。由今观之,其论亦至平庸,至疏阔。然彼辈当时,并卢骚《民约论》之名亦未梦见,而理想多与暗合,盖非思想解放之效不及此。其鼓吹排满革命也,词锋锐不可当,曰:

"天下为君主私产,不始今日,……然而有知辽、金、元、清之罪,浮于前此君主者乎?其土则秽壤也,其人则膻种也,其心则禽心也,其俗则毳俗也。逞其凶残淫杀,攫取中原子女玉帛,……犹以为未餍。锢其耳目,桎其手足,压其心思,挫其气节。……方命曰:此食毛践土之分然也。夫果谁食谁之毛?谁践谁之土?……"②

又曰:"吾华人慎毋言华盛顿、拿破仑矣,志士仁人,求为陈

①引文见《仁学》九节,文字多所删略。文长不具录。

②引文见《仁学》三十三节,文字多所删改。如"辽金元清",原文无"清"字;"逞其凶残淫杀"以下,均为摘句节引。文长不具录。

涉、杨玄感，以供圣人之驱除，死无憾焉。若机无可乘，则莫若为任侠（暗杀），亦足以伸民气，倡勇敢之风。”①此等言论，著诸竹帛，距后此“同盟会”、“光复会”等之起，盖十五六年矣。

《仁学》之政论，归于“世界主义”，其言曰：“春秋大一统之义，天地间不当有国也。”②又曰：“不惟发愿救本国，并彼极盛之西国与夫含生之类，一切皆度之，……不可自言为某国人，当平视万国，皆其国，皆其民。”③篇中此类之论，不一而足，皆当时今文学派所日倡道者。其后梁启超居东，渐染欧、日俗论，乃盛倡褊狭的国家主义，惭其死友矣。

嗣同遇害，年仅三十三。使假以年，则其学将不能测其所至。仅留此区区一卷，吐万丈光芒，一瞥而逝，而扫荡廓清之力莫与京焉，吾故比诸彗星。

---

①引文见《仁学》三十四节。“若机”，原作“若其机”。

②引文见《仁学》四十二节。此处删节后，与原意有出入。

③引文见《仁学》四十四节。此处删节后，与原意有出入。

二十八 [清学正统派的殿军——章炳麟]

在此清学蜕分与衰落期中，有一人焉能为正统派大张其军者，曰：余杭章炳麟。

炳麟少受学于俞樾，治小学极谨严，然固浙东人也，受全祖望、章学诚影响颇深，大究心明清间掌故，排满之信念日烈。

炳麟本一条理缜密之人，及其早岁所作政谈，专提倡单调的"种族革命论"，使众易喻，故鼓吹之力綦大。中年以后，究心佛典，治《俱舍》、《唯识》，有所入。既亡命日本，涉猎西籍，以新知附益旧学，日益闳肆。其治小学，以音韵为骨干，谓文字先有声然后有形，字之创造及其孳乳，皆以音衍。所著《文始》及《国故论衡》中论文字音韵诸篇，其精义多乾嘉诸老所未发明。应用正统派之研究法，而廓大其内容延辟其新径，实炳麟一大成功也。

炳麟用佛学解老庄，极有理致，所著《齐物论释》，虽间有牵合处，然确能为研究"庄子哲学"者开一新国土。其《菿汉微言》，深造语极多。其余《国故论衡》、《检论》、《文录》诸篇，纯

驳互见。尝自述治学进化之迹,曰:

“少时治经,谨守朴学,所疏通证明者,在文学器数之间。虽尝博观诸子,略识微言,亦随顺旧义耳。……继阅佛藏,涉猎《华严》、《法华》、《涅槃》诸经,义解渐深,卒未窥其究竟。及囚系上海,专修慈氏世亲之书。此一术也,以分析名相始,以排遣名相终。从入之途,与平生朴学相似,易于契机。……

“……讲说许书,一旦解寤,昀[①]然见语言文字本原,于是初为《文始》。……由是所见与笺疏琐碎者殊矣。

“为诸生说《庄子》,旦夕比度,遂有所得,端居深观而释《齐物》,乃与《瑜伽》、《华严》相会。……

“自揣平生学术,始则转俗成真,终乃回真向俗。……秦汉以来,依违于彼是之间,局促于一曲之内,盖未尝睹是也。……”(《葑汉微言》卷末)[②]

其所自述,殆非溢美。盖炳麟中岁以后所得,固非清学所能限矣。其影响于近年来学界者亦至巨。虽然,炳麟谨守家法之结习甚深,故门户之见,时不能免,如治小学排斥钟鼎文龟甲文,治经学排斥“今文派”,其言常不免过当。而对于思想解放之勇决,炳麟或不逮今文家也。

①昀,诸本均误作“的”,据《葑汉微言》(浙江图书馆刊《章氏丛书》本)校改。

②引文多删略。原文可参《章太炎选集》(上海人民出版社1981年版)页587—593。

二十九　［晚清西洋思想之运动］

自明徐光启、李之藻等广译算学、天文、水利诸书，为欧籍入中国之始，前清学术，颇蒙其影响，而范围亦限于天算。

"鸦片战役"以后，渐怵于外患。洪杨之役，借外力平内难，益震于西人之"船坚炮利"。于是上海有制造局之设，附以广方言馆，京师亦设同文馆，又有派学生留美之举，而目的专在养成通译人才，其学生之志量，亦莫或逾此。故数十年中，思想界无丝毫变化。惟制造局中尚译有科学书二三十种，李善兰、华蘅芳、赵仲涵等任笔受。其人皆学有根柢，对于所译之书，责任心与兴味皆极浓重，故其成绩略可比明之徐、李。而教会之在中国者，亦颇有译书。光绪间所为"新学家"者，欲求知识于域外，则以此为枕中鸿秘。盖"学问饥饿"，至是而极矣。

甲午丧师，举国震动，年少气盛之士，疾首扼腕言"维新变法"，而疆吏若李鸿章、张之洞辈，亦稍稍和之。而其流行语，则有所谓"中学为体，西学为用"者，张之洞最乐道之，而举国以为至言。盖当时之人，绝不承认欧美人除能制造能测量能驾驶能操练之外，更有其他学问，而在译出西书中求之，亦确无他种学问可见。康有为、梁启超、谭嗣同辈，即生育于此种“学问饥荒”之环境中，冥思枯索，欲以构成一种“不中不西即中即西”之新学派，而已为时代所不容。盖固有之旧思想，既深根固蒂，而外来之新思想，又来源浅觳，汲而易竭，其支绌灭裂，固宜然矣。

戊戌政变，继以庚子拳祸，清室衰微益暴露。青年学子，相率求学海外，而日本以接境故，赴者尤众。壬寅、癸卯间，译述之业特盛，定期出版之杂志不下数十种。日本每一新书出，译者动数家。新思想之输入，如火如荼矣。然皆所谓“梁启超式”的输入，无组织，无选择，本末不具，派别不明，惟以多为贵，而社会亦欢迎之。盖如久处灾区之民，草根木皮，冻雀腐鼠，罔不甘之，朵颐大嚼，其能消化与否不问，能无召病与否更不问也，而亦实无卫生良品足以为代。

时独有侯官严复，先后译赫胥黎《天演论》，斯密亚丹《原富》，穆勒约翰《名学》、《群己权界论》，孟德斯鸠《法意》，斯宾塞《群学肄言》等数种，皆名著也。虽半属旧籍，去时势颇远，然西洋留学生与本国思想界发生关系者，复其首也。亦有林纾者，译小说百数十种，颇风行于时，然所译本率皆欧洲第二三流作者。纾治桐城派古文，每译一书，辄“因文见道”，于新思想无与焉。

晚清西洋思想之运动，最大不幸者一事焉，盖西洋留学生殆全体未尝参加于此运动。运动之原动力及其中坚，乃在不通西洋语言文字之人。坐此为能力所限，而稗贩、破碎、笼统、肤浅、错误诸弊，皆不能免。故运动垂二十年，卒不能得一健实之基础，旋起旋落，为社会所轻。就此点论，则畴昔之西洋留学生，深有负于国家也。

而一切所谓“新学家”者，其所以失败，更有一总根原，曰不以学问为目的而以为手段。时主方以利禄饵诱天下，学校一变名之科举，而新学亦一变质之八股。学子之求学者，其什中八九，动机已不纯洁，用为“敲门砖”，过时则抛之而已。此其劣下者，可勿论。其高秀者，则亦以“致用”为信条，谓必出所学举而措之，乃为无负。殊不知凡学问之为物，实应离“致用”之意味而独立生存，真所谓“正其谊不谋其利，明其道不计其功”。质言之，则有“书呆子”，然后有学问也。晚清之新学家，欲求其如盛清先辈具有“为经学而治经学”之精神者，渺不可得，其不能有所成就，亦何足怪？故光、宣之交，只能谓为清学衰落期，并新思想启蒙之名，亦未敢轻许也。

三十 [晚清思想界一伏流——佛学]

晚清思想家有一伏流,曰佛学。

前清佛学极衰微,高僧已不多;即有,亦于思想界无关系。其在居士中,清初王夫之颇治相宗,然非其专好。至乾隆时,则有彭绍升、罗有高,笃志信仰。绍升尝与戴震往复辨难(《东原集》)。其后龚自珍受佛学于绍升(《定庵文集》有《知归子赞》。知归子即绍升),晚受菩萨戒。魏源亦然,晚受菩萨戒,易名承贯,著《无量寿经会译》等书。龚、魏为"今文学家"所推奖,故"今文学家"多兼治佛学。

石埭杨文会,少曾佐曾国藩幕府,复随曾纪泽使英,夙栖心内典,学问博而道行高。晚年息影金陵,专以刻经弘法为事。至宣统三年武汉革命之前一日圆寂。文会深通"法相"、"华严"两宗,而以"净土"教学者。学者渐敬信之。谭嗣同从之游一年,本其所得以著《仁学》,尤常鞭策其友梁启超。启超不能深造,顾亦好焉,其所著论,往往推挹佛教。康有为本好言宗教,往往以己意进退佛说。章炳麟亦好法相宗,有著述。故晚清所谓新学家者,殆无一不与佛学有关系,而凡有真信仰者率皈依文会。

经典流通既广,求习较易,故研究者日众。就中亦分两派,则哲学的研究,与宗教的信仰也。西洋哲学既输入,则对于印度哲学,自然引起连带的兴味。而我国人历史上与此系之哲学因缘极深,研究自较易,且亦对于全世界文化应负此种天职,有志者颇思自任焉。然其人极稀,其事业尚无可称述。社会既屡更丧乱,厌世思想,不期而自发生,对于此恶浊世界,生种种烦懑悲哀,欲求一安心立命之所;稍有根器者,则必遁逃而入于佛。佛教本非厌世,本非消极,然真学佛而真能赴以积极精神者,谭嗣同外,殆未易一二见焉。

学佛既成为一种时代流行,则依附以为名高者出焉。往往有夙昔稔恶或今方在热中奔竞中者,而亦自托于学佛,今日听经打坐,明日黩货陷人。净宗他力横超之教,本有“带业往生”一义。稔恶之辈,断章取义,日日勇于为恶,恃一声“阿弥陀佛”,谓可湔拔无余,直等于“罗马旧教”极敝时,忏罪与犯罪,并行不悖。又中国人中迷信之毒本甚深,及佛教流行,而种种邪魔外道惑世诬民之术,亦随而复活,乩坛盈城,图谶累牍。佛弟子曾不知其为佛法所诃,为之推波助澜,甚至以二十年前新学之巨子,犹津津乐道之。率此不变,则佛学将为思想界一大障,虽以吾辈夙尊佛法之人,亦结舌不敢复道矣。

蒋方震曰:“欧洲近世史之曙光,发自两大潮流。其一,希腊思想复活,则‘文艺复兴’也;其二,原始基督教复活,则‘宗教改革’也。我国今后之新机运,亦当从两途开拓,一为情感的方面,则新文学新美术也;一为理性的方面,则新佛教也。”(《欧洲文艺复兴时代史》自序)吾深韪其言。中国之有佛教,虽深恶之者终不能遏绝之,其必常为社会思想之重要成分,无可疑也。其益社会耶？害社会耶？则视新佛教徒能否出现而已。

更有当附论者，曰基督教。基督教本与吾国民性不近，故其影响甚微。其最初传来者，则旧教之“耶稣会”一派也，明士大夫徐光启辈，一时信奉。入清转衰，重以教案屡起，益滋人厌。新教初来，亦受其影响。其后国人渐相安，而教力在欧洲已日杀矣。各派教会在国内事业颇多，尤注意教育，然皆竺旧，乏精神。对于数次新思想之运动，毫未参加，而间接反有阻力焉。基督教之在清代，可谓无咎无誉，今后不改此度，则亦归于淘汰而已。

三十一 [前清学风与欧洲文艺复兴的异点]

前清一代学风,与欧洲文艺复兴时代相类甚多。其最相异之一点,则美术文学不发达也。

清之美术(画)虽不能谓甚劣于前代,然绝未尝向新方面有所发展,今不深论。

其文学,以言夫诗,真可谓衰落已极。吴伟业之靡曼,王士祯之脆薄,号为开国宗匠。乾隆全盛时,所谓袁(枚)、蒋(士铨)、赵(翼)①三大家者,臭腐殆不可向迩。诸经师及诸古文家,集中多亦有诗,则极拙劣之砌韵文耳。嘉道间,龚自珍、王昙、舒位,号称新体,则粗犷浅薄。咸同后,竞宗宋诗,只益生硬,更无余味。其稍可观者,反在生长僻壤之黎简、郑珍辈,而中原更无闻焉。直至末叶,始有金和、黄遵宪、康有为,元气淋漓,卓然称大家。

以言夫词,清代固有作者,驾元明而上,若纳兰性德、郭麐、

①夹注人名,《改造》原刊误作"执信",《饮冰室合集》本因袭未改。商务版单行本更正作"翼",是。

张惠言、项鸿祚、谭献、郑文焯、王鹏运、朱祖谋，皆名其家，然词固所共指为小道者也。

以言夫曲，孔尚任《桃花扇》、洪昇《长生殿》外，无足称者；李渔、蒋士铨之流，浅薄寡味矣。

以言夫小说，《红楼梦》只立千古，余皆无足齿数。

以言夫散文，经师家朴实说理，毫不带文学臭味；桐城派则以文为"司空城旦"矣。其初期魏禧、王源较可观，末期则魏源、曾国藩、康有为。清人颇自夸其骈文，其实极工者仅一汪中，次则龚自珍、谭嗣同。其最著名之胡天游、邵齐焘、洪亮吉辈，已堆垛柔曼无生气，余子更不足道。

要而论之，清代学术，在中国学术史上，价值极大；清代文艺美术，在中国文艺史美术史上，价值极微；此吾所敢昌言也。

清代何故与欧洲之"文艺复兴"异其方向耶？所谓"文艺复兴"者，一言以蔽之，曰返于希腊。希腊文明，本以美术为根干，无美术则无希腊，盖南方岛国景物妍丽而多变化之民所特产也。而意大利之位置，亦适与相类。希腊主要美术在雕刻，而其实物多传于后。故维那神像(雕刻裸体女神)之发掘，为文艺复兴最初之动机；研究学问上古典，则其后起耳。故其方向特趋重于美术，宜也。我国文明，发源于北部大平原。平原雄伟广荡而少变化，不宜于发育美术。所谓复古者，使古代平原文明之精神复活，其美术的要素极贫乏，则亦宜也。

然则曷为并文学亦不发达耶？

欧洲文字衍声，故古今之差变剧；中国文字衍形，故古今之差变微。文艺复兴时之欧人，虽竞相与研究希腊，或径以希腊文作诗歌及其他著述，要之欲使希腊学普及，必须将希腊语译为拉丁或当时各国通行语,否则人不能读。因此,而所谓新文体(国语新文学)者,自然发生,如六朝隋唐译佛经,产生一种新文体,今代译西籍,亦产出一种新文体,相因之势然也。

我国不然,字体变迁不剧,研究古籍,无待迻译。夫《论语》、《孟子》,稍通文义之人尽能读也,其不能读《论语》、《孟子》者,则并《水浒》、《红楼》亦不能读也,故治古学者无须变其文与语。既不变其文与语,故学问之实质虽变化,而传述此学问之文体语体无变化,此清代文无特色之主要原因也。重以当时诸大师方以崇实黜华相标榜,顾炎武曰:"一自命为文人,便无足观"。(《日知录》二十)①所谓"纯文艺"之文,极所轻蔑。高才之士,皆集于"科学的考证"之一途。其向文艺方面讨生活者,皆第二派以下人物,此所以不能张其军也。

①按此引语及出处均误。原文乃顾炎武引宋刘挚语:"宋刘挚之训子孙,每曰:'士当以器识为先,一号为文人,无足观矣!'然则以文人名于世,焉足重哉!"见《日知录》卷19"文人之多"。

三十二 [清代自然科学为何不发达]

问曰：吾子屡言清代研究学术，饶有科学精神，何故自然科学，于此时代并不发达耶？

答曰：是亦有故。文化之所以进展，恒由后人承袭前人知识之遗产，继长增高。凡袭有遗产之国民，必先将其遗产整理一番，再图向上，此乃一定步骤。欧洲文艺复兴之价值，即在此。故当其时，科学亦并未发达也，不过引其机以待将来。清代学者，刻意将三千年遗产，用科学的方法大加整理，且亦确已能整理其一部分。凡一国民在一时期内，只能集中精力以完成一事业，且必须如此，然后事业可以确实成就。清人集精力于此一点，其贡献于我文化者已不少，实不能更责以其他。且其趋势，亦确向切近的方面进行，例如言古音者，初惟求诸《诗经》、《易经》之韵，进而考历代之变迁，更进而考古今各地方音，遂达于人类发音官能构造之研究，此即由博古的考证引起自然科学的考证之明验也。故清儒所遵之途径，实为科学发达之先驱，其未能一蹴即几者，时代使然耳。

复次，凡一学术之发达，必须为公开的且趣味的研究，又必须其研究资料比较的丰富。我国人所谓“德成而上，艺成而下”之旧观念，因袭已久，本不易骤然解放，其对于自然界物象之研究，素乏趣味，不能为讳也。科学上之发明，亦何代无之？然皆带秘密的性质，故终不能光大，或不旋踵而绝，即如医学上证治与药剂，其因秘而失传者，盖不少矣。凡发明之业，往往出于偶然。发明者或并不能言其所以然，或言之而非其真，及以其发明之结果公之于世，多数人用各种方法向各种方面研究之，然后偶然之事实，变为必然之法则。此其事非赖有种种公开研究机关——若学校若学会若报馆者，则不足以收互助之效，而光大其业也。夫在清代则安能如是？此又科学不能发生之一原因也。

然而语一时代学术之兴替，实不必问其研究之种类，而惟当问其研究之精神。研究精神不谬者，则施诸此种类而可成就，施诸他种类而亦可以成就也。清学正统派之精神，轻主观而重客观，贱演绎而尊归纳，虽不无矫枉过正之处，而治学之正轨存焉。其晚出别派(今文学家)能为大胆的怀疑解放，斯亦创作之先驱也。此清学之所为有价值也欤？

三十三 [结语]

读吾书者，若认其所采材料尚正确，所批评亦不甚纰缪，则其应起之感想，有数种如下。

其一，可见我国民确富有"学问的本能"。我国文化史确有研究价值，即一代而已见其概。故我辈虽当一面尽量吸收外来之新文化，一面仍万不可妄自菲薄，蔑弃其遗产。

其二，对于先辈之"学者的人格"，可以生一种观感。所谓"学者的人格"者，为学问而学问，断不以学问供学问以外之手段。故其性耿介，其志专一，虽若不周于世用，然每一时代文化之进展，必赖有此等人。

其三，可以知学问之价值，在善疑，在求真，在创获。所谓研究精神者，归著于此点。不问其所疑所求所创者在何部分，亦不问其所得之巨细，要之经一番研究，即有一番贡献。必如是始能谓之增加遗产，对于本国之遗产当有然，对于全世界人类之遗产亦当有然。

其四，将现在学风与前辈学风相比照，令吾曹可以发现自己种种缺点。知现代学问上笼统影响凌乱肤浅等等恶现象，实我辈所造成。此等现象,非彻底改造,则学问永无独立之望,且生心害政,其流且及于学问社会以外。吾辈欲为将来之学术界造福耶?抑造罪耶?不可不取鉴前代得失以自策厉。

吾著此书之宗旨,大略如是。而吾对于我国学术界之前途,实抱非常乐观。盖吾稽诸历史,征诸时势,按诸我国民性,而信其于最近之将来,必能演出数种潮流,各为充量之发展。吾今试为预言于此,吾祝吾观察之不谬,而希望之不虚也。

一、自经清代考证学派二百余年之训练,成为一种遗传,我国学子之头脑,渐趋于冷静缜密。此种性质,实为科学成立之根本要素。我国对于“形”的科学(数理的)、渊源本远,根柢本厚;对于“质”的科学(物理的),因机缘未熟,暂不发展。今后欧美科学,日日输入,我国民用其遗传上极优粹之科学的头脑,凭借此等丰富之资料,瘁精研究,将来必可成为全世界第一等之“科学国民”。

二、佛教哲学,本为我先民最珍贵之一遗产,特因发达太过,末流滋弊,故清代学者,对于彼而生剧烈之反动。及清学发达太过,末流亦敝,则还元的反动又起焉。适值全世界学风,亦同有此等倾向,物质文明烂熟,而“精神上之饥饿”益不胜其苦痛。佛教哲学,盖应于此时代要求之一良药也。我国民性,对于此种学问,本有特长,前此所以能发达者在此,今后此特性必将复活。虽然,隋唐之佛教,非复印度之佛教,而今后复活之佛教,亦必非复隋唐之佛教。质言之,则“佛教上之宗教改革”而已。

三、所谓“经世致用”之一学派,其根本观念,传自孔孟,历代多倡道之,而清代之启蒙派晚出派,益扩张其范围。此派所揭橥之旗帜,谓学问有当讲求者,在改良社会增其幸福,其通行语所谓“国计民生”者是也。故其论点,不期而趋集于生计问题。而我国对于生计问题之见地,自先秦诸大哲,其理想皆近于今世所谓“社会主义”。二千年来生计社会之组织,亦蒙此种理想之赐,颇称均平健实。今此问题为全世界人类之公共问题,各国学者之头脑,皆为所恼。吾敢言我国之生计社会,实为将来新学说最好之试验场,而我国学者对于此问题,实有最大之发言权,且尤当自觉悟其对此问题应负最大之任务。

四、我国文学美术,根柢极深厚,气象皆雄伟,特以其为“平原文明”所产育,故变化较少。然其中徐徐进化之迹,历然可寻,且每与外来之宗派接触,恒能吸受以自广。清代第一流人物,精力不用诸此方面,故一时若甚衰落,然反动之征已见。今后西洋之文学美术,行将尽量输入,我国民于最近之将来,必有多数之天才家出焉,采纳之而傅益以己之遗产,创成新派,与其他之学术相联络呼应,为趣味极丰富之民众的文化运动。

五、社会日复杂,应治之学日多,学者断不能如清儒之专挛古典;而固有之遗产,又不可蔑弃,则将来必有一派学者焉,用最新的科学方法,将旧学分科整治,撷其粹,存其真,续清儒未竟之绪,而益加以精严,使后之学者既节省精力,而亦不坠其先业;世界人之治“中华国学”者,亦得有藉焉。

以吾所观察所希望,则与清代兴之新时代,最少当有上列之五大潮流,在我学术界中,各为猛烈之运动,而并占重要之位置。若今日者,正其启蒙期矣。吾更愿陈馀义以自厉,且厉国人。

一、学问可嗜者至多,吾辈当有所割弃然后有所专精。对于一学,为彻底的忠实研究,不可如刘献廷所诮“只教成半个学者”(《广阳杂记》卷五),力洗晚清笼统肤浅凌乱之病。

二、善言政者，必曰“分地自治，分业自治”；学问亦然，当分业发展，分地发展。分业发展之义易明，不赘述。所谓分地发展者，吾以为我国幅员，广埒全欧，气候兼三带，各省或在平原，或在海滨，或在山谷。三者之民，各有其特性，自应发育三个体系以上之文明。我国将来政治上各省自治基础确立后，应各就其特性，于学术上择一二种为主干。例如某省人最宜于科学，某省人最宜于文学美术，皆特别注重，求为充量之发展。必如是，然后能为本国文化、世界文化作充量之贡献。

三、学问非一派可尽。凡属学问，其性质皆为有益无害，万不可求思想统一，如二千年来所谓“表章某某、罢黜某某”者。学问不厌辨难，然一面申自己所学，一面仍尊人所学，庶不至入主出奴，蹈前代学风之弊。

吾著此篇竟，吾感谢吾先民之饷遗我者至厚，吾觉有极灿烂庄严之将来横于吾前！

《清代学术概论》序①

方震编《欧洲文艺复兴史》既竣，乃征序于新会。而新会之序，量与原书埒，则别为《清学概论》，而复征序于震。震惟由复古而得解放，由主观之演绎进而为客观之归纳，清学之精神，与欧洲文艺复兴，实有同调者焉。虽然，物质之进步，迟迟至今日，虽当世士大夫大声以倡科学，而迄今乃未有成者，何也？

且吾于清学发达之历史中亦有数疑问：

一、耶稣会挟其科学东来，适当明清之际，其注意尤在君主及上流人，明之后、清之帝皆是也。清祖康熙，尤喜其算，测地量天，浸浸乎用之实地矣。循是以发达，则欧学自能逐渐输入。顾何以康熙以后，截然中辍，仅余天算，以维残垒？

二、致用之学，自亭林以迄颜李，当时几成学者风尚。夫致用云者，实际于民生有利之谓也，循是以往，亦物质发达之门。顾何以方向转入于经典考据者，则大盛，而其余独不发达？至高

①蒋方震（百里）此序，原列《清代学术概论》单行本卷首，现作附录，以资读者了解本书写作缘起。

者，勉为附庸而已。

三、东原理欲之说震古铄今，此真文艺复兴时代个人享乐之精神也。“遏欲之害，甚于防川”，兹言而在中国，岂非奇创？顾此说独为当时所略视，不惟无赞成者，且并反对之声而不扬，又何故？

四、迨至近世，震于船坚炮利，乃设制造局，译西书，送学生，振振乎有发达之势矣。顾今文学之运动，距制造局之创设，后二十余年，何以通西文者，无一人能参加此运动？而变法维新、立宪革命之说起，则天下翕然从之，夺格致化学之席，而纯正科学，卒不扬？

此其原因有原于政治之趋势者。清以异族，入主中夏，致用之学，必遭时忌，故藉朴学以自保，此其一也。康熙末年，诸王相竞，耶稣会党太子，喇吗党雍正（此言夏穗卿先生为我言之），既失败于外，又遭谗于罗马，而传教一事乃竟为西学输入之一障害。此其二也。有原于社会之风尚者。民族富于调和性，故欧洲之复古为冲突的，而清代之复古，虽抨击宋学，而凭圣经以自保，则一变为继承的，而转入于调和，轮廓不明瞭，此科学之大障也。此其三。民族尚谈玄。艺术一途，社会上等诸匠人，而谈空说有者，转足以自尊。此其四。今时局机运稍稍变矣，天下方竞言文化事业，而社会之风尚，犹有足以为学术之大障者，则受外界经济之影响，实利主义兴，多金为上，位尊次之，而对于学者之态度，则含有迂远不适用之意味。而一方则谈玄之风犹未变。民治也，社会也，与变法维新立宪革命等是一名词耳，有以异乎？无以异乎？此则愿当世君子有以力矫之矣。

民国十年正月二日　蒋方震

要籍解题及其读法

清华周刊丛书发刊辞

清华周刊自民国三年三月二十四日出版以来,迄今已有三百六十余期。就其内容而论,与时代及校务有关系之文字固多;然关于学艺上有永久价值之文字,亦属不少。查向来订阅清华周刊者,大概为与清华直接有关系之人,范围至狭;又阅后或寄家庭,或赠戚友,蕲公同好,难事收藏。因之清华周刊内有价值之文字,传阅不广,并难为保存;有者惜之。清华同学有鉴于此,故有清华周刊丛书委员会之组织。志在选择历期周刊中有价值之文字,加以整理,分门别类,刊为丛书;庶流传保存,两俱便利焉。又清华同学,现在已达千余,必有著作未经付梓者。清华周刊丛书委员会亦收集是类稿件,审查部居,代为出版。俾清华同学作品能多得一出而问世之途;并借此更促进清华著述之精神,或于今日之社会亦不无裨益也。清华周刊丛书委员会主任史国纲谨识。

自　序

我对于学问,件件都有兴味,因为方面太多,结果没有一方面做得成功。著述更不必说,始终没有专心致志好好的著成一部书。近几年来我名下的出版物,都不过一个学期中在一个学校的讲义,而且每学期所讲总是两门以上的功课,所编总是两种以上的讲义。我生平有种坏癖气,曾经讲过的功课,下次便不愿再讲,每次所讲总是新编的,匆匆忙忙,现蒸热卖,那里能有满意之作。所以每次讲完之后,便将讲义搁起,预备从新校改一番才付印。但每到休讲期间,又贪著读别的书去了,假期满后,又忙著别的讲义,因此旧稿总没有时候整理,只好把他放在箧底再说。两三年此类的讲稿有好几种哩!这部《要籍解题及其读法》便是其中之一种。

这部讲义是两年前在清华学校讲的。清华当局指定十来部有永久价值的古书令学生们每学期选读一部或两部,想令他们得些国学常识而且养成自动的读书能力。这种办法,我原是很赞成的。当局因请我把这十几部书的大概和学生们讲讲,我答应了,每隔一星期来讲一次,一学期间,讲了从《论语》到《礼记》

这几部。本来下学期还打算续讲，不幸亡妻抱病，跟著出了丧事，我什么功课都做不下去，因此向学校辞职，足足休讲了一年，现在虽再来学校，也没有续讲的机会。

说“要籍”吗，中国最少也有一百几十种，像这部讲义讲的不伦不类几部书，算什么东西呢？何况是现蒸热卖的粗制品，当起稿时已经没有多翻参考书的余裕，脱稿后连覆看的工夫也没有！这样作品，如何可以见人？所以许久不愿付印，为此。

清华同学们不答应，说各处纷纷函索传钞，不胜其扰；说现在《清华周刊》要编辑丛书，决定把他充当第一种，已经付印了；而且要求我作一篇序文。我无法拒绝，也只好随顺。

我想：一个受过中学以上教育的中国人，对于本国极重要的几部书籍，内中关于学术思想者若干种，关于历史者若干种，关于文学者若干种，最少总应该读过一遍。但是，生当今日而读古书，头一件，苦于引不起兴味来；第二件，苦于没有许多时间向浩如烟海的书丛中埋头钻研；第三件，就令耐烦费时日勉强读去，也苦难得其要领。因此，学生们并不是不愿意读中国书，结果还是不读拉倒。想救济这种缺点，像“要籍解题”或“要籍读法”一类书，不能不谓为适应于时代迫切的要求。我这几篇虽然没有做得好，但总算在这条路上想替青年们添一点趣味，省一点气力。我希望国内通学君子多做这类的作品，尤其希望能将我所做的加以更正，例如钱先生新近在《清华周刊》发表的《论语解题及其读法》之类。同时我也要鞭策自己在较近期内对于别的要籍能再做些与此同类的工作。

这部书里头所讲有许多是前人讲过的，并非全属自己创见。为什么不一一注明呢？因为(一)编讲义时间匆忙，没有查原书。(二)为学生们方便起见,若噜噜苏苏的引那一说驳那一说,倒反令人头痛,不如直捷了当,我认为可采之说就采入,省些闲文。总而言之,这部书不是著述,不过讲堂上临时演说,凡有与著述体例不符之处,希望读者原谅。

"先入为主",原是做学问最大毛病。但人人都知道这是毛病,却人人都不容易破除。即如我这部书,讲《论语》推重戴望,讲《史记》推重崔适,也可以说是我个人的僻见,其实教一般青年不该如此。此外各篇犯这类毛病还不少。我所以不甚愿意立刻付印就是为此。既已付印,我不能不声明一下。

临了,我还想和青年们说几句话:——诸君对于中国旧书,不可因"无用"或"难读"这两个观念,便废止不读。有用无用的标准本来很难确定,何以见得横文书都有用,线装书都无用?依我看,著述有带时代性的,有不带时代性的。不带时代性的书,无论何时都有用。旧书里头属于此类者确不少。至于难读易读的问题呢,不错,未经整理之书,确是难读,读起来没有兴味或不得要领,像是枉费我们的时光。但是,从别方面看,读这类书,要自己用刻苦工夫,披荆斩棘,寻出一条路来,因此可以磨练自己的读书能力,比专吃现成饭的得益较多。所以我希望好学的青年们最好找一两部自己认为难读的书,偏要拼命一读,而且应用最新的方法去读他。读通之后,所得益处,在本书以内的不算,在本书以外的还多著哩。

十四年,十一月,十七日,梁启超。清华北院二号。

论语　孟子　附大学中庸孝经及其他

总　说　《论语》、《孟子》两书，近人多呼为“经书”，古代不然。汉儒对于古书之分类，以《诗》、《书》、《礼》、《乐》、《易》、《春秋》为“六艺”，亦谓之“六经”，实为古书中之最见宝贵者。次则名为“记”或“传”，乃解释或补助诸经者，《论语》即属此类。又次则为诸子，乃于六经之外别成一家言者，《孟子》即属此类。故《论》、《孟》两书，在汉时不过二三等书籍！然汉文帝时已将此二书置博士（“置博士”者，在大学中专设一科，以专门之博士任教授也），是曾经特别崇重；然不久亦罢。（罢博士者，废此专科也。）六朝隋唐以来，《论语》研究尚盛，《孟子》则亦仅侪于诸子之列耳。自宋儒从《礼记》中抽出《大学》、《中庸》两篇，合诸《论》、《孟》，称为“四书”；明清两代，以八股取士，试题悉出“四书”；于是“四书”之诵习，其盛乃驾“六经”而上之。六七百年来，数岁孩童入三家村塾者，莫不以四书为主要读本。其书遂形成一般常识之基础，且为国民心理之总关键。

《论语》编辑者及其年代　《汉书·艺文志》云：“《论语》者，孔子应答弟子时人及弟子相与言而接闻于夫子之语也，当时弟子各有所记；夫子既卒，门人相与辑而论纂，故谓之《论语》。”据此，则谓《论语》直接成于孔子弟子之手。虽然，书中所记如鲁哀公季康子子服景伯诸人，皆举其谥，诸人之死皆在孔子卒后。书中又记曾子临终之言，曾子在孔门齿最幼，其卒年更当远后于孔子。然则此书最少应有一部分为孔子卒后数十年七十子之门人所记，无疑。书中于有子曾子皆称“子”；全书第一章记孔子语，第二章即记有子语；第三章记孔子语，第四章即记曾子语。窃疑纂辑成书，当出有子曾子门人之手；而所记孔子言行，半承有曾二子之笔记或口述也。

《论语》之真伪 先秦书赝品极多，学者最宜慎择。《论语》为孔门相传宝典，大致可信。虽然，其中未尝无一部分经后人附益窜乱。大抵各篇之末，时有一二章非原本者。盖古用简书，传钞收藏皆不易。故篇末空白处，往往以书外之文缀记填入，在本人不过为省事备忘起见，非必有意作伪，至后来展转传钞，则以之误混正文。周秦古书中似此者不少。论语中亦有其例：如《雍也篇》末“子见南子”章，《乡党篇》末“色斯举矣”章，《季氏篇》末“齐景公”章，《微子篇》末“周公谓鲁公”“周有八士”章，皆或与孔门无关，或文义不类，疑皆非原文。然此犹其小者。据崔东壁（述）所考证，则全书二十篇中，末五篇——《季氏》、《阳货》、《微子》、《子张》、《尧曰》——皆有可疑之点。因汉初所传有“鲁论”“齐论”“古论”之分，篇数及末数篇之篇名各有不同，文句亦间互异。王莽时佞臣张禹者合三本而一之，遂为今本。（见《汉书·艺文志》、《张禹传》及何晏《论语集解序》）此末五篇中，最少应有一部分为战国末年人所窜乱。其证据：一，《论语》通例，称孔子皆曰“子”；惟记其与君大夫问答乃称“孔子”。

此五篇中,屡有称"孔子"或"仲尼"者。二,《论语》所记门弟子与孔子对面问答,亦皆呼之为"子"。对面呼"夫子",乃战国时人语,春秋时无之。而此五篇中屡称"夫子"。三,《季氏篇》"季氏将伐颛臾,冉有季路见于孔子"云云。考冉有季路并无同时仕于季氏之事。四,《阳货篇》记"公山弗扰以费畔,召,子欲往"云云,又记"佛肸以中牟畔,召,子欲往"云云。考弗扰叛时,孔子正为鲁司寇,率师堕费。弗扰正因反抗孔子政策而作乱,其乱亦由孔子手平定之。安有以一造反之县令而敢召执政！其执政方督师讨贼,乃欲应以召,且云"其为东周"宁有此理！佛肸以中牟叛赵,为赵襄子时事,见《韩诗外传》。赵襄子之立,在孔子卒后五年,孔子何从与肸有交涉！凡此诸义,皆崔氏所疏证,大致极为精审。(参观《崔东壁遗书》内《洙泗考信录》。《畿辅丛书》中亦有此书。)由此言之,《论语》虽什有八九可信,然其中仍有一二出自后人依托,学者宜分别观之也。

《论语》之内容及其价值　《论语》一书,除前所举可疑之十数章外,其余则字字精金美玉,实人类千古不磨之宝典。盖孔子人格之伟大,宜为含职之俦所公认;而《论语》则表现孔子人格唯一之良书也。其书编次体例,并无规定;篇章先后,似无甚意义;内容分类,亦难得正确标准。略举纲要,可分为以下各类:

一,关于个人人格修养之教训。

二,关于社会伦理之教训。

三,政治谈。

四,哲理谈。

五,对于门弟子及时人因人施教(注重个性的)的问答。

六,对于门弟子及古人时人之批评。

七,自述语。

八,孔子日常行事及门人诵美孔子之语。(映入门弟子眼中之孔子人格。)

上所列第一二项,约占全书三分之二;其余六项约合占三分之一。第一项人格修养之教训,殆全部有历久不磨的价值。第四项之哲理谈,虽著语不多(因孔子之教,专贵实践,罕言性与天道),而皆渊渊入微。第二项之社会伦理,第三项之政治谈,其中一部分对当时阶级组织之社会立言,或不尽适于今日之用,然其根本精神,固自有俟诸百世而不惑者。第五项因人施教之言,则在学者各自审其个性之所近所偏而借以自鉴。第六项对人的批评,读之可以见孔子理想人格之一斑。第七项孔子自述语及第八项别人对于孔子之观察批评,读之可以从各方面看出孔子之全人格,《论语》全书之价值大略如此。要而言之,孔子这个人有若干价值,则《论语》这部书,亦连带的有若干价值也。

读《论语》法 吾侪对于如此有价值之书,当用何法以善读之耶?我个人所认为较简易且善良之方法如下:

第一,先注意将后人窜乱之部分剔出,以别种眼光视之,免使蒙混真相。

第二,略依前条所分类,将全书纂钞一过,为部分的研究。

第三,或作别种分类,以教义要点——如论"仁"论"学"论"君子"等为标准,逐条钞出,比较研究。

第四,读此书时,即立意自作一篇《孔子传》或《孔子学案》。一面读便一面思量组织法且整理资料。到读毕时自然能极彻底极正确的了解孔子。

第五,读此书时,先要略知孔子之时代背景。《左传》、《国语》，实主要之参考书。

第六，此书文义并不艰深，专读白文自行细释其义最妙。遇有不解时，乃翻阅次条所举各注。

上所学者，为书本上智识方面之研究法。其实我辈读《论语》之主要目的，还不在此。《论语》之最大价值，在教人以人格的修养。修养人格，决非徒恃记诵或考证，最要是身体力行，使古人所教变成我所自得。既已如此，则不必贪多务广，果能切实受持一两语，便可以终身受用。至某一两语最合我受用，则全在各人之自行领会，非别人所能参预。别人参预，则已非自得矣。要之，学者苟能将《论语》反覆熟读若干次，则必能罣然有见于孔子之全人格，以作自己祈向之准鹄。而其间亦必有若干语句，恰与自己个性相针对，读之别有会心，可以作终身受持之用也。《论语》文并不繁，熟读并不费力，吾深望青年勿蔑弃此家宝也。

《论语》注释书及关系书　《论语》注释，有汉郑康成《注》，已佚，近人有辑本。有魏何晏《集解》，宋邢昺《义疏》，现行《十三经注疏》所载者即是。但其中要语，多为后人新疏所以采，不读亦得。为便于学者计，列举以下之注释书及关系书各种：

一，宋朱熹《论语集注》、《论语或问》。

《集注》简而明，最便读者。但其中有稍涉理障处。《或问》时于《集注》外有所发明。

二，清戴望《论语注》。

此书亦简明，训诂视朱注为精审。但多以公羊家言为解，穿凿附会，间亦不免。

三，清刘宝楠《论语正义》。

最精博，但太繁，非专家研究者不必读。

四，清颜元《四书正误·论语之部》。

此专正朱注之误也。可见习斋一家学说。

五，清焦循《论语通释》。

此书将《论语》教义要点分类研究，其方法最可学。

六，清阮元《揅经堂集》中《论语论仁解》。

此书一短篇文，专取《论语》言"仁"之一部钞下通贯研究，其方法可学。

七，清崔述《洙泗考信录》附《余录》。

此书为最谨严之孔子传。其资料什九取自《论语》。辨《论语》窜乱之部分，当略以此书所疑者为标准。

以上说《论语》竟。

《孟子》之编纂者及篇数 《史记·孟子荀卿列传》云："孟子乃述唐虞三代之德；是以所如者不合。退而与万章之徒序《诗》、《书》述仲尼之意，作《孟子》七篇。"赵岐《孟子题辞》云："退而论集所与高第弟子公孙丑万章之徒难疑问答；又自撰其法度之言。著书七篇二百六十一章三万四千六百八十五字。"据此则汉儒传说，皆谓此书为孟子自撰。然书中称时君皆举其谥。如梁惠王，襄王，齐宣王，鲁平公，邹穆公皆然；乃至滕文公之年少亦皆如是，其人未必皆先孟子而卒，何以皆称其谥。又书中于孟子门人多以"子"称之。乐正子，公都子，屋庐子，徐子，陈子，皆然，不称子者无几。果孟子所自著，恐未必自称其门人皆曰子。细玩此书，盖孟子门人万章公孙丑等所追述，故所记二子问答之言最多，而二子在书中亦不以子称也。其成书年代虽不可确指，然最早总在周赧王十九年（西纪元前二九六）梁襄王卒之后，上距孔子卒一百八十余年，下距秦始皇并六国七十余年也。

今本《孟子》七篇。而《汉书·艺文志·儒家》云:“《孟子》十一篇。”应劭《风俗通·穷通篇》亦云然。赵岐《题辞》云:“又有外书四篇……《性善》、《辩文》、《说孝经》、《为政》。其文不能宏深,不与内篇相似。似非《孟子》真本,后人依仿而托也。”据此,知汉时所流传者,尚有《外书》四篇,与今七篇混为一本。赵邠卿(岐)鉴定为赝品,故所作《孟子章句》,惟释七篇。此后赵注独行,而外篇遂废。后人或以为惜。但吾侪颇信邠卿鉴别力不谬,其排斥外篇,不使珷玞乱玉,殆可称孟子功臣。今《外篇》佚文,见于《法言》、《盐铁论》、《颜氏家训》李善《文选注》……等书有若干条,经近人辑出,诚有如邠卿所谓“不能宏深不与内篇相似”也。至明季姚士粦所传《孟子外书》四篇,则又伪中出伪,并非汉时之著,更不足道矣。

《孟子》之内容及其价值 孟子与荀卿,为孔门下两大师。就学派系统论,当时儒墨道法四家并峙,孟子不过儒家一支流,其地位不能比老聃墨翟。但孟子在文化史上有特别贡献者二端:

一,高唱性善主义,教人以自动的扩大人格,在哲学上及教育学上成为一种有永久价值之学说。

二,排斥功利主义,其用意虽在矫当时之弊,然在政治学社会学上最少亦代表一面真理。

其全书要点略如下:

一,哲理谈。穷究心性之体相,证成性善之旨。《告子》上下篇,《尽心》上篇,多属此类。

二,政治谈。发挥民本主义,排斥国家的功利主义,提出经济上种种理想的建设。《梁惠王》上下篇,《滕文公》上篇,全部皆属此类,其余各篇亦多散见。

三,一般修养谈。多用发扬蹈厉语,提倡独立自尊的精神,排斥个人的功利主义,《滕文公》、《告子》、《尽心》三篇最多,余篇亦常有。

四,历史人物批评。借古人言论行事证成自己的主义。《万章》篇最多。

五,对于他派之辩争。其主要者如后儒所盛称之辟杨墨。此外如对于告子论性之辨难,对于许行陈仲子之呵斥,对于法家者流政策之痛驳等皆是。

六,记孟子出处辞受及日常行事等。

上各项中,惟第四项之历史谈价值最低。因当时传说,多不可信;而孟子并非史家;其著书宗旨又不在综核古事。故凡关于此项之记载及批评,应认为孟子借事明义,不可当史读。第五项辩争之谈,双方皆持之有故言之成理,未可偏执一是。第二项之政治谈,因时代不同,其具体的制度自多不适用;然其根本精神固有永久价值。余三项价值皆极高。

读《孟子》法 读《论语》、《孟子》一类书,当分两种目的:其一为修养受用,其一为学术的研究。为修养受用起见,《论语》如饭,最宜滋养;《孟子》如药,最宜袚除及兴奋。读《孟子》,第一,宜观其砥砺廉隅,崇尚名节,进退辞受取与之间竣立防闲,如此然后可以自守而不至堕落。第二,宜观其气象博大,独往独来,光明俊伟,绝无藏闪,能常常诵习体会,人格自然扩大。第三,宜观其意志坚强,百折不回,服膺书中语,对于环境之压迫,可以增加抵抗力。第四,宜观其修养下手工夫简易直捷,无后儒所言支离玄渺之二病。要之《孟子》为修养最适当之书，于今日青年尤为相宜。学者宜摘取其中精要语熟诵，或钞出常常阅览，使其精神深入我之“下意识”中，则一生做人基础可以稳固，而且日日向上，至老不衰矣。

学术的研究，方面极多，宜各随兴味所注，分项精求。惟每研究一项，必须对于本书所言彻头彻尾理会一番，且须对于他书有关系的资料博为搜采参核。试举数例：

一，如欲研究孟子哲学，必须先将书中所谓性所谓心所谓情所谓才所谓义所谓理……种种名词，子细推敲，求得其正确之意义。复又须贯通全书，求得某几点为其宗旨之主脑，然后推寻其条理所由衍出。又须将别派学说与之对照研究，如《荀子》、《春秋繁露》等书，观其所立民说。及批驳孟子者如何。

二，欲研究孟子之政治论，宜先提挈出几个大纲领……例如民本主义，统一主义，非功利主义等等，观其主张之一贯。又须熟察时代背景，偏观反对派学说，再下公正的批评。

三，孟子辟异端，我辈不必随声附和，然可从书中发见许多“异端”的学说。例如杨朱，许行，宋牼，陈仲子，子莫，白圭，告子，淳于髡等，其书皆不传，且有并姓名亦不见于他书者。从孟子书中将其学说摭拾研究，便是古代学术史绝好资料。

四，将本书所载孟子所见之人所历之地及其行事言论钩稽排比，可以作一篇极翔实的孟子小传。

以上不过略举数例，学者如有研究兴味，则方面尚多，在各人自择而已。

《孟子》之注释书及关系书　最古之《孟子》注释书为东汉赵岐之《孟子章句》，且每章缀以《章指》。其书现存，全文见焦循《孟子正义》中，今不另举。

一，宋朱熹《孟子集注》。

性质及价值皆同《论语集注》。

二，清焦循《孟子正义》。

考证最精审，且能发明大义，现行各注疏未有其比。

三，清戴震《孟子字义疏证》。

此书乃戴氏发表自己哲学意见之作，并非专为解释《孟子》。但研究孟子哲学，自应以此为极要之参考品。

四，清陈澧《东塾读书记》内《孟子》之卷。

此卷将《孟子》全书拆散而比观之，所发明不少。其治学方法最可学。

五，清崔述《孟子事实录》。

此书为极谨严孟子小传。

以上说《孟子》竟。

附论《大学》、《中庸》 《大学》、《中庸》，本《小戴礼记》中之两篇。《礼记》为七十子后学者所记，其著作年代，或在战国末或在西汉不等，其价值本远在《论》、《孟》下。自宋程正叔抽出此二篇特别提倡，朱晦庵乃创为《四子书》之名，其次序：一，《大学》；二，《论语》；三，《孟子》；四，《中庸》。于是近七八百年来，此二篇之地位骤高，几驾群经而上之，斯大奇矣！

区区《大学》一篇，本不知谁氏作，而朱晦庵以意分为经传两项。其言曰："经一章，盖孔子之言而曾子述之；传十章，则曾子之意而门人记之。"然而皆属意度，羌无实证。晦庵又因其书有与自己理想不尽合者，乃指为有错简，以意颠倒其次序。又指为有脱漏，而自作《补格致传》一章。此甚非学者态度所宜出也。而明清两朝，非惟以《大学》侪诸经，且几将朱氏补传与孔子之言同视矣！中间王阳明主张“大学古本”对于朱氏所改所补而倡异议。然重视《大学》之观念，迄未稍变。惟清初有陈乾初（确）者，著《大学辨》一篇，力言此书非孔子曾子作，且谓其“专言知不言行，与孔门教法相戾”。此论甫出，攻击蜂起，共指为非圣无法，后亦无人过问。自此书列于《四书》之首，其篇中“致知格物”四字，惹起无数异说，辨难之作，可汗十牛！然以此为孔子教人入德之门，非求得其说不可。由吾侪观之，此篇不过秦汉间一儒生之言，原不值如此之尊重而固守也。

《中庸》篇朱晦庵谓“子思作之以授孟子”，其言亦无据。篇中有一章袭《孟子》语而略有改窜，据崔东壁所考证，则其书决出孟子后也。此篇论心论性，精语颇多，在哲学史上极有价值。

要而论之，《大学》、《中庸》，不失为儒门两篇名著，读之甚有益于修养。且既已人人诵习垂千年，形成国民常识之一部分，故今之学者，亦不可以不一读。但不必尊仰太过，反失其相当之位置耳。

附论《孝经》 《孝经》自汉以来，已与《论语》平视，今且列为《十三经》之一。共传“孔子志在《春秋》，行在《孝经》”。以为孔子手著书即此两种。其实此二语出自《纬书》，纯属汉人附会。“经”之名，孔子时并未曾有，专就命名论，已足征其妄。其书发端云：“仲尼居，曾子侍。”安有孔子著书而作此称谓耶？书中文义皆极肤浅，置诸《戴记》四十九篇中犹为下乘。虽不读可也。

附论其他关于孔子之记载书 记载孔子言论行事之书惟《论语》为最可信。其他先秦诸子所记，宜以极严冷谨慎之态度观之。盖凡一伟大人物，必有无数神话集于其身，不可不察也，今传《孔子家语》、《孔丛子》两书，皆晋人伪作，万不可读，有《孔子集语》一书，乃宋人采集群书言孔子事者，大半诬孔子而已。学者诚诵法孔子，则一部《论语》，终身受用不尽，"岂买菜也，而求添乎"？

以上附论竟。

史　记

《史记》作者之略历及其年代　《史记》百三十篇，汉太史令司马迁作。迁字子长。（见扬雄《法言》及王充《论衡》）左冯翊夏阳人（据《自序》“司马氏人少梁”语，案推汉地），今陕西之同州韩城县也。司马氏世典周史。迁父谈，以汉武帝建元元封间仕为太史令。谈卒，迁袭官。迁生卒年不见于《太史公自序》及《汉书·司马迁传》。惟据《自序》云：“为太史令五年而当太初元年。”张守节《正义》云：“案迁年四十二岁。”以此推算，知迁生于景帝中元五年（西纪前一四五年）。父谈，学天官于唐都，受《易》于杨何，习道论于黄子，迁皆传其学。迁又受业孔安国治《尚书》，闻《春秋》于董仲舒。喜游历，足迹遍天下。其所经行之地见于本书者如下：

《五帝本纪》：“余尝西至空同，北过涿鹿，东渐于海，南浮江淮矣。”

《河渠书》：“余南登庐山，观禹疏九江。遂至于会稽，大湟。上姑苏，望五湖。东窥洛汭大邳，迎河行淮泗，济漯洛渠，西瞻蜀之岷山及离碓。北自龙门至于朔方。”

《齐太公世家》:"吾适齐,自泰山属之琅邪,北被于海,膏壤二千余里。"

《魏世家》:"吾适故大梁之墟。"

《孔子世家》:"余适鲁,观仲尼庙堂。"

《伯夷列传》:"余登箕山,其上盖有许由冢云。"

《孟尝君列传》:"吾尝过薛,其俗闾里率多暴桀子弟,与邹鲁殊。"

《信陵君列传》:"吾过大梁之墟,来问其所谓夷门。夷门者,城之东门也。"

《春申君列传》:"吾适楚,观春申君故城宫室,盛矣哉!"

《屈原贾生列传》:"余适长沙,观屈原所自沉渊。"

《蒙恬列传》:"吾适北边,自直道归,行观蒙恬取为秦筑长城亭障。"

《淮阴侯列传》:"吾如淮阴,淮阴人为余言韩信……""余视其母冢。"

《樊郦滕灌列传》:"吾适丰沛,问其遗老,观故萧,曹,樊哙,滕公之冢。

《太史公自序》:"二十而南游江淮。上会稽,探禹穴。窥九疑,浮于沅湘。北涉汶泗,讲业齐鲁之都,观孔子之遗风,乡射邹峄。厄困鄱薛彭城过梁楚以归。""奉使西征巴蜀以南。南略邛,笮,昆明。"

吾侪试取一地图,按今地,施朱线,以考迁游踪,则知当时全汉版图,除朝鲜河西岭南诸新开郡外,所历殆遍矣。

迁初仕为郎中。及继父任太史令,则奉诏修《太初历》。自发议迄颁定,皆迁主之。始末具详《汉书·律历志》。修历事毕,从事史作。史未成,因上书救李陵,获罪下蚕室。已而为中书令,尊宠任事。其卒年无考,大率在武帝末年。今据王静安(国维)所著《太史公系年考略》,略表其行历年代如下:

西纪前一四五(景帝中元五年)迁生。

前一四〇(武帝建元元年)六岁。

前一三六(建元五年)十岁。《自序》云:"年十岁则诵古文。"

前一三四(元光元年)十二岁。

前一二八(元朔元年)十八岁。

前一二六(元朔三年)二十岁。《自序》云:"二十而南游江淮……过梁楚以归。"(全文见前)所记或不止一年事。要之自二十岁起游学四方也。

前一二二(元狩元年)二十四岁。《史记》所记事,讫于是年。说详下。

前一一六(元鼎元年)三十岁。《自序》云:"于是迁仕为郎中。"其年无考,大约在元狩元鼎间。

前一一〇(元封元年)三十六岁。《自序》云:"奉使西征巴蜀。还报命。是岁,天子始建汉家之封。"迁自南归,见父谈于河淮之间,未几,谈卒。遗命迁作史。

前一〇八(元封三年)三十八岁。始为太史令。《自序》云:"太史公卒三岁,而迁为太史令,细石室金匮之书。"

前一〇四(太初元年)四十二岁。据《汉书·律历志》:元封七年,因太史令司马迁等言历法废坏,宜改正朔。乃诏以明年为太初元年,命迁等造汉历,选邓平及民间治历者二十余人参其事。事竣,诏迁颁所造八十一分历,即所谓太初历也。迁生平事业，造历之功，盖亚于作史云。

《史记》盖以是年属稿。《自序》云："五年（为太史令后之五年）而当太初元年。……太史公曰：孔子卒后至于今五百岁。……小子何敢让焉。……于是论次其文。……"

前一〇〇（天汉元年）四十六岁。

前九八（天汉三年）四十八岁。下狱被刑。《自序》云："七年而太史公遭李陵之祸，幽于缧绁。"徐广注云："天汉三年。"（据《李将军列传》及《匈奴列传》，李陵降匈奴，在天汉二年。）是时《史记》尚未成书。故《报任安书》云："草创未就，适会此祸。惜其不成，是以就极刑而无愠色。"

前九六（太始元年）五十岁。《汉书》本传云："迁既被刑之后，为中书令尊宠任职事。"当在此数年中。

前九三（太始四年）五十三岁。是年有《报益州刺史任安书》。书见《汉书》本传，不箸年月。惟书中有"会东从上来"语，又有"涉旬月迫季冬，仆又薄从上雍"语。考《汉书·武帝纪》："是年春三月，行幸太山；夏四月，幸不其；五月，还幸建章宫。"即所谓"东从上来"也。又，"冬十二月。行幸雍。祠五畤"。即所谓"季冬从上雍"也。故知报书在是年。迁时为宦侍，故每出必扈行也。

前九二（征和元年）五十四岁。

前八八（后元元年）若迁尚在，则其年五十八岁。明年武帝崩。迁卒年，绝无可考，惟据《汉书·宣帝纪》，载武帝后元二年遣使尽杀长安狱囚，内谒者令郭穰夜至郡邸狱云云。案《续汉书·百官志》，知内谒者令即中书谒者令，亦即中书令。然则其时迁已不在中书，计当前卒矣。大约迁之年代与武帝相始终也。

《史记》之名称及其原料　《史记》之名，非迁书原名也。其见于《汉书》者，《艺文志》述刘歆《七略》称“《太史公》百三十篇”。《杨恽传》谓之“《太史公记》”，应劭《风俗通》（卷一卷六）同。《宣元六王传》谓之“《太史公书》”，班彪《略论》王充《论衡》同。而《风俗通》（卷二）时或称“《太史记》”。是知两汉时并未有名迁书为“《史记》”者。本书中“《史记》”之名凡八见：（一）《周本纪》云：“太史伯阳读史记。”（二）《十二诸侯年表》云：“孔子论史记旧闻。”（三）《十二诸侯年表》云：“左丘明因孔子史记具论其语。”（四）《六国表》云：“秦烧天下书，诸侯史记尤甚。”（五）《六国表》云：“史记独藏周室。”（六）《天官书》云：“余观史记考事。”（七）《孔子世家》云：“乃因鲁史记作《春秋》。”（八）《太史公自序》云：“䌷史记石室金匮之书。”皆指古史也。“史记”之名，盖起于魏晋间。实“太史公记”之省称耳。

《史记》所据之原料，据班彪《略论》，则（一）《左传》，（二）《国语》，（三）《世本》，（四）《战国策》，（五）陆贾《楚汉春秋》。今考本书中自述其所取材者如下：

《五帝本纪》：“予观《春秋》、《国语》。”

《殷本纪》：“自成汤以来，采于《诗》、《书》。”

《秦始皇本纪》：“吾读《秦记》。”

《孝武本纪》：“余究观方士祠官之言。”

《三代世表》：“余读《谍记》，稽其历谱。”

《十二诸侯年表》：“太史公读《春秋》历谱谍。”“《秦记》不载日月，其文略不具。”“余于是因《秦记》，踵《春秋》之后……著诸所闻兴坏之端。”

《吴太伯世家》：“余读春秋古文。”

《卫康叔世家》:“余读世家言。”

《伯夷列传》:“学者载籍极博,犹考于六艺。”

《管晏列传》:“吾有管氏《牧民》、《山高》、《乘马》、《轻重》、《九府》及《晏子春秋》。”

《司马穰苴列传》:“余读《司马兵法》。”

《孙吴列传》:“《孙子》十三篇《吴起兵法》世多有。”

《仲尼弟子列传》:“悉取《论语》弟子问,并次为篇。”

《孟子荀卿列传》:“余读《孟子》书。”“自如孟子至于吁子,世多有其书。”

《商鞅列传》:“余尝读商君开塞耕战书。”

《屈原贾生列传》:“余读《离骚》、《天问》、《招魂》、《哀郢》。”

《郦生陆贾列传》:“余读陆生《新语》书。”

《儒林列传》:“余读功令。”

大抵除班彪所举五书外,史公所采主要材料(一)《六艺》。(二)《秦史记》。(三)《谍记》(或即《世本》)。(四)诸子著书现存者。(五)功令官书。(六)方士言。而秦火后“诸侯史记”之湮灭,则史公最感苦痛者也。

史公史料,多就地采访,观前条所列游迹可见。各篇中尚有明著其所亲见闻者如下:

《项羽本纪》:“吾闻之周生。”

《赵世家》:“吾闻冯王孙。”

《魏世家》:“吾适故大梁之墟。墟中人言曰。”

《淮阴侯列传》:“吾如淮阴。淮阴人为余言。”

《樊郦绛滕列传》:“余与他广游。为言高祖功臣之兴时若比云。”

《冯唐传》:“唐子遂与余善。”

《韩长孺列传》:“余与壶遂定律历,观韩长孺之义。”

《李将军列传》:“余观李将军,悛悛如鄙人。”

《卫将军骠骑列传》:“苏建语余曰。”

《游侠列传》:“吾观郭解状貌不如中人。”

凡此皆《史记》资料多载诸籍以外之证也。

《史记》著述之旨趣　《史记》自是中国第一部史书。但吾侪最当注意者:“为作史而作史”,不过近世史学家之新观念。从前史家作史,大率别有一“超史的”目的,而借史事为其手段。此在各国旧史皆然,而中国为尤甚也。孔子所作《春秋》,表面上像一部二百四十年的史,然其中实孕含无数“微言大义”,故后世学者不谓之史而谓之经。司马迁实当时《春秋》家大师董仲舒之受业弟子,其作《史记》盖窃比《春秋》。故其《自序》首引仲舒所述孔子之言曰:“我欲载之空言,不如见之于行事之深切著明也。”其意若曰:吾本有种种理想,将以觉民而救世,但凭空发议论,难以警切,不如借现成的历史上事实做个题目,使读者更为亲切有味云尔。《春秋》旨趣既如此,则窃比《春秋》之《史记》可知。故迁《报任安书》云:“欲以究天人之际,通古今之变。成一家之言。”《自序》亦云:“略以拾遗补蓺,成一家之言。厥协六经异传,整齐百家杂语。藏诸名山,副在京师,俟后世圣人君子。”由此观之,其著书最大目的,乃在发表司马氏“一家之言”,与荀卿著《荀子》,董生著《春秋繁露》,性质正同。不过其“一家之言”,乃借史的形式以发表耳。故仅以近世史的观念读《史记》,非能知《史记》者也。

《史记》之史的价值　然则《史记》不复有史的价值耶。是又不然。据《自序》:“司马氏世典周史。”古代学术,率为官府所专有,而史官尤为其渊海。谈迁父子入汉,世守其业。《自序》云:“百年之间,天下遗文古事,靡不毕集太史公。太史公乃父子相续纂其职。”盖当时具备作史资格者,无如迁父子,故谈临终以此责迁,而迁亦毅然以此自任。前此史家著述成绩何如,今不可尽考。略以现存之几部古史观之,大抵为断片的杂记,或顺按年月纂录。其自出机杼,加以一番组织,先定全书规模然后驾驭去取各种资料者,盖未之前有;有之,自迁书始也。《自序》云:“余所谓述故事整齐其世传,非所谓作也。”此迁自谦云尔。作史安能凭空自造,舍“述”无由。史家惟一职务,即在“整齐其世传”,“整齐”即史家之创作也。能否“整齐”,则视乎其人之学识及天才。太史公知整齐之必要,又知所以整齐,又能使其整齐理想实现,故太史公为史界第一创作家也。

《史记》创造之要点:以余所见者如下:

一,以人物为中心。历史由环境构成耶?由人物构成耶?此为史界累世聚讼之问题。以吾侪所见,虽两方势力俱不可蔑,而人类心力发展之功能,固当畸重。中国史家,最注意于此,而实自太史公发之。其书百三十篇,除十表八书外,余皆个人传记。在外国史及过去古籍中无此体裁。以无数个人传记之集合体成一史,结果成为人的史而非社会的史,是其短处。然对于能发动社会事变之主要人物,各留一较详确之面影以传于后,此其所长也。长短得失且勿论,要之太史公一创作也。

二,历史之整个的观念。从前的史,或属于一件事的关系文书——如《尚书》。或属于各地方的记载——如《国语》、《战国策》。或属于一时代的记载——如《春秋》及《左传》。《史记》则举其时所及知之人类全体自有文化以来数千年之总活动冶为一炉。自此始认识历史为整个浑一的,为永久相续的。非至秦汉统一后,且文化发展至相当程度,则此观念不能发生。而太史公实应运而生。《史记》实为中国通史之创始者。自班固以下,此意荒矣。故郑渔仲(樵)章实斋(学诚)力言《汉书》以后"断代史"之不当。虽责备或太过,然史公之远识与伟力,则无论何人不能否定也。

上二项就理想方面论。

三,组织之复杂及其联络。《史记》以十二《本纪》,十《表》,八《书》,三十《世家》,七十《列传》组织而成。其《本纪》及《世家》之一部分为编年体,用以定时间的关系。其列传则人的记载,贯澈其以人物为历史主体之精神。其书则自然界现象与社会制度之记述,与"人的史"相调剂。内中意匠特出,尤在十表。据桓谭《新论》谓其"旁行斜上并效《周谱》",或以前尝有此体制亦未可知;然各表之分合间架,总出诸史公之惨澹经营。表法既立,可以文省事多,而事之脉络亦具。《史记》以此四部分组成全书,互相调和,互保联络,遂成一部博大谨严之著作。后世作断代史者,虽或于表志门目间有增减,而大体组织,不能越其范围。可见史公创作力之雄伟,能笼罩千古也。

四,叙列之扼要而美妙。后世诸史之列传,多借史以传人;《史记》之列传,惟借人以明史。故与社会无大关系之人,滥竽者少。换一方面看,立传之人,并不限于政治方面,凡与社会各部分有关系之事业,皆有传为之代表。以行文而论,每叙一人,能将其面目活现。又极复杂之事项——例如《货殖列传》、《匈奴列传》、《西南夷列传》等所叙,皆能剖析条理缜密而清晰。其才力固自复绝。

上二项就技术方面论。

要之《史记》价值:久为学界所公认,吾侪赞美,适成赘词。反不如攻其阙失,犹足附于史公忠臣之列。今姑述此四项,致吾敬仰云尔。

《史记》成书年代及后人补续窜乱之部分 现存古书,什有九非本来面目。非加一番别择整理工夫而贸然轻信,殊足以悮人。然别择整理之难,殆未有甚于《史记》者。今欲从事研究,盖有先决问题二:一,为《史记》是否已成书之问题;二,为《史记》记事最终年限问题。

《史记》是否已成书耶?按《自序》则百三十篇粲然具备,似悉出史公手定,故此问题,二千年从未发生。然据《汉书·司马迁传》已云"十篇有录无书";《后汉书·班彪传》,亦云:"十篇缺焉。"注家谓"迁没之后亡",则认为书本完成后乃亡佚云尔。吾细考史公年历,则不能无疑。《报任安书》自述下狱时事,云"草创未就,适会此祸。惜其不成。是以就极刑而无愠色"。则其时书尚未成可知。时天汉三年也。自此以后,去太史令职而为中书令,"金匮石室之藏",不复能如昔时之恣其细读。又近侍尊宠,每有巡幸,无役不从。依《汉书·武帝纪》所载"太始二年,正月,行幸回中,登陇首,三年,正月行幸甘泉;五月,行幸东海至琅邪成山,登之罘,冬乃归。四年,三月,行幸泰山;四月,幸不其;十二月,行幸雍,西至安定北地。此皆史公官中书时事。计数年间能安居京师从事著述者殆无几日,《报任安书》所谓"卒无须臾之间得竭志意",盖实情也。《报任安书》已经考定为太始四年冬间作。玩其语气,史确未成。书云:“仆诚已著此书,则偿前辱之责,虽万被戮岂有悔哉?”下又云:“是以肠一日而九回,居则忽忽若有所亡,出则不知其所往,每念斯耻,汗未尝不发背沾衣也。”则书未成而前辱未偿明甚。越二年而巫蛊难作,史公存亡已不可考矣。然则书竟不成而赍志以没,未可知也。信如是也,则《史记》之有缺篇,非亡佚而原缺也。而今本乃百三十篇,一无所欠,其果为迁书的旧耶否耶?

《史记》所记事,以何年为最终年限耶?据《自序》曰:“故述往事,思来者,卒述陶唐以来,至于麟止。”《集解》:“张晏曰:武帝获麟,以为述事之端,上包黄帝下至麟止,犹《春秋》止于获麟也。”《汉书·扬雄传》云:“太史公记六国,历楚汉,讫麟止。”《后汉书·班彪传》云:“太史令司马迁,上自黄帝,下讫获麟,作《本纪》、《世家》、《列传》、《书》、《表》凡百三十篇。”上据迁所自言及扬雄班固言(《扬雄传》,雄所自作,《班书》全采之。《班彪传》,班固作,《范书》全采之),则“麟止”一语,殆为铁案。案武帝获麟,在元狩元年冬十月(西纪前一二二)。孔子作《春秋》,讫于鲁哀公十四年西狩获麟。《史记》窃比《春秋》,时亦适有获麟之事,故所记以此为终限。然则《武帝本纪》当叙至元狩元年十月止,《年表》、《世家》、《列传》称是,凡此年以后之记事,皆非原文。此标准宜为最可信据者。

虽然,本书所载元狩元年以后之事甚多,而年限亦有异说。其年限之异说,则:

一,讫太初说。《太史公自序》最末一段云:“余述历黄帝以来,至太初而讫。”《汉书·叙传》云:“太初以后,阙而不录。”太初凡四年,若讫太初四年(西纪前一〇一)则逾麟止之限二十二年。

二，讫天汉说。《汉书·司马迁传赞》云："述楚汉春秋，接其后事，讫于天汉。"《史记》之《集解》、《索隐》、《正义》皆主是说。天汉接太初后，凡四年。若讫天汉四年（西纪前九七），则逾麟止之限二十六年。

三，讫武帝末说。《建元以来侯者年表》末附："褚先生曰：太史公记事，尽于武帝之末。"武帝最末一年为后元二年（西纪前八七），若讫于此，则逾麟止之限三十六年。

上第二第三两种异说出自后人之口，且暂置不理。惟第一异说之讫太初，则与讫麟止语同出《自序》，一篇之中，矛盾至此，实令人迷惑。查"讫麟止"语，在《自序》大序之正文中，"讫太初"语，乃在小序之后另附一行，文体究兀不肖。又《汉书》本传全录《自序》而不载此一行，似班固所见《自序》原本，并无此语。衡以史公窃比《春秋》之本意，固宜以"麟止"为断也。但太初天汉事，尚为史公所及见耳。

今本《史记》，不独太初天汉事盈篇累幅也，乃至记武帝后事者，且不一而足。如：

一，《酷吏传》载："杜周捕治桑弘羊昆弟子。"事在昭帝元凤间（西纪前八〇至七五），距武帝崩六年至十二年。

二，《楚元王世家》云："地节二年中人上书告楚王谋反。"宣帝地节二年（西纪前六八），距武帝崩十九年。

三，《齐悼惠王世家》载："建始三年，城阳王景卒。同年，菑川王横卒。"成帝建始三年（西纪前三〇），距武帝崩五十七年。

四，《将相名臣表》，武帝后续以昭，宣，元，成四帝，直至鸿嘉元年止，武帝鸿嘉元年（西纪前二〇），距武帝崩六十七年。

上不过举数条为例,书中所记昭,宣,元,成间事,盖更仆难数。无论如何曲解,断不能谓太史公及见建始鸿嘉时事,然而此诸条者,固明明在今本正文中,稍粗心读去,绝不能辨矣。吾侪据此等铁证,可以断言今本《史记》决非史公之旧,其中有一部分乃后人羼乱。

然则《史记》何故容后人羼乱耶?某部分属于后人羼乱耶?其来由及种类约有三:

第一类:原本缺亡而后人补作者。《汉书·司马迁传》云:"十篇缺,有录无书。"《颜注》引张晏曰:"亡《景纪》、《武纪》、《礼书》、《乐书》、《兵书》、《汉兴以来将相年表》、《日者列传》、《三王世家》、《龟策列传》、《傅靳列传》。元,成之间褚先生补缺。作《武帝纪》、《三王世家》、《日者》、《龟策列传》。言辞鄙陋,非迁本意也。"案今本《三王世家》、《日者》、《龟策列传》,皆有褚先生补文,附于赞词之后,而史公原文,似亦未尝缺;若《武帝纪》则并褚补字样而无之,而其文乃割裂《封禅书》,赞语亦全与《封禅书》同,非原文明矣。其余张晏所举诸篇,今本皆现存。其不足信益明。又《三代世表》、《建元以来侯者年表》、《陈涉世家》、《外戚世家》、《梁孝王世家》、《田叔列传》等篇,皆各有"褚先生曰"一段补文附于赞语后,则褚补原不仅四篇也。如《张丞相列传》于赞语后有一大段补文,但并无"褚先生曰"字样,知补文又不独一褚先生也。补文别附赞后者,吾辈能识别之。若如《武帝纪》之类,竟以补文作正文,或所补并非褚先生之旧者,则后人从何辨耶?

第二类:后人续撰者。《汉书·艺文志》于"《太史公》百三十篇"(《史记》本名《太史公书》)之后,接列"冯商所续《太史公》七篇”。刘知幾《史通·正史篇》云:“《史记》太初已后,阙而不录。其后刘向,向子歆,及诸好事者若冯商,卫衡,扬雄,史岑,梁审,肆仁,晋冯,段肃,金丹,冯衍,韦融,萧奋,刘恂等相次撰续,迄于哀平间犹名《史记》。”(《后汉书·班彪传》注亦列举续《史记》者,尚有阳城卫史孝山二人。孝山当即岑。)据此,则西汉东汉之交,续《史记》者将二十家,而皆仍其旧名。即班彪续作数十篇,亦仅名为《后传》。(见彪传)盖自冯商刘向以迄班彪,其意皆欲各据所立时代以次递续,不别为书。其截采《史记》记汉初以来之一部分,续以昭宣迄哀平之部分,以成断代之史。则自班固始耳。(然《汉书·古今人表》,所表皆汉以前人。则其体裁仍是补续《史记》也。)当书既未有印书,传钞皆用竹木简或缣帛。弃携两艰,用之弥啬。各家所续本,或即以涂附于原钞本中。即不然,而学者展转诵习,竟将续本与原本合钞以图省便,亦意中事,故今本《史记》,有冯商刘向刘歆……诸人手笔杂人其中者,定不少也。

总之书中关于汉事之记载,若严格的甄别,宜以元狩元年以前为断。即稍宽,亦只能截至太初末而止。其有溢出此年限外者,决非史公之旧也。然此犹较易辨别。其最难者,则有:

第三类:后人故意窜乱者。西汉末学界一大公案起焉,曰今古文之争。事缘刘歆典校中秘书,自称发见各种古文经传,其主要者则《春秋左氏传》、《周礼》、《古文尚书》,其余群经亦皆有古本。而其学说什九与汉初以来诸师所传者相背戾。又有各种纬书。亦皆起自哀平间,其言荒诞不可究结。东汉以后,多数学者,皆信此等书为先秦古籍。而今文家则谓是皆歆及其徒党所伪造以媚王莽而助其篡。内中与《史记》问题关系最密切者,尤在《尚书》、《左传》两书。今文家"谓《尚书》为备(意谓汉初诸师所传二十八篇之《尚书》,已完备无缺,无所谓百篇及《书序》也),谓左氏不传《春秋》"(意谓《左氏春秋》即《国语》,纯属别行之史,并非为《春秋》传也)。然则史公所述三代前及春秋间事,宜以《尚书》二十八篇及原本《左氏春秋》——即《国语》为限,而今《史记》乃多有助"古文家言"张目者。严鞫此谳,乃不能不归狱于歆等之有意窜乱。

然则歆等窜乱,果有可能性耶?曰,有。其一,据《汉书·王莽传》:"元始四年,征天下有《逸礼》,《古书》(即《古文尚书》),《毛诗》,《周官》,《尔雅》,天文,图识,钟律,月令,兵法,史篇,文字,通知其意者,皆诣公车。前后至者千数。皆令记说廷中,将令正乖缪壹异说。"古文学说之掩袭天下,自此役始。盖此千数人者,皆承莽歆意旨以改窜古书为职者也。而"史篇"亦在其中,则迁书之遭蹂躏,实意中事。时歆方典中秘书,则彼之所改,自称定本,谁复能与抗辩!其二,续《史记》者十六人,而歆与居一。歆所续今虽不传,然其人学博名高,其书必有可观,故班固《汉书》多采之。(黄省曾《西京杂记序》谓:"班固《汉书》全取刘歆。"虽言之或太过,然歆书为固书最重要之原料,殆不可疑。)今本《史记》以后人补续之语羼人正文者,既所在多有(见前文),且尤有后世妄人取《汉书》窜补者。(见下文)则其中有一部分为歆手笔,并无足怪。

上所举第一第二类,清代乾嘉诸儒考证颇详。其第三类,则吾师康南海先生(有为)之《新学伪经考》初发此疑;近人崔觯甫(适)著《史记探原》大发其覆。虽其中有过当之处,而大致盖可取。今略综诸家之说推考各篇真伪如下:

第一,全篇原缺后人续补者。《汉书本传》明言:“十篇缺有录无书。”班固所不及见者,后人何由得见?故下列十篇,应认为全伪。

《孝景本纪》 张晏云:“亡。”司马贞云:“取班书补之。”

《孝武本纪》 张晏云:“《武纪》亡。褚先生补作也。”司马贞云:“褚先生集合武帝事以编年,今止取《封禅书》补之,信其才之薄也。”今案:此纪即《封禅书》之下半,疑并不出褚先生手。或褚补亦亡,后人再割裂他篇充数耶?

《汉兴以来将相名臣年表》 张晏云:“亡。”裴骃云:“太始以后,后人所续。”案:当从张说,全篇为后人补续。

《礼书》 张晏云:“亡。”司马贞云:“取荀卿《礼论》。”

《乐书》 张晏云:“亡。”司马贞云:“取《礼记》、《乐记》。”

《律书》 张晏云:“《兵书》亡。”颜师古云:“序目无《兵书》”,司马贞云:“《兵书》,迁没之后,亡。褚少孙以《律书》补之。”

《三王世家》 张晏云:“亡。褚先生补。”案:今本于太史公赞后附录褚补文,而赞前则录三封策,实则后皆褚补也。

《日者列传》、《龟策列传》 张晏云:“亡。褚先生补。”案:此两篇文甚芜鄙,是否即褚补原本,尚未敢信。

《傅靳蒯成列传》张晏云:“亡。”案:今本盖后人从《汉书》录补。

第二,明著续之文及补续痕迹易见者。

《三代世表》 篇末自“张夫子问褚先生曰。”以下。

《张丞相传》 篇末自“孝武时承相多”以下。

《田叔列传》 篇末自“褚先生曰”以下。

《平津侯主父列传》 篇末自“太皇太后诏”以下。又自“班固称曰”以下。

《滑稽列传》 篇末“褚先生曰”以下。

以上各条,今武英殿版本皆改为低一格以示识别。

第三,全篇可疑者。班固称有录无书者虽仅十篇,然吾侪因此已得知《史记》确为未成之书,或虽成而已有亡佚。原书未成之推定,说已详前。即已成之部分,亦有亡佚之可能性。以卷帙浩瀚之书,在传写极艰之时代,散亡甚易,略可想见。《汉书》本传云:“迁既死后其书稍出。”据此似是一部分陆续传布。《后汉书·窦融传》云:“光武赐融以太史公《五宗世家》、《外戚世家》、《魏其侯列传》。”则摘篇别写单行,固有明例矣。则各家钞本有一部分亡缺,亦事理之常。要之原缺续补者既有十篇,则所缺所补亦可至十篇以外。《淮南子》所谓凿一孔而百隙随也。今本《史记》中多有与《汉书》略同,而玩其文义,乃似《史记》割裂《汉书》,非《汉书》删取《史记》者。崔适指出各篇如下:

《孝武本纪》	妄人录《汉书·郊祀志》
《律书》,《历书》	妄人录《汉书·律历志》
《天官书》	妄人录《汉书·天文志》
《封禅书》	妄人录《汉书·郊祀志》
《河渠书》	妄人录《汉书·沟洫志》
《平准书》	妄人录《汉书·食货志》
《张丞相列传》	妄人录《汉书》
《南越尉佗列传》	妄人录《汉书》
《循吏列传》	妄人所补
《汲郑列传》	妄人录《汉书》

《酷吏列传》　　　　妄人录《汉书》

《大宛列传》　　　　妄人录《汉书·张骞李广列传》

崔氏疑古太勇,其言虽未可据为典要。然既对于此诸篇提出问题,且颇能言之有故,持之成理,则吾辈固宜一为推勘矣。

第四,无狩或太初以后之汉事为后人续补窜入各篇正文者。此类在《年表》、《世家》、《列传》中甚多,不复枚举。

第五,各篇正文中为刘歆故意窜乱者。此项辨别甚难,举要点数端如下:

一,凡言"终始五德"者。《五帝本纪》、《秦始皇本纪》、《十二诸侯年表》、《孟子荀卿列传》、《张苍传》等篇。

二,凡言"十二分野"者。《十二诸侯年表》、齐、宋、郑、《世家》、《张苍传》等篇。

三,凡言《古文尚书》及所述《书序》。夏、殷、周、《本纪》、齐、鲁、卫、宋、《世家》等篇。

四,凡记汉初古文传授者。《儒林列传》、《张苍传》等篇。

以上所论关于《史记》真本之种种考证,多采自近人著作而略断以己意。其言颇繁重,或为读者所厌。吾所以不惮烦为此者,欲学者知今本《史记》非尽原文而已。着手读《史记》以前,必须认定此事实,否则必至处处捍格难通也。

读《史记》法之一　读《史记》有二法:一,常识的读法;二,专究的读法。两种读法,有共同之入门准备:

一,先读《太史公自序》及《汉书·司马迁传》。求明了作者年代,性行,经历,及全书大概。

二,读《汉书叙传》论《史记》之部;刘知幾《史通》之《六家篇》、《二体篇》、《正史篇》;郑樵《通志总序》论《史记》之部。

《隋书·经籍志》及《四库提要》之史部正史类关于记述《史记》之部分。求略识本书在史学界之位置及价值。

今先论常识的读法:《史记》为正史之祖,为有组织有宗旨之第一部古史书;文章又极优美。二千年来学者家弦户诵,形成国民常识之一部,其地位与六经诸子相并。故凡属学人,必须一读,无可疑者。惟全篇卷帙颇繁,卒业不易。今为节啬日力计,先剔出以下各部分:

一,十《表》但阅序文。表中内容不必详究,但流览其体例,略比较各表编次方法之异同便得。

一,八《书》本为极重要之部分。惟今所传似非原本,与其读此,不如读《汉书》各志,故可全部从省。

一,《世家》中《吴》、《齐》、《鲁》、《管蔡》、《陈杞》、《卫》、《宋》、《晋》、《楚》、《越》、《郑》各篇,原料什九采自《左传》。既读《左传》,则此可省。但战国一部分之世家仍须读,因《战国策》太无系统故。

一,《武帝纪》、《日者传》、《龟策传》等,已证明为伪书,且芜杂浅俚,自可不读。《扁鹊仓公传》等,似是长编非定本,一涉猎便足。

以上所甄别,约当全书三分之一,所省精力已不少。其余各部分之读法略举如下:

第一,以研究著述体例及宗旨为目的而读之。《史记》以极复杂之体裁混合组织,而配置极完善,前既言之矣。专就列传一部分论,其对于社会文化确能面面顾及。政治方面代表之人物无论矣。学问艺术方面,亦盛水不漏。试以刘向《七略》比附之:如《仲尼弟子》、《老庄申韩》、《孟子荀卿》等传,于先秦学派网罗略具;《儒林传》于秦汉间学派渊源叙述特详,则《六艺略》《诸子略》之属也;如《司马穰苴》、《孙子吴起》等传,则《兵书略》之属也;如《屈原贾生》、《司马相如》等传,则《诗赋略》之属也。如《扁鹊仓公传》,则《方技略》之属也;如《龟策》《日者》两传,则《术数略》之属也。又如《货殖传》之注重社会经济;《外戚》、《佞幸》两传暗示汉代政治祸机所伏;处处皆具特识。又其篇目排列,亦似有微意:如本纪首唐、虞,世家首吴泰伯,列传首伯夷,皆含有表章让德之意味。此等事前人多已论列,不尽穿凿附会也。

若以此项目的读《史记》,宜提高眼光,鸟瞰全书,不可徒拘拘于寻行数墨,庶几所谓"一家之言"者,可以看出。

第二,以研究古代史迹为目的而读之。《史记》既为最古之通史,欲知古代史迹,总应以之为研究基础。为此项目的而读,宜先用"观大略"的读法,将全篇一气呵成浏览一过。再用自己眼光寻出每个时代之关键要点所在,便专向几个要点有关系之事项,注意精读。如此方能钩元提要,不至泛滥无归。

第三,以研究文章技术为目的而读之。《史记》文章之价值,无论何人当不能否认。且二千年来相承诵习,其语调字法,早已形成文学常识之一部。故专为学文计,亦不能不以此书为基础。学者如以此项目的读《史记》,则宜释其尤为杰作之十数篇精读之。孰为杰作,此凭各人赏会,本难有确定标准。吾生平所最爱读者则以下各篇:

《项羽本纪》、《信陵君列传》、《廉颇蔺相如列传》、《鲁仲连邹阳列传》、《淮阴侯列传》、《魏其武安侯列传》、《李将军列传》、《匈奴列传》、《货殖列传》、《太史公自序》

上诸篇皆肃括宏深,实叙事文永远之模范。班叔皮称:史公"善序述事理,辩而不华,质而不俚。文质相称,良史之才"。如诸篇者,洵足当之矣。学者宜精读多次,或务成诵。自能契其神味;辞远鄙倍。至如明清选家最乐道之《伯夷列传》、《管晏列传》、《屈原贾生列传》等,以吾论之,反是篇中第二等文字耳。

《史记》读法之二 今当继论专究的读法:《史记》为千古不朽之名著,本宜人人共读。徒以去今太远,文义或佶屈难晓,郡国名物等事,世嬗称易,或不审所指。加以传写讹舛,窜乱纷纭,时或使人因疑生蔑,后辈诵习渐希,盖此之由。谓宜悉心整理一番,俾此书尽人乐读。吾夙有志,未能逮也。谨述所怀条理以质当世,有好学者或独力或合作以成之,亦不朽之盛事也。

一,《史记》确有后人续补窜乱之部分,既如前述。宜略似前文所论列为标准,严密考证,凡可疑者,以朱线围之,俾勿与原本相混,庶几渐还史公之真面目。学者欲从事此种研究,可以崔适《史记探原》为主要参考书,面以自己忠实研究的结果下最后之判断。

二,吾辈之重视《史记》,实在其所纪先秦古事。因秦汉以后事,有完备之《汉书》可读,唐虞三代春秋战国之事,有组织的著述,未或能过《史记》也。而不幸《史记》关于此点,殊不足以餍吾辈所期。后人窜乱之部分无论矣,即其确出史公手者,其所述古史可信之程度,亦远在所述汉事下,此事原不能专怪太史公,因远古之史,皆含有半神话的性质,极难辨别。此各国所同,不独我国为然矣。近古——如春秋战国,资料本尚不少,而秦焚一役,"诸侯史记"荡尽,凭借缺如,此亦无可如何者。顾吾辈所致憾于史公,不在其搜采之不备,而在其别择之不精。善夫班叔皮之言也："迁之著作，采获古今，贯穿经传，至广博也。一人之精，文重思烦。故其书刊落不尽。尚有盈辞，多不齐一。"（《后汉书·班彪传》）试将《史记》古史之部分与现存先秦古籍相较，其中芜累诬诞之辞，盖实不少。即本书各篇互相矛盾者，亦所在而有。此非"文重思烦，刊落不尽"之明效耶？然居今日而治古史，则终不能不以《史记》为考证之聚光点。学者如诚忠于史公，谓宜将汉以前之《本纪》、《世家》、《年表》全部磨勘一度，从本书及他书搜集旁证反证，是正其讹谬而汰存其精粹，略用裴注《三国志》之义例，分注于各书各段之下，庶几乎其有信史矣。学者欲从事此种研究，则梁玉绳《史记志疑》，崔述《考信录》实最重要之参考书，钱大昕《廿二史考异》，王鸣盛《十七史商榷》，赵翼《廿二史札记》三书中《史记》之部，次之。其余清儒札记文集中，亦所在多有。然兹事既极繁重，且平决聚讼，殊大非易。成功与否，要视其人之学力及判断何如耳。然有志之青年，固不妨取书中一二篇为研究之尝试，纵令不能得满意之结果，其于治学之方法及德性，所裨已多矣。

三，《史记》之训诂名物，有非今之人所能骤解者，故注释不可少。然旧注非失之太简，即失之太繁，宜或删或补。最好以现今中学学生所难了解者为标准，别作简明之注，再如以章节句读之符号，庶使尽人能读。

四，地理为史迹筋络，而古今地名殊称，直读或不知所在。故宜编一地名检目，古今对照。

五，我国以帝王纪年，极难记忆。春秋战国间，各国各自纪年益复杂不易理。宜于十《表》之外补一大事年表，贯通全书，以西历纪，而附注该事件所属之朝代或国邑纪年于其下。其时代则从《十二诸侯年表》以共和业年起,盖前乎此者无征也。其事件则以载于本书者为限。

以上五项,为整理《史记》方法之纲要,学者如能循此致力,则可以《史记》之学名其家,而裨益于后进者且不赀矣。至如就《史记》内容分类研究,或比较政治组织,或观察社会状态,则问题甚多,取材各异,在学者自择也。

荀　　子

荀卿之年代及行历　吾辈对于国中大思想家，莫不欲确知其年代及其行历。然而世愈古则所知愈少，故思想界关系最大之先秦诸子，其事迹往往绝无可考，或仅有单词孤证，不能窥全迹什之一二。如荀卿者，著书虽数万言，而道及本身历史殊少；史记虽有列传，而文甚简略，且似有讹舛。故非悉心考证，不足以语于知人论世也。今遍引各书关于荀卿之资料而参验论次如下。

《史记·孟子荀卿列传》：

> 荀卿，赵人，年五十始来游学于齐。……田骈以属皆已死。齐襄王时，而荀卿最为老师。齐尚修列大夫之缺，而荀卿三为祭酒焉。齐人或谗荀卿，荀卿乃适楚，而春申君以为兰陵令。春申君死而荀卿废，因家兰陵。李斯尝为弟子，已而相秦。

《史记·春申君列传》：

楚考烈王元年，以黄歇为相，封为春申君。……春申君相楚八年，以荀卿为兰陵令……春申君相楚之二十五年，考烈王卒。李园伏死士刺春申君斩其头。

《史记·李斯列传》：

李斯……从荀卿学帝王之术。学已成…欲西入秦，辞于荀卿。…至秦，会庄襄王卒，李斯乃求为秦相吕不韦舍人。……二十余年，秦并天下，以斯为丞相。……李相置酒于家，百官长皆前为寿。……斯喟然而叹曰：嗟乎，吾闻之荀卿曰："物禁太盛。"……当今人臣之位无居臣上者，可谓富贵极矣。物极则衰，吾未知所税驾也。

本书刘向《叙录》：

孙卿，赵人，名况。方齐威王宣王时，聚天下贤士于稷下，尊宠之。若邹衍，田骈，淳于髡之属甚众，号曰列大夫，皆世所称，咸作书刺世。是时孙卿有秀才，年五十始来游学。……至齐襄王时，孙卿最为老师。齐尚修列大夫之缺，而孙卿三为祭酒焉。齐人或谗孙卿，孙卿乃适楚，楚相春申君以为兰陵令。人或谓春申君曰："汤以七十里，文王以百里。孙卿贤者也，今与之百里地，楚其危乎。”春申君谢之，孙卿去之赵。后客谓春申君曰：“伊尹去夏入殷，殷王而夏亡。……今孙卿天下贤人，所去之国其不安乎。”春申君使人聘孙卿。孙卿遗春申君书，刺楚国，因为歌赋以遗春申君。春申君恨，复固谢孙卿。孙卿乃行，复为兰陵令。春申君死而孙卿废。……李斯尝为弟子，已而相秦，及韩非浮丘伯皆受业为名儒。孙卿之应聘于诸身，见秦昭王。昭王方喜战伐，而孙卿以三王之法说之，及秦相应侯，皆不能用也。至赵，与孙膑议兵赵孝成王前。孙膑为变诈之兵，孙卿以王兵难之，不能对也。卒不能用。孙卿道守礼义，行应绳墨，安贫贱。孟子者，亦大儒，以为人之性善。孙卿后孟子百余年。孙卿以为人之性恶，故作《性恶》一篇以非孟子。……

应劭《风俗通·穷通篇》：

……孙卿有秀才，年十五始来游学。……(余略同刘向《叙录》)

《战国策·楚策》：

……孙子去而之赵，赵以为上卿。春申君使请孙子。孙子为书谢之曰：鄙语曰“厉怜王……”此为劫杀死亡之主言之也。……

桓宽《盐铁论·论儒篇》：

齐湣王奋二世之余烈，南举楚淮，北并巨宋。……矜功不休。……诸儒谏不从，各分散。……而孙卿适楚。内无良臣，故诸侯伐之。

《盐铁论·毁学篇》：

李斯之相秦也，始皇任之，人臣无二，然而郇卿为之不食。睹其罹不测之祸也。

《韩非子·难四篇》：

燕王哙贤子之而非荀卿，故身死为僇。

本书《儒效篇》：

秦昭王问孙卿子曰：……

本书《议兵篇》：

临武君与孙卿子议兵于赵孝成王前。……

本书《强国篇》：

> 应侯问孙卿子曰：入秦何见？……
>
> 荀卿子说齐相曰：……处胜人之势，不以胜人之道，索为匹夫不可得也。……今巨楚县吾前，大燕鰌吾后，劲魏钩吾右……是一国作谋，则三国必起而乘我。……

群书所记载荀卿事迹，略尽于此。其中年岁最明显者，则西纪前二五五年——即楚考烈王八年，荀卿仕楚为兰陵令。此事史文纪载详确，宜据为荀卿传迹之中心。虽然，若依《韩非子》所说，则荀卿及见燕王哙。哙在位九年，当西纪前三二〇至三一二年，下距考烈王八年凡六十余年。依《盐铁论》所说：则荀卿及见李斯相秦。斯相秦在秦始皇三十四年，当西纪前二一三年，上距考烈王八年凡四十一年。前后相去已百余年。若如后人所解《史记》本传及刘向《叙录》之文，则荀卿当齐威宣时，年五十来游学。齐威王在位三十年，自前三七八至三四三，宣王在位十九年，自前三四二至三二四。即以宣王末年卿年五十计，则至李斯相秦时，荀卿当百六十一岁，天下安有此情理？且刘向言"孙卿后孟子百余年"，若卿及见齐宣王燕王哙，则与孟子并世矣。故《韩非子》之说，然当不可信。（此又关涉《韩非》真伪问题，当别论之。）而《史记》及刘向之文，亦当子细䌷绎，别下解释。彼文记齐威宣间稷下列大夫之事，乃是追叙，并非谓荀卿及见威宣。故《史记》云"田骈之属皆已死"。宣王后为湣王，凡四十年；湣王后为襄王，凡十九年。荀卿游齐，盖在湣王末年。旋因进谏不用,遂去齐适楚。及襄王时在游齐,则年辈已尊,三为祭酒也。然自湣王最末一年下至秦始皇三十四年,亦已七十一年,若荀卿其时年五十,则亦必百二十余岁始能见李斯之相,其说仍不可通。"年五十"之文,《风俗通》作"年十五",似较近真,今本《史记》及刘向叙,或传写之讹耳。荀卿及见李斯相秦与否,亦一问题。《盐铁论》云云,或因李斯述荀卿"物禁太盛"一语而增益附会之,未可知也。要之齐湣王末年,荀卿年当在二十前后;李斯为相时,卿存没虽难确考,然斯之贵盛,则卿尚及见。似此推定,则卿年寿盖八九十岁,虽不中当不远矣。今略依此设为假定谱荀卿年历如下:

前二九三(齐湣王三十一年)假定是年荀卿年十五始游学于齐。

前二八六(齐湣王三十八年)是年齐灭宋。

前二八五(齐湣王三十九年)荀卿有说《齐相书》,见本书《强国篇》,说既不行,遂去齐适楚。(《盐铁论·论儒篇》所言,即指是年事。知说《齐相书》在是年者,因书中叙四邻强国举楚燕魏而不及宋,知在灭宋后矣。时齐君相方"矜功不休",而荀卿已料"一国作谋三国起乘"。齐人不能听,卿遂去之。明年而五国伐齐,湣王为僇矣。)

前二八四至二六八(齐襄王元年至十七年)荀卿复游齐,三为祭酒,当在此十余年间。

前二六七(齐襄王十八年)(秦昭王四十一年)是年秦以范雎为相,号为应侯。本书《儒效篇》与秦昭王问答,《强国篇》与应候问答,皆当在本年以后。

前二六六(赵孝成王元年)本书《议兵篇》与孝成王及临武

君问答，当在本年以后。（临武君姓名无考。《叙录》指为孙膑，恐非是。其年代不相及也。）

前二六二（楚考烈王元年）是年春申君相楚。

前二五五（楚考烈王八年）假定是年荀卿五十三岁。是年春申君以卿为兰陵令。

《列传》言“齐人或谗孙卿，孙卿乃适楚”去齐适楚之年难确考，要当在本年以前也。《战国策》又言“春申君客谗孙卿，卿去楚适赵，赵以为上卿”。事当在本年以后。其见秦昭王及赵孝成王，疑皆在兰陵令去职之后。

前二四六（秦始皇元年）《史记·李斯列传》言“斯辞荀卿入秦，会庄襄王卒”。事当在此一两年间。

前二三六（秦始皇十一年）（楚考烈王二十五年）是年李园杀春申君。荀卿遂废居兰陵。假定是年荀卿七十二岁。（据《战国策》及刘向《叙录》荀卿似尝两度为兰陵令。共第二次任职，当在本年之前数年间。）

前二一三（秦始皇三十四年）是年李斯相秦。是年荀卿若尚生存，则假定为九十五岁。

关于荀卿年代行历之参考书：（以下各篇，王先谦《荀子集解》汇录于卷首。可参看。）

宋唐仲友《荀子序》

宋晁公武《郡斋读书志》，子部儒家类，《荀子》条。

宋王应麟《汉书艺文志考证》，《荀子》条。

《四库全书总目》子部儒家类，《荀子》条。

清汪中《述学》，《荀卿子通论》附《年表》。

清胡元仪《郇卿别传》附《考异》。

《荀子书》之著作及其编次　本书刘向《叙录》云:“孙卿卒不用于世,老于兰陵。疾浊世之政,亡国乱君相属。不遂大道,而营乎巫祝,信禨祥,鄙儒小拘。如庄周等又滑稽乱俗。于是推儒墨道德之行事兴坏,序列著数万言而卒。”是以《荀子书》为《荀卿》所手著也。今案读全书,其中大部分固可推定为卿自著。然如《儒效篇》、《议兵篇》、《强国篇》,皆称“孙卿子”,似出门弟子记录。内中如《尧问篇》末一段,纯属批评《荀子》之语,其为他人所述尤为显然。又《大略》以下六篇,杨倞已指为荀卿弟子所记卿语及杂录传记,然则非全书悉出卿手盖甚明。

《荀子》书初由汉刘向校录,名《孙卿新书》。《汉书·艺文志》著录,名《孙卿子》。(颜注云:“本曰荀卿。避宣帝讳故曰孙。”)唐杨倞为作注,省称《荀子》。今遂为通名。刘向《叙录》云:“所校雠中《孙卿书》凡三百二十二篇,以相校,除复重二百九十篇,定著三十二篇。”言中秘所藏孙卿之书共三百二十二篇。实三十二篇,余皆重复之篇也。《汉书·艺文志》作三十三篇。王应麟谓传写之讹,殆然。《隋书·经籍志》作十二卷,《旧唐志》同。今本二十卷,乃杨倞所析,编次亦颇易其旧,倞自序云:“以文字紧多,故分旧十二卷三十二篇为二十卷。其篇第亦颇有移易,使以类相从。”今将新旧篇第列表对照如下:

(刘向本)	(杨倞本)
《劝学篇》第一	同
《修身篇》第二	同
《不苟篇》第三	同
《荣辱篇》第四	同
《非相篇》第五	同

《非十二子篇》第六	同
《仲尼篇》第七	同
《成相篇》第八	第二十五
《儒效篇》第九	第八
《王制篇》第十	第九
《富国篇》第十一	第十
《王霸篇》第十二	第十一
《君道篇》第十三	第十二
《臣道篇》第十四	第十三
《致仕篇》第十五	第十四
《议兵篇》第十六	第十五
《强国篇》第十七	第十六
《天论篇》第十八	第十七
《正论篇》第十九	第十八
《乐论篇》第二十	同
《解蔽篇》第二十一	同
《正名篇》第二十二	同
《礼论篇》第二十三	第十九
《宥坐篇》第二十四	第二十八
《子道篇》第二十五	第二十九
《性恶篇》第二十六	第二十三
《法行篇》第二十七	第三十
《哀公篇》第二十八	第三十一
《大略篇》第二十九	第二十七
《尧问篇》第三十	第三十二

《君子篇》第三十一　　　　　　　　　　第二十四

《赋篇》第三十二　　　　　　　　　　　第二十六

杨倞所改编是否惬当，另为一问题。但刘向旧本，亦不过就中秘所藏三百余篇之丛稿订讹芟复，从新编次，原非必荀卿时之旧，故改编亦不必指为紊古也。（汪容甫《荀卿子通论》谓："其书始于《劝学》，终于《尧问》，篇次实仿《论语》。"恐是附会。）

但刘向本篇第，是否即向之旧，似仍有问题，《汉书·艺文志》儒家载"《孙卿子》三十三篇"，而赋家复载"《孙卿赋》十篇"，如刘向裒定《七略》时，两书本各自别行。乃今本则《赋篇》即在三十二篇中。而其赋又仅五首，颇难索解。今案《成相篇》纯属韵文文学，其格调绝类今之鼓儿词，亦赋之流。《汉志》杂赋十二家别有《成相杂辞》十一篇，知古代本有此体，而作者非独荀卿矣。本书《成相篇》亦以五首组成。故知《汉志》所谓"赋十篇"者，即实本书《成相篇》、《赋篇》之各五首也。（此说采自胡元仪。但胡谓合此二篇即《成相杂辞》之十一篇，而谓《汉志》"《孙卿赋》十篇"之文为脱去"一"字，则误也。）以此论之，则所谓"孙卿子"者，当除此两篇外别有三十二篇，今乃合此两篇共成三十二篇，不已缺其二耶？案：本书《大略篇》首"大略君人者隆礼尊贤而王……"，"大略"二字与下文不相属，明是标顾。（杨倞注已言之）而《儒效篇》篇末一段云："人论志不免于曲私……"，"人论"二字不与下连，《王制篇》篇中一段云："序官宰爵知宾客……"，"序官"二字不与下连。体例正如《大略篇》。是"《人论》"、"《序官》"本为两篇名，略可推见。（王念孙谓"论当读为伦"，未免求之太深，"《人论》"为一篇名，正如书中《天论》、《礼论》、《乐论》诸篇耳。）然则后此可故失此二目而将四篇并为两篇耶？当缘有传钞梁以《孙卿子》与《孙卿赋》合为一书将赋十篇（并《成相》言）附于末。二度传钞者，不解“《成相》”之义，见其文与《非相》相近，遂提前置诸第八篇。三度传钞者觉增此二篇与“三十二篇”之数不符；而当时各篇名，或皆如《大略篇》之仅著于篇首，并未提行另写；钞耶失察，遂合四为二，谓符原数。信如是也，则《仲尼篇》第七之下，宜次以《儒效篇》第八，《人论篇》第九，《王制篇》第十，《序官篇》第十一，其《富国》《王霸》至《尧问》、《君子》诸篇以次从第十二递推至三十二。而《成相赋》两篇则别为《孙卿赋》，而不以入《荀子》。庶几还中垒校录之旧观矣。此问题前此绝未尝有人提起；吾所推论，亦别无旁证；姑悬之以俟好事者疏证云尔。

大小戴两《礼记》，文多与《荀子》相同，今互举其篇名如下：

大戴《三年问篇》 小戴礼《三本篇》	……《荀子·礼论篇》
小戴《乐记篇》 小戴《乡饮酒义篇》	……《荀子·乐论篇》
小戴《聘义篇》	……《荀子·法行篇》
大戴《劝学篇》	……《荀子·劝学篇》
大戴《曾子立事篇》	……《荀子·修身篇》 ……《荀子·大略篇》

凡此皆当认为《礼记》采《荀子》，不能谓《荀子》袭《礼记》。盖《礼记》本汉儒所裒集之丛编杂采诸各家著述耳。然因此可

推见两戴记中其摭拾《荀卿》绪论而不著其名者或尚不少。而《荀子》书中,亦难保无《荀卿》以外之著作搀入。盖《荀子》书亦由汉儒各自传写,诸本共得三百余篇,未必本本从同。刘向将诸本冶为一炉,但删其重复,其曾否悬何种标准以鉴别真伪,则向所未言也。杨倞将《大略》、《宥坐》、《子道》、《法行》、《哀公》、《尧问》六篇降附于末,似有特识。《宥坐》以下五篇,文义肤浅;《大略篇》虽间有精语,然皆断片;故此六篇宜认为汉儒所杂录;非《荀子》之旧。其余二十六篇,有无窜乱或缺损,则尚待细勘也。

荀子学术梗概及书中最重要之诸篇 荀子与孟子,为儒家两大师。虽谓儒家学派得二子然后成立,亦不为过。然荀子之学,自有其门庭堂奥,不特与孟子异撰,且其学有并非孔子所能赅者。今举其要点如下:

第一,《荀子》之最大特色,在其性恶论。性恶论之旨趣,在不认人类为天赋如能所支配,而极尊重后起的人为,故其教曰"化性起伪"。伪字从人从为,即人为之义。

第二,惟其本是,故深信学问万能,其教曰"习"曰"积"。谓习与积之结果,能使人尽变其旧,前后若两人。若为向上的习积,则"积善成德而圣心备",是即全人格之实现也。后世有提倡"一超直入"之法门者,与"积"之义相反,最为荀子所不取。

第三,学问如何然后能得,荀子以为全视其所受教育何如。故主张"隆师",而与孟子"虽无文王犹兴"之说异。

第四,名师或不获亲接,则求诸古籍。故荀子以传经为业,汉代诸经传受,几无一不自彼出。(说详汪容甫《荀卿子通论》)而其守师法皆极严。

第五，既重习而不重性，则不问遗传而专问环境。环境之改善，荀子以为其工具在“文理”——文物与条理。文理之结晶体谓之“礼”。故其言政治言教育皆以礼为中心。

第六，“礼，时为大”。故主张礼法王而不贵复古。

第七，“礼”之表现，在其名物度数。荀子既尊后学，故常教人对于心物两界之现象，为极严正极绵密之客观的考察，其结果与近世所谓科学精神颇相近。

以吾所见，荀子学术之全体大用，大略如是。盖厘然成为一系统的组织，而示学者以可寻之轨也。今将全书各篇重要之内容论次如下（次第依今本〉：

《劝学篇》：上半篇（自“学不可以已”起，至“安有不闻者乎”止。）采入《大戴礼记》。大旨言性非本善，待学而后善，其要点在力言“假于物”之义，“渐积”之义，以明教育效能。其下半篇则杂论求学及应问方法。

《修身篇》：教人以矫正本性之方法，结论归于隆礼而尊师。

《不苟篇》：教人审度事理，为适宜之因应。

《荣辱篇》：论荣辱皆由人所自取，中多阐发性恶语。

《非相篇》：篇首一段，辟相术之迷信，编录者因取以为篇名。内中有“法后王”一段，实荀卿学说特色之一。篇末论“谈说之术”两段亦甚要。

《非十二子篇》：本篇批评当时各家学派之错误，并箴砭学风之阙失。内中所述各派，实为古代学术史之重要史料。

《仲尼篇》：本篇多杂论，无甚精采。

《儒效篇》：大旨为儒术辨护。内中有“隆性隆积”一段，为性恶论之要语。

《王制篇》:以下五篇皆荀子政治论。本篇论社会原理有极精语。

《富国篇》:本篇论生计原理,全部皆极精。末两段言“非攻”及外交术,文义与全篇不甚相属。

《王霸篇》:本篇言政术。多对当时立言。

《君道篇》:本篇论“人治”与“法治”之得失,有精语。

《臣道篇》、《致仕篇》:此两篇无甚精采。

《议兵篇》、《强国篇》:此两篇承认当时社会上最流行之国家主义,而去其太甚。

《天论篇》:本篇批驳先天前定之说,主张以人力征服天行。是荀子哲学中极有力量的一部分。

《正论篇》:本篇杂取世俗之论,批评而矫正之。全篇不甚有系统。惟末两段批评宋钘,最为可贵,因宋钘学说,不多见,得此可知其概也。

《礼论篇》:礼学为荀子所最重,本篇自为书中重要之篇。惟细释全文,似是凑集而成。其第一段论礼之起原最精要。“礼有三本”以下,《大戴礼记》采录为《礼三本篇》。“三年之丧何也”以下,《小戴礼记》采录为《三年问篇》。

《乐论篇》:本篇一部分采入《小戴礼记·乐记篇》。其论音乐原理及音乐与人生之关系最精。但《乐记》所说,尤为详尽。未知是编《小戴》者将本篇补充耶?抑传钞本篇者有遗阙耶?

《解蔽篇》:本篇为荀子心理学。其言精深而肃括,最当精读。且应用之于修养。

《正名篇》:本篇为荀子之逻辑学。条理绵密,读之益人神智。(宜与《春秋繁露·深察名号篇》同读。)

《性恶篇》:本篇为荀子哲学之出发点,最当精读。

《成相篇》、《赋篇》:此二篇为荀子的美文,本不在本书之内。略浏览知文体之一种可耳。

《君子篇》、《大略篇》、《宥坐篇》、《子道篇》、《法行篇》、《哀公篇》、《尧问篇》:此七篇疑非荀子著作,不读亦可。

读《荀子》法　读《荀子》有两种目的:第一,为修养应用。第二,为学术的研究。

为修养应用起见,读《荀子》最能唤起吾辈之自治力,常检束自己,不至松弛堕落。又资质稍驽下之人,读之得"人定胜天"的信仰,能增加其勇气。又其理论之剖析刻入处,读之能令思虑缜密遇事能断。是故读《孟子》之益处在发扬志气,读《荀子》之益处在锻炼心能,二者不可偏废。为此种目的而读《荀子》,宜将心赏之格言,分类摘钞,——如有益于修身者,有益于应事者,有益于治学方法者。——常常熟讽牢记,随时参证于己身。庶几荀子所谓"博学而日参己,则知明而行无过矣"。

为学术的研究起见,其目的在求了解荀子学术之全系统及其在学术史上之位置。此种读法,宜待别注重数篇——最初读《劝学篇》观其大概。次读《性恶篇》,观其思想根核所在。次读《解蔽》、《正名》、《天论》三篇,观其所衍之条理。次读《礼论》、《乐论》两篇,观其应用于社会所操之工具如何。次读《正论篇》、《非十二子篇》,观其对于异派之攻难及辩护。如是则可以了解荀子之哲学及其教育。次读《富国》、《君道》、《王制》三篇,则可以了解荀子之政治学及其政术。更次则《荣辱》、《非相》两篇,间有极精之语,但不名一类,宜撷取为补助。以上诸篇,极须精读。余篇涉览足矣。

凡欲彻底了解一家学说，最好摽举若干问题为纲领。将全书中关涉此问题之语句，悉数钞录，比较钩稽以求其真意之所存。例如荀子之所谓性伪，所谓积，所谓习与化，所谓名，所谓礼，所为敝……等等，皆其主要问题也。各篇皆有论及。类钞而比观之，始能得其全豹。

凡立言总带有几分时代彩色，故孟子贵“知人论世”。荀子生今二千余年前，其言有专为当时之社会而发者，自当分别观之，不可盲从以责效于今日。但亦不可以今日眼光绳之，遂抹杀其在当日之价值也。至于其学说之含有永久性者——即并非对于时代问题而发言者，则无论何时，皆可以咨其严刻之评隲也。

《荀子》书多古训，其语法亦多与近代文不同，且脱误之字颇不少，故有时非借注释不能了解。旧注惟唐杨倞一家。前清乾嘉以降，校释者复数家。最先者为谢墉卢文弨合校本，《浙刻二十二子》所采是也。次则郝懿行之《荀子补法》，王念孙之《读荀子杂志》，俞樾之《荀子评议》。自有此诸书，而《荀子》始可读矣。近人王先谦裒诸家所释，间下己意，为《荀子集解》。现行《荀子》注释书，无出其右，读者宜置一本也。

韩　非　子

韩非行历　有数十万言著作之一学者而其生平事迹在作品中几一无可考如韩非者，可谓大奇！吾辈欲研究韩非为人，乃不能不仅以《史记·老庄申韩列传》区区之资料自甘。传云："韩非者，韩之诸公子也。喜刑名法术之学，而其归本于黄老……善著书。与李斯俱事荀卿，李斯自以为不如。非见韩之削弱。数以书干韩王，韩王不能用。于是……作《孤愤》、《五蠹》、《内外储》、《说林》、《说难》十余万言。人或传其书至秦。秦王见《孤愤》、《五蠹》之书曰：'嗟乎！寡人得见此人与游，死不恨矣。'李斯曰：'此韩非之所著书也。'秦因急攻韩。韩始不用非；及急，乃遣非使秦。秦王悦之未信用。李斯姚贾害之。秦王……下吏治非。李斯使人遗非药使自杀。……"案：《秦本纪》、《六国表》，非之使秦，在始皇十四年。（《韩世家》言在安王五年，则当为始皇十三年。当以纪表为是。）其被害当在此一两年间，则非之卒盖当西纪前二三三年或二三二年，生年则无可考矣。其著书盖在使秦以前。司马迁《报任安书》有"韩非囚秦说难孤愤"语，与本传矛盾，恐不足信。计非自下吏至自杀为时必甚暂，岂有余裕成此巨著耶？（迁书所云："文王幽而演《周易》，仲尼厄而作《春秋》，屈原放逐乃赋《离骚》，左丘失明厥有《国语》，孙子膑脚兵法修列，不韦迁蜀世传《吕览》，韩非囚秦说难孤愤，《诗》三百篇大抵圣贤发愤之所为作也。"除左丘孙膑事未有明确反证外，其余六事，几无一不与事实相违，且反证即大半可从《史记》中觅出；亦一奇也。因论韩非，辄附及之。）吾侪在本书中虽不能多得韩非事迹，然其性格则可想见：彼盖一极倔强之人，确守其所信而不肯自枉以蕲合于流俗。彼固预知其不能免于世祸，然终亦不求自免，其遇可哀，而其志可敬也。

《韩非子》书中疑伪之诸篇 《汉书·艺文志》："《韩子》五十五篇。"《隋书·经籍志》："《韩子》二十卷。"今本篇数卷数并同。故学者率以为今本即汉隋两志原本，且谓全书皆韩非手撰；然隋唐间类书所引《韩子》佚文不下百余条（看王先慎《韩非子集解》卷首），则今本之非其旧可知。诸篇中亦有可确证或推定其非出非手著者。如

《初见秦篇》：此篇为张仪说秦惠王之词，明见于《战国策》。吴师道顾广圻辈乃据本书而指《国策》为误，可谓无识。篇中言"天下阴燕阳魏连荆固齐收韩而成纵，将西面以与秦为难"此明是苏秦合纵时形势。若至韩非时，他国且勿论，如彼韩者，则《存韩篇》明云："韩事秦三十余年……入贡职与郡县无异"，岂复有"与秦为难"之勇气耶？

《存韩篇》：此篇前半，当是非使秦时所上书，惟后半自"诏以韩客之所上书书言韩之未可举下臣斯"以下，备载李斯驳论及秦韩交涉事迹，明是当时秦史官或李斯徒党所记录，决非出非手。

《有度篇》:言"荆齐燕魏今皆亡国",明是秦始皇二十六年后人语,距非之死逾十年矣。

以上三篇,皆从文句上得有反证,可决其不出非手。既有三篇不可信,则余篇亦岂遽能尽信?大抵汉初搜罗遗书,以多为贵,"买菜求添",恒所不免;而传钞纂录者又非皆有鉴别之识。故所传诸子书不被窜乱者盖鲜,不独韩非为然矣。

太史公述韩非书,标举《孤愤》、《五蠹》、《内外储》、《说林》、《说难》为代表。则此诸篇当为最可信之作品。(最少亦太史公认为最可信。)吾侪试以此诸篇为基础,从文体上及根本思想上研究,以衡量余篇,则其孰为近真,孰为疑伪,亦有可言者。以文体论:《孤愤》、《五蠹》等篇之文,皆紧峭深刻廉劲而锐达,无一枝辞。反之若《主道》、《有度》、《二柄》、《杨榷》、《八奸》、《十过》等篇,颇有肤廓语。《主道》、《扬榷》多用韵(《孤愤》等篇绝无此体),文体酷肖《淮南子》;《二柄》、《八奸》、《十过》等,颇类《管子》中之一部分(《管子》多属战国秦汉间作品,别详彼书解题)。《忠孝》、《人主》、《饬令》、《心度》、《制分》诸篇亦然。以根本思想论:太史公谓"韩子引绳墨切事情明是非"。盖韩非为最严正的法治主义者,为最综核的名学家。与当时似是而非的法家言——如主张用术主张用势等,——皆有别。书中余篇。(如前所列各篇多半是。)或多摭拾法家常谈,而本意与《孤愤》、《五蠹》等篇不无相戾。此是否出一人手,不能无疑。

要之今本《韩非子》五十五篇,除首两篇外,谓全部为法家言渊海则可,谓全部皆韩非作,尚待商量。但吾侪当未能得有绝对反证以前,亦不敢武断某篇之必为伪。姑提出一二标准,备自己及同志者之赓续研究耳。

《韩非子》中最重要之诸篇　欲知韩非学说之真际，宜先读以下各篇：

《五蠹篇》：从社会起原及社会组织古今变迁之实况说起，以证明法治主义之合理。颇肖唯物史观派口吻。

《显学篇》：对于当时儒墨两大派作正面攻击，使法家言成立。（此篇尤以攻击儒家为最烈。别有《问田篇》与墨家巨子田鸠辨难。）

《定法篇》：当时法家共宗商鞅申不害，此篇批评其不彻底之点，以成韩子之“新法家学说”。

《难势篇》：专驳慎到之势治主义。慎到盖由道家过渡到法家之一派也。

《问辩篇》：攻击惠施公孙龙一派之名家言，谓其诡辩而无功用。

《孤愤篇》：此篇言纯正法家言与社会不相容之故。最能表示著者反抗时代的精神。

《说难篇》：从心理方面研究发言之方法及效率，渊渊入微。

次要诸篇

《六反篇》、《八说篇》、《八经篇》：此三篇皆反覆证成己说，中多精语。

《内外储说》共六篇：此六篇体裁颇奇：每篇首一段名为“经”，标举所陈之义而证以实例，实例各以一句檃括为目。其下则为传（但无传名），详述其所引实例之始末。所引实例，含有小说的性质者较多。

《说林》上下篇：似是预备《内外储说》之资料。

《难一》、《难二》、《难三》、《难四》四篇：专对于不合理的事实或学说而下批评，多精核语。后此王充《论衡》正学其体。

《解老篇》、《喻老篇》：专训释《老子》。盖韩非哲学根本思想“归于黄老”也。《解老篇》精语尤多，为治《老子》者首应读之书。

《难言篇》、《爱臣篇》、《饰邪篇》：盖非早年上韩王之书，多对于时事发言。

《韩非子》校释书及其读法　韩非子旧有尹知章注，见《唐书·艺文志》，久佚。今本注不知出谁氏。元何犿称旧有李瓒注，或即其人，其年代亦无考。此书间有艰深之文句，非注不解；且多讹舛，非校不明。今注芜浅，殊不足副读者之望。清儒庐文弨顾广圻王念孙俞樾孙诒让先后有所校释；而王先慎采葺之作《韩非子集解》。现在释韩非之书无出其右矣。然庐王诸家对是书用力，似不如他书之勤，故遗义尚不少；王先慎学识亦凡近，罕所发明，故此书之整理，尚有望于后起也。

韩非为先秦诸子之殿，亲受业荀卿，洞悉儒家症结。“其归本于黄老”盐道家之精。与田鸠游，通墨家之邮。又泛滥于申商施龙，而悉抉其藩，以自成一家之言。以极致密深刻之头脑，生诸大师之后，审处而断制之；其所成就之能大过人，则亦时代使然也。故其书与老墨庄孟荀同为不可不读之书，不必专门学者也，一般人皆然。

读《韩非子》，宜略依前列各篇之次第读之，先明其根本思想所在。《管子》、《商君书》等，多由韩非并时人或后人摭拾而成，可作本书附属品读。

欲知韩非思想之渊源，则胡适《中国哲学史大纲》及吾所著《先秦政治思想史》皆可参看。但切勿为其所囿。韩学研究，今尚幼稚,可辟之殖民地甚多也。

《韩非子》文章价值,唐宋以来文人多能言之。其文最长处在壁垒森严,能自立于不败之地以摧敌锋,非深于名学者不能幾也。故在今日尤宜学之。《内外储说》等篇,“纯文学上”亦有价值。

左传　国语

《左传》之来历　《左传》，举全称则《春秋左氏传》。《汉书·艺文志》"《春秋古经》十二篇，《左氏传》三十卷"。原注云："左丘明，鲁太史。"《左传》著录始此。《志》所录刘歆《七略》文云："仲尼……以鲁……史官有法，故与左丘明观其史记。……有所褒讳贬损，不可书见，口授弟子。弟子退而异言。丘明恐弟子各安其意以失其真，故论本事而作传。明夫子不以空言说经也。"前乎此者，则《史记·十二诸侯年表》云："孔子……西观周室，论史记旧闻，兴于鲁而次《春秋》。……七十子之徒，口受其传指，为有所刺讥褒讳挹损之文辞，不可以书见也。鲁君子左丘明，惧弟子人人异端，各安其意失其真。故因孔子史记，具论其语，成《左氏春秋》。"据此，则《左传》为注释孔子之《春秋》而作，与《春秋》同时先后成书。似甚明。

虽然，考汉代对于《左传》传习经过之事实，则不能无疑。盖西汉一代经师，似未尝以此书为与《春秋经》有何等关系；起而张之者实自刘歆始。《汉书·歆传》云："歆校中秘书，见《古文春秋左氏传》，大好之。……初，《左氏传》多古字古言，学者传训故而已。及歆治《左氏》,引传文以解经,转相发明。……歆以为左丘明好恶与圣人同,亲见夫子;而公羊穀梁在七十子后,传闻之与亲见之,其详略不同。……及歆亲近欲建立《左氏春秋》及《毛诗》、《逸礼》、《古文尚书》,皆列于学官。……诸博士或不肯置对。歆因移书太常博士责让之曰:'……《春秋左氏》,丘明所修。……藏于秘府,伏而未发。……缀学之士,不思废绝之阙。……信口说而背传记,是末师而非往古。……犹欲抱残守缺,挟恐见破之私意,而无从善服义之公心。……以《尚书》为备,谓《左氏》为不传《春秋》,岂不哀哉!……'其言甚切,诸儒皆怨恨。是时名儒光禄大夫龚胜,以歆移书,上书深自罪责,愿乞骸骨罢。及儒者师丹为大司空,亦大怒,奏歆改乱旧章。……"据本传所记,吾侪可以得下列各项事实:(一)《左传》"藏于秘府",外人罕得见,歆校中秘书乃见之。(二)"引传文以解经",自歆始,前此无有。(三)诸博士皆谓《左氏》为不传《春秋》"。(四)歆以全力争立此书于学官,至于激动公愤。

《左氏》不传《春秋》 既有此类事实,吾辈对于《左传》,当然不能不引起怀疑。第一,《左传》全书真伪问题;第二,《左氏》对于《春秋》有无关系之问题。第一问题极易解决:因书中皆记春秋时代实事,断非后人所能全部捏造。且《史记》征引其文甚多,司马迁已见其书,可见非西汉末年始有。故今所当讨论者,惟在第二问题。

对于此问题之解答,吾辈盖左袒汉博士"《左氏》不传《春秋》"之说:案《左氏》释经之文,有不可解者四端:

一,无经之传:例如隐五年"曲沃庄伯伐翼。……翼侯奔随"。经本无关于此事之文,何以有传?夫传以释经,既无经可谓传乎？

二，有经而不释经之传：凡传以释经义，非述其事也。例如隐五年“九月，初献六羽”。《公羊传》曰：“何以书？识始僭诸公也。”是释其义也。《左传》但述羽数，此与经同述一义耳，岂似传体？

三，释不书于经之传：例如隐元年“五月，费伯帅师城郎。不书，非公命也”。夫释经而释不书于经者，则传书者不当释黄帝何以无典，吴楚何以无风乎？

四，释经而显违经意之传：例如隐三年书“尹氏卒”。《公羊传》云：“讥世卿。”为昭二十三年“尹氏立王子朝”张本也。此孔子反对贵族政体之大义，书中盖屡见。《左氏》改“尹”为“君”，谓为隐公之母。凡以避世卿之讥，袒庇王氏而已。

要之孔子之《春秋》，孟子所谓“其事则齐桓晋文，其文则史，其义则丘窃取之矣”。董生所谓“文成数万，其指数千，万物聚散，皆在《春秋》”。盖每条皆必有所谓“义”所谓“指”者存焉。若如《左氏》所释，则全书皆鲁史官之旧，而孔子仅得比于一钞胥！此何为者？故《左氏》自《左氏》，《春秋》自《春秋》。“引传解经”实刘歆作俑耳。

《左氏春秋》与《国语》　然则《左氏》原书当何如？《史记·太史公自序》云：“左丘失明，厥有《国语》。”《五帝本纪》云：“余观《春秋》、《国语》。”似司马迁所见而据为资料者，只有一部《国语》，而《史记》各篇引今本《左传》文当多，引今本《国语》文甚少。因此惹起一问题：司马迁所见《国语》，是否即为今本《国语》？《史记》所引《左传》诸文，是否包含在迁所见《国语》之中？质言之，则《左传》、《国语》是一是二之问题也。韦昭

《国语解叙》云:"左丘明……复采录前世穆王以来,下讫鲁悼智伯之诛。……以为《国语》。其文不主于经,故号曰《外传》。"此东汉人之说,盖起自《左传》盛行之后。号曰"外传",对《左氏》之为内传言也。然今本《国语》则大怪:论其年代,固以春秋为中坚,与《春秋》一书时代略相函;然其中述隐元年至哀十四年二百四十年间事反极少,将极主要之部分概从阙略。再反观今本《左传》亦大怪:既云释《春秋》,自当以隐元年至哀十四年为起讫之大限;乃发端记"惠公元妃孟子……"事已在隐前。犹可曰为隐公摄位直接张本,不得不追述也。至如桓二年"晋穆侯夫人姜氏以条之役生太子……"一篇,所记事远在春秋前数十年,经中亦绝无关于此事之文,释经而缕缕道此,果何为者?全书最末一篇,记悼四年智伯之灭,又远在获麟后数十年,与孔子的《春秋》有何关系?释经而缕缕道此,又何为者?是故今本《国语》与今本《左传》,若析而为二,则两书皆可谓自乱其例,不足以列于著作之林。若合而为一,则西周末东周初三百余年间一良史也,其书则本名《国语》,或亦称《左氏春秋》。"左氏春秋"者,犹《晏子春秋》、《吕氏春秋》,纯为一独立之著述,与孔子之《春秋》绝无主从的关系也。其由"左氏春秋"而变成"春秋左氏传",则自刘歆之引传解经始也。以上所推测若不谬,则所得结论为下列数项:

一,《国语》即《左氏春秋》,并非二书。

二,其书分国为纪,并非编年。

三,刘歆将鲁惠隐间迄哀悼间之一部分抽出,改为编年体,取以与孔子所作《春秋》年限相比附,谓之《春秋左氏传》。其余无可比附者,剔出,仍其旧名及旧体例,谓之《国语》。

四,凡今本《左传》释经之文,皆非原书所有,皆刘歆"引传释经"之结果。内中有"君子曰"云云者亦同。

五,其余全书中经刘歆窜入者当不少。

关于考证《左氏》真伪之参考书:

刘逢禄	《左传春秋考证》	
康有为	《新学伪经考》	关于《左传》之部
崔　适	《史记探原》	关于《左传》之部

《左传》《国语》之著作者年代及其史的价值　考证至此,则此书之著作者及其年代,将皆成问题!依《史记·十二诸侯年表》及《汉书·艺文志》,则著者姓左名丘明。《志》谓为孔子弟子,《表》谓为鲁之君子。然《太史公自序》云:"左丘失明,厥有《国语》。"则其人名丘,非名丘明也。且既为孔子弟子,则《仲尼弟子列传》何故遗之?因此则《十二诸侯年表》有无经后人窜乱,且成问题。(崔适直指为窜乱——说详《史记探原》卷四页二。)谓为"孔子弟子左丘明"者,作伪者因《论语》有"左丘明耻之丘亦耻之"之语,因影射之谓"好恶与圣人同"耳。其书既"不传《春秋》",则所谓"与孔子观史记"云云皆属虚构,而其人殆不名丘明。但此属小节且勿论。究竟左氏其人者何时人耶?《左传》、《国语》皆述晋灭智伯事;《国语》述越灭吴事;事皆在孔子卒后二十余年。则其成书最早亦后于孔子作《春秋》约三十年矣。尤足怪者:"腊"为秦节,"庶长"为秦爵,而此两名乃见于《左传》!且"庶长"者,商鞅所设之武功爵也。而作者道之!得毋其成书乃在商鞅相秦后耶?记陈敬仲事曰:"八世之后,莫之与京。"记季札适鲁听乐曰:"郑其先亡乎?"适晋,说赵文子韩宣子魏献子曰:"晋国其萃于三族乎?"《左氏》好语神怪,种种"浮

夸”之词(用韩愈评语)本数见不鲜。然当敬仲初亡命于齐时，而决言其八世之后必篡齐！当郑七卿辑睦时，而决言其必先亡；当晋范中行全盛时，而决言其必萃于韩赵魏！预言吻合至此，宁复情理！以常识判之，则谓其书成于田氏伐齐，三家分晋，韩灭郑以后，殆不为过。故先辈或以《左传》为战国初期作品，上距孔子卒百年前后，吾颇信之。

上所指摘者，皆非关后人窜乱，实原书固有之瑕类也。浮夸如此，然则其所记述，尚有史的价值否耶？换言之，则吾辈应认此书为信史否耶？平心而论，历史间杂神话，良为古代任何民族之所不能免；《左传》在许多中外古史中，比较的已算简洁。所记之事，经作者剪裁润色带几分文学的(寓言的)色彩者，固所在而有；然大部分盖本诸当时史官之实录。试将前半部与后半部比较，其文体不同之处，尚可以看出。知其所据原料，多属各时代旧文。故时代精神，能于字里行间到处表现也。要之《国语》、《左传》，实二千年前最可宝贵之史料，不容以小疵掩其大醇也。

读《左传》法之一　我国现存史籍，若以近世史的观念读之，固无一能尽如人意。但吾侪试思：西历纪元前四五百年之史部著作，全世界能有几何？《左传》一书，无论其原本为分国纪载或编年纪载，要之不失为一种有系统有别裁的作品，在全人类历史学界为一先进者。故吾侪以世界的眼光观察，已认此书为有精读的必要。若专就本国文献论：则我族文化，实至春秋时代始渐成熟，其位置恰如个人之甫达成年。后此历史上各方面文物之演进，其渊源皆溯诸春秋。故吾以为欲断代的研究国史，当以春秋时代为出发点。若侈谈三代以前，则易为神话所乱，失史家严正态度。若仅注重秦汉以后,则中国国民性之根核,社会组织变迁之脉络等,将皆无从理解。故吾常谓治国史者,以清代史为最要,次则春秋战国,战国苦无良史(《战国策》文学臭味太浓,非严格的史),而春秋时代幸有一《左传》,吾侪宜如何珍惜而宝习也!

《左传》一书,内容极丰富,极复杂。作史料读之,可谓最有价值而且有趣味。在文献学上任何方面,皆可以于本书中得若干资料以为研究基础。盖此书性质虽属政治史,然对于社会情状,常能为撮影的记述,试以《资治通鉴》比之,当感《通鉴》纯为政治的,而《左传》实兼为社会的也。所以能如此者,因由左氏史识特高,抑亦历史本身使然。其一,春秋时代,各地方皆在较狭的区城内分化发展,政治上乃至文化上并无超越的中心点。故其史体与后来之专以京师政局作主脑者有异。其二,彼时代之社会组织,纯为阶级的,一切文化,皆贵族阶级之产物。贵族阶级,虽非多数的,然究竟已为复数的。故其史体与后来之专为皇帝一人作起居注者有异。《左传》所叙述之对象,——史的实质如此,此其所以在古史中能有其特殊之价值也。

古今治《左传》者多矣:以研究方法论,吾以为莫良于顾栋高之《春秋大事表》。彼书盖先定出若干门类为自己研究范围,然后将全部书拆散,撷取各部分资料以供自己驾驭。记曰:“属辞比事《春秋》之教”,顾书真能善属而善比事。吾以为凡读史皆当用此法,不独《左传》也。但吾对于此书稍觉不满者有三端:第一,嫌其体裁专限于表:用表法诚极善;顾书各表,惨淡经营,令人心折者诚极多。但仍有许多资料非用表的形式所能整理者。顾氏以“表”名其书,自不容不以能表者为限;吾侪赓续研治,则须广其意以尽其用也。第二,嫌其所表偏于政治:《左传》本属政治史,多表政治,固所当然。然政治以外之事项,可表者正自不少。是宜有以补之。第三,嫌其多表释经语:“《左氏》不传《春秋》”,为吾侪所确信。今对于刘歆引传释经之语,研究其义例,非惟枉费精力,抑亦使《春秋》之旨愈荒也。此三端吾以为对于顾著宜修正或增益者。但其方法则吾无间然,愿学者循其矩而神而明之也。

马骕《左传事纬》,高士奇《左传记事本末》,皆仿袁枢治《通鉴》之例,以一事之起讫编年。此亦读《左氏》之一法。惟其所分之事,或失诸细碎,而大者反割裂遗漏。学者如能用其法,而以己之律令断制之,所得或较多也。

吾侪今日治《左传》,最好以社会学者的眼光治之:不斤斤于一国一事件之兴亡得失,而多注意于当时全社会共同现象。例如:当时贵族阶级如何受教育法?所受者为何种教育?当时贵族政治之合议组织如何?其政权授受程序如何?当时地方行政状况如何?当时国际交涉之法例如何?当时财产所有权及其承袭与后来之异同奚若?当时婚姻制度与后来之异同奚若?当时人对于自然界灾变作何等观念?当时可称为宗教者有多少种类?其性质何如?……如此之类,随时特拈出所欲研究之问题,通全书以搜索资料,资料略集,乃比次而论断之。所研究积数十题,则一时代之社会遗影,略可睹矣。

吾侪研究史料,往往有须于无文字中求之者。例如:(一)春秋时代是否已行用金属货币?(二)春秋时代是否有田井?(三)春秋时代是否用铁器?(四)春秋时代曾否有不行贵族政治之国家?……诸如此类,留心研索,亦可以拈出若干题。若其可作反证之资料甚缺乏乃至绝无，则否定之断案，或遂可成立。此亦治古史之一妙用也。

以上所述，皆史学家应采之通法，无论读何史皆可用之，不独《左传》。但《左传》既为最古之史，且内容甚丰，取材较易，先从彼著手，最可引起趣味也。

读《左传》法之二　《左传》自宋以来，列于《五经》，形成国民常识之一部。故虽非专门史学家亦当一读。其中嘉言懿行，有益修养及应世之务者不少。宜暗记或钞录之。

《左传》文章优美，其记事文对于极复杂之事项——如五大战役等，纲领提挈得极严谨而分明，情节叙述得极委曲而简洁，可谓极技术之能事。其记言文渊懿美茂，而生气勃勃，后此亦殆未有其比。又其文虽时代甚古，然无佶屈聱牙之病，颇易诵习。故专以学文为目的，《左传》亦应在精读之列也。

楚　辞

《楚辞》之编纂及其篇目　《汉书·艺文志》无《楚辞》；惟载"屈原赋二十五篇"。及王逸为《楚辞章句》，其《离骚》篇后序云："屈原……依诗人之义而作《离骚》。……复作《九歌》以下凡二十五篇。楚人高其行义，玮其文采，以相教传。……后世雄俊，莫不瞻慕，舒肆妙虑，缵述其词。逮至刘向典校经书，分为十六卷。……今臣复以所记所知稽之旧章作十六卷章句。……"据此，则《楚辞》似是刘向所编定。然今本第十六卷即刘向所作《九叹》；复有第十七卷为王逸所作《九思》。殆两人各以己作附骥耶？其各篇次第，今本与陆德明《经典释文》本亦有异同。今录其篇名篇数篇次及相传作者人名为表如下：

（篇名）	（篇数）	（今本篇次）	（释文篇次）	（旧题作者名）
《离骚》	一篇	第一	第一	屈原
《九歌》	十一篇	第二	第三	屈原
《东皇太一》、《云中君》、《湘君》、《湘夫人》、《大司命》、《少司命》				
《东君》、《河伯》、《山鬼》、《国殇》、《礼魂》				
《天问》	一篇	第三	第四	屈原
《九章》	九篇	第四	第五	屈原

《惜诵》、《涉江》、《哀郢》、《抽思》、《怀沙》

《思美人》、《惜往日》、《橘颂》、《悲回风》

《远游》	一篇	第五	第六	屈原
《卜居》	一篇	第六	第七	屈原
《渔父》	一篇	第七	第八	屈原
《九辩》	十一篇	第八	第二	宋玉
《招魂》	一篇	第九	第十	宋玉
《大招》	一篇	第十	第十六	屈原或景差
《惜誓》	一篇	第十一	第十五	贾谊
《招隐士》	一篇	第十二	第九	淮南小山
《七谏》	七篇	第十三	第十二	东方朔
《哀时命》	一篇	第十四	第十四	严忌
《九怀》	九篇	第十五	第十一	王褒
《九叹》	九篇	第十六	第十三	刘向
《九思》	九篇	第十七	第十七	王逸

《七谏》、《九怀》、《九叹》、《九思》各篇子目不录。

上各篇自《惜誓》以下，皆汉人所作。朱熹《楚辞辨证》云："《七谏》、《九怀》、《九思》、《九叹》虽为骚体，然其词气平缓，意不深切，如无所疾痛至强为呻吟者，就其中《谏》、《叹》，犹或粗有可观，两王则卑已甚矣。故虽幸附书尾而人莫之读。"故熹所作《楚辞集注》，将彼四家之三十四篇删去，而补以贾生之《吊屈文》及《鵩鸟赋》。其目如下：

卷一　《离骚经》第一

卷二　《离骚九歌》第二

卷三　《离骚天问》第三

卷四　《离骚九章》第四

卷五　《离骚远游》第五　《离骚卜居》第六　《离骚渔

父》第七

原注云:"以上离骚凡七题二十五篇,皆屈原作,今定为五卷。"

卷六	《续离骚九辩》第八	宋玉
卷七	《续离骚招魂》第九	宋玉
	《续离骚大招》第十	景差
卷八	《续离骚惜誓》第十一	贾谊
	《续离骚吊屈原》第十二	贾谊
	《续离骚鵩赋》第十三	贾谊
	《续离骚哀时命》第十四	严忌

洪兴祖补注本自《渔父》以上皆于篇名下各缀以"离骚"二字,而《离骚》篇题为"《离骚经》"。《九辩》以下则每篇篇名下缀以"楚辞"二字。朱熹因之而略加修正,故自《离骚》至《渔父》,每篇皆冠以"离骚"二字;《九辩》以下则冠以"续离骚"三字。

今本篇次与《释文》本有异同。洪兴祖云:"《九章》第四,《九辩》第八,而王逸《九章注》云:'皆解于《九辩》中',知《释文》篇第,盖旧本也。后人始以作者次叙之耳。"朱熹云:"今按天圣十年陈说之序,以为:'旧本篇第混并,首尾差互,如考其人之先后重定其篇。'然则今本说之所定也欤?"启超按洪朱所论甚当。欲知刘向王逸原本,宜遵《释文》;今本非也。

上所举篇数篇次等,虽甚琐末,然实为考证屈原作品之基本资料,故不惮详述之。

《屈原赋》二十五篇 《楚辞》中汉人作品,向不为人所重视,更无考证之必要。吾侪研究《楚辞》,实际上不过研究屈原而已。吾侪所亟欲知者:《汉书·艺文志》称"屈原赋二十五篇"究竟今《楚辞》中某二十五篇为屈原所作耶?此问题颇复杂。旧说通以《离骚》一篇,《九歌》十一篇,《天问》一篇,《九章》九篇,《远游》、《卜居》、《渔父》各一篇,以当二十五篇之数。其《九辩》、《招魂》则归诸宋玉。《大招》是否在二十五篇中,则存疑焉。吾窃疑非是。据所臆测,则刘向所集之二十五篇篇名当如下:

《离骚》一篇。

《九辩》一篇。

《九歌》十篇。

《卜居》一篇。

《渔父》一篇。

《天问》一篇。

《招魂》一篇。

《远游》一篇。

《惜诵》、《涉江》、《哀郢》、《抽思》、《思美人》、《橘颂》、《悲回风》、《怀沙》,各一篇。

上八篇今本更入以《惜往日》一篇合题为《九章》。

吾此说颇奇特。今须加以说明者:一为《大招》是否屈原作之问题;二为《招魂》是否宋玉作之问题;三为《九辩》作者问题;四为《九歌》篇数问题;五为《九章》是否旧名及其中各篇有无伪品问题。今一一钩稽疏证如下:

一　王逸《大招章句》云"《大招》,屈原之所作也。或曰景差。疑不能明也"。今按《大招》明为摹仿《招魂》之作,其辞靡弱不足观。篇中有"小腰秀颈若鲜卑只"语,鲜卑为东胡余种经昌顿摧灭别保鲜卑山因而得号者；其以此名通于中国，盖此东汉。非惟屈原不及知，即景差亦不及知，此篇决为汉人作无疑。故《释文》本列诸第十六，在全书之最末。则刘向编集时殆亦不认为先秦作品矣。故语屈原赋当先将此篇剔出。

二 《招魂》，今本目录注指为宋玉作；《文选》亦同。然《史记·屈原列传赞》云："余读《离骚》、《天问》、《招魂》、《哀郢》，悲其志。"然则司马迁明认《招魂》为屈原作。此篇对于厌世主义与现世快乐主义两方皆极力描写而两皆拨弃，实全部《楚辞》中最酣肆最深刻之作。后人因篇名《招魂》，且中有"魂魄离散汝筮予之"语，遂谓必屈原死后后人悼吊之作，因嫁名宋玉。所谓痴人前说不得梦也。谓宜从《史记》以本篇还诸屈原。

三 《九辩》向未有以加诸二十五篇中者。虽然，有一事颇难索解：《释文》本何故以此篇置诸第二——在《离骚》之后《九歌》之前？王逸释"九"字之义亦详见本篇下，而《九歌》、《九章》略焉，则此为王本原次甚明。夫第一篇及第三以下之二十余篇皆屈原作，而中间忽以非屈原作之一篇置第二，甚可异也；且全部《楚辞》除汉人诸作外，向来拟议为宋玉景差等所作者只有《九辩》、《招魂》、《大招》三篇。《大招》决属汉拟，《招魂》决为屈作，如前文所辩证，殆成信谳。仅余此《九辩》一篇（《九辩》原只一篇，故无子目。王逸本厘为十一篇，朱熹本厘为九篇，皆以意割裂耳），以宋辞而虱屈集，益大可异也。且"启《九辩》与《九歌》"，语见《离骚》，或辩歌同属古代韵文名称，屈并用之？故吾窃疑《九辩》实刘向所编《屈赋》中之一篇，虽无确证，要不失为有讨论价值之一问题也。

四 《九歌》十一篇，明载子目，更无问题。惟末篇《礼魂》，仅有五句("盛礼兮会鼓。传芭兮代舞。姱女倡兮容与。春兰兮秋菊,长无绝兮终古。"),似不能独立成篇。窃疑此为前十篇之"乱辞";每篇歌毕,皆殿以此五句。果尔,则《九歌》仅有十篇耳。

五　今本《九章》凡九篇,有子目。惟其中《惜往日》一篇文气拖沓靡弱,与他篇绝不类。疑属汉人拟作;或吊屈原之作耳。"九章"之名,似亦非旧:《哀郢》、《九章》之一也,史公以之与《离骚》、《天问》、《招魂》并举,认为独立的一篇。《怀沙》亦《九章》之一也,本传全录其文,称为"怀沙之赋"。是史公未尝谓此两篇为《九章》之一部分也。窃疑"九章"之名,全因摹袭《九辩》、《九歌》而起。或编集者见《惜诵》至《悲回风》等散篇,体格大类相类,遂仿《辩》、《歌》例赋予以一总名。又见只有八篇,遂以晚出之《惜往日》足之为九。殊不知《辩》、《歌》之"九"字,皆别有取义,非指篇数,观《辩》、《歌》之篇皆非九可知也。褒之《九怀》,向之《九叹》,逸之《九思》,篇皆取盈九数,适见其陋耳。故吾疑《九章》名非古。借曰古有之,则篇数亦不嫌仅八。而《惜往日》一篇,必当在料拣之列也。

若吾所臆测不甚谬,则将旧说所谓二十五篇者删去《惜往日》;以《礼魂》分隶《东皇太一》等十篇之末,不别为篇;而补入《九辩》、《招魂》;恰符二十五之数。此二十五篇是否皆屈原作品?抑有战国末年无名氏之作而后人概归诸屈原?虽尚有研究之余地(近人胡适有此说),然而刘向班固所谓二十五篇之《屈原赋》。殆即指此无可疑者。

屈原之行历及性格　《史记》有《屈原列传》,载原事迹颇详。举其大概则:

一　原为楚同姓贵族。

二　原事楚怀王，官左徒，曾大被信任。

三　原为同列上官大夫所排，遂被疏放；然犹尝任齐使。

四　怀王十六年（西纪前三一三）秦张仪谲诈怀王绝齐交，破合从之局。原请杀张仪。

五　怀王三十年（前二九九）秦昭王诱怀王会武关，原谏不听。王遂被胁留，客死于秦。

六　顷襄王立（前二九八），原为令尹子兰所谮，王怒而迁放之；原遂自沉。

关于屈原身世之唯一的资料，只有此传。后此言原事者皆本之。故汉王逸谓："原在怀王时被谗见疏作《离骚》。……顷襄王迁原于江南。原复作《九歌》、《天问》、《远游》、《九章》、《卜居》、《渔父》等篇。"宋洪兴祖谓："原被放在怀王十六年；至十八年复召用之。顷襄王立复放。"惟清王懋竑不信《史记》，谓原决无再召再放事；谓原决不及见顷襄王。其言曰："《卜居》言'既放三年不得复见'，《哀郢》言'九年而不复'，'壹反之无时'，则初无召用再放之事。"（《白田草堂存稿》卷三《书楚辞后》。下同。）又云："谏怀王入秦者，据《楚世家》乃昭睢，非屈原也。夫原谏王不听而卒被留，以致客死，此忠臣之至痛，而原诸篇乃无一语以及之！至《惜往日》、《悲回风》临绝之音，愤懑伉激，略无所讳，而亦只反复于隐蔽障壅之害孤臣放子之冤。其于国家，则但言其委衔勒弃舟楫将卒于乱亡，而不云祸殃之已至是也。是诱会被留，乃原所不及见，而顷襄王之立，则原之自沉久矣。"懋竑所辩尚多，皆从原作品本身立反证，极有价值。又传中令尹子兰等事，亦不足信，朱熹云："《楚辞》以香草比君子。

然以世乱俗衰,人多变节,遂深责椒兰之不可恃,而揭车江蓠,亦以次书罪。初非以为实有是人而以椒兰为名字者也。而史迁作《屈原传》乃有令尹子兰之说;班氏《古今人表》又有令尹子椒之名! ……王逸因之又讹以为司马子兰大夫子椒! ……流误千载,无一人觉其非,甚可叹也。使其果然,则又当有子车子离子樧之俦,盖不知其几人矣。"(《楚辞辨证》卷上。)上所论难,皆可谓读书得间。要之《史记》所载古代史迹,本多采自传闻,鉴别非甚精审,况后人窜乱亦多。即以《屈原列传》论,篇中自相矛盾处且不少。(王懋竑列举之。)故吾侪良不宜轻信,更不牵合附会以曲为之说。大概屈原为楚贵族。生卒于西纪前四世纪之下半纪。曾一度与闻国政,未几被黜放。放后逾九年乃自杀。其足迹在今湖北湖南两省。亦或尝至江西。此为屈原之基本的史迹,过此以往,阙疑可也。

司马光谓屈原"过于中庸,不可以训",故所作《通鉴》,削原事不载。屈原性格诚为极端的而与中国人好中庸之国民性最相反也。而其所以能成为千古独步之大文学家亦即以此。彼以一身同时含有矛盾两极之思想:彼对于现社会,极端的恋爱;又极端的厌恶。彼有冰冷的头脑,能剖析哲理;又有滚热的感情,终日自煎自焚。彼绝不肯同化于恶社会,其力又不能化社会,故终其身与恶社会斗,最后力竭而自杀。彼两种矛盾性日日交战于胸中,结果所产烦闷至于为自身所不能担荷而自杀。彼之自杀实其个性最猛烈最纯洁之全部表现。非有此奇特之个性不能产此文学;亦惟以最后一死能使其人格与文学永不死也。吾尝有《屈原研究》一篇(见《学术讲演集》第三辑),关于此点,论列颇详尽,可参考。(彼文关于屈原史迹及作品之考证,与斯篇稍有异同。)

《楚辞》注释书及其读法　《楚辞》多古字古言,非注释或不能悉解。汉武帝时,淮南王安已作《离骚章句》;东汉则班固贾逵皆续有所释;然亦只限于《离骚》。及王逸乃为《楚辞章句》十六卷,遍释诸篇。宋则有洪兴祖为之《补注》。而朱熹别加删订为《楚辞集注》。今三本并存。其余释者尚多,不具举。(清戴震有《楚辞笺》不审尚存否?若存,必当有可观。)王逸辈在郑玄高诱韦昭前,所释训诂名物多近正,最可贵,其释篇中之义则以为:"《离骚》之文,依《诗》取兴,引类譬谕。故善鸟香草以配忠贞,恶禽臭物以比谗佞,灵修美人以媲于君,宓妃佚女以譬贤臣,虬龙鸾凤以托君子,飘风云霓以为小人。……"此在各篇中固偶有如此托兴者。(《离骚》篇或更多。)若每篇每段每句皆胶例而凿求之,则偵甚矣。人之情感万端,岂有含"忠君爱国"外即无所用其情者?若全书如王注所解,则屈原成为一虚伪者或钝根者,而二十五篇悉变为方头巾家之政论,更何文学价值之足言?故王注虽有功本书,然关于此点,所失实非细也;后世作者往往不为文学而从事文学,而恒谬托高义于文学以外,皆由误读《楚辞》启之,而注家实不能不任其咎。朱注对于此等曲说颇有芟汰,较为洁净(《楚辞辨证》对于《九歌》诸篇所论云:"《东皇太一》,旧语以为'原意谓人尽心以事神,则神惠以福;今竭忠以事君,而君不见信,故为此以自伤'。《补注》又谓'此言人臣陈德义礼乐以事上,则上无忧患'。《云中君》,旧说以为'事神已讫,复念怀王不明而太息忧劳'。《补注》又谓'以云神喻君德,而怀王不能,故心以为忧'。皆外增赘说以害全篇之大旨,曲生碎义以乱本文之正意。"又云:"《湘君》一篇,而意曲折,最为详尽。而为说者之谬为尤多。以致全然不见其语意之脉络次第。至其卒章犹以‘遗玦捐袂’为求贤，而‘采杜若’为好贤之无已，皆无复有文理也。”又云：“佳人召予，正指湘夫人而言。情五臣谓‘若有君命则亦将然’，《补注》以佳人为‘贤人同志者’。如此则此篇何以名为《湘夫人》乎？”读此可知旧注之穿凿可笑，而朱氏之特识为不可及也），惜仍有所拘牵，芟涤未尽耳。（例如《九歌》总序下注云：“此卷诸篇，皆以事神不答而不能忘其敬爱，比事君不合而不能忘其忠赤。”虽稍直捷，然终未能脱旧注桎梏。何如直云《九歌》皆祀神乐章，而屈原自抒其想像力及情感耶？）故吾以为治《楚辞》者，对于诸家之注，但取其名物训诂而足。其敷陈作者之旨者，宜悉屏勿观也。

我国最古之文学作品，《三百篇》外，即数《楚辞》。《三百篇》为中原遗声；《楚辞》则南方新兴民族所创之新体。《三百篇》虽亦有激越语，而大端皆主于温柔敦厚；《楚辞》虽亦有含蓄语，而大端在将情感尽情发泄。《三百篇》为极质正的现实文学；楚辞则富于想像力之纯文学。此其大较也。其技术之应用亦不同道。而楚辞表情极回荡之致，体品尽描写之妙，则亦一进步也。吾以为凡为中国人者，须获有欣赏《楚辞》之能力，乃为不虚生此国。吾愿学者循吾说而广之，讽诵厌饫之既久，必能相说以解也。

诗　经

《诗经》之年代　《诗经》为古籍中最纯粹可信之书，绝不发生真伪问题，故但考其年代已足。

《孟子》云："王者之迹熄而《诗》亡，《诗》亡然后《春秋》作。"未述诗之起原而惟概指其终局，似论《三百篇》皆春秋前作品也。今案：各篇年代最古而有征者为《商颂》五篇。《国语》云："正考父校商之名颂十二篇于周大师，以《那》为首。"郑司农云："自考父至孔子，又亡其七篇。"后世说《诗》者或以今《商颂》为考父作，此误读《国语》耳，此五篇乃至十二篇者，殆商代郊祀乐章，春秋时宋国沿用之，故得传于后；犹汉魏郊祀乐府，至今虽失其调而犹存其文也。其次则《豳风》之《七月》一篇，后世注家谓周公述后稷公刘之德而作；然羌无实据。玩诗语似应为周人自豳迁岐以前之民间作品。且篇首"七月流火九月授衣"云云，所用为夏正，故亦可推定为夏时代作品(?)。果尔，则三百篇中此为最古；且现存一切文学作品中亦此为最古矣。其最晚者如《秦风》之"我送舅氏曰至渭阳"。相传为秦襄公送晋文公之诗；如《秦风》之"胡为乎株林从夏南"，相传为刺陈灵公昵夏姬之诗。果尔,则为春秋中叶作品。然尽人皆可有舅,不必秦康;夏南为夏姬虽极近似,亦无以证其必然。故诗讫何年,实难论定。惟《鲁颂·閟宫篇》"周公之孙庄公之子",其为鲁僖公时作品更无可疑。则三百篇中不乏春秋时作品,盖可推断。然《国风》有邶鄘唐魏,皆春秋前旧国,二《雅》有多篇可考定为周厉宣时事。则假定全书诸篇以西周末东周初——约西纪前九百年至前七百年——时人所作为中坚;其间最古之若干篇,约距今三千四五百年前,最晚之若干篇,约距今二千六七百年前(?),虽不中不甚远矣。

然则何故惟彼时代独有诗——或诗独盛耶?其一:社会文化渐臻成熟之后,始能有优美文艺作品出现。"周监二代,郁郁乎文。"中国社会脱离僿野状态,实自周始;周初犹属启蒙时代,故可传之作品尚少;至东迁前后,人文益进,名作乃渐多。又:诗本为表情之具。周初社会静谧,冲动情感之资料较少;东迁前后,乱离呻吟,不期而全社会强烈之感情被蒸发焉。此或亦多诗之一因也。其二:问者曰:若尔则春秋中叶以后诗宜更多,曷为反少?此问题复可作两种解答:一,文体未逐时代而变迁,此类之诗,盛行已数百年,或春秋中叶以后,渐为社会所厌倦,不复有名作。二,"輶轩采诗"之制度,传记屡言,吾侪应认为事实的存在。三百篇之辑集成书,殆由于此。此事本为周代美政之一,由王室行之。春秋以降,王室式微,斯典乃废。虽有歌什,莫没撷纂,遂至沦逸。孟子所谓"王迹熄而诗亡"也。

孔子删诗说不足信 《史记·孔子世家》云:"古者诗三千余篇。及至孔子,去其重,取可施于礼义,上采契后稷,中述殷周之盛,至幽厉之缺,三百五篇。"此说若确,则今本《诗经》,实为孔子所手选，如徐孝穆之选《玉台新咏》，王介甫之选《唐百家诗》。然汉唐学者多不信此说。孔颖达云："书传所引之诗，见在者多，亡逸者少；则孔子所录，不容十分去九。迁言未可信也。"谨案：《论语》云："诗三百一言以蔽之……"又云："诵《诗》三百授之以政不达……"此皆孔子之言，而述《诗》篇数，辄举三百。可见孔子素所诵习即止此数，而非其所自删明矣。《左传》记吴季札适鲁观乐，事在孔子前，而所歌之风，无出今十五国外者。益可为三百篇非定自孔子之明证。且孔子如删《诗》也，则以何为标准耶？如后人所谓"贞淫"耶？郑卫言情之作具在，未尝删也。且如逸诗之见于传记者，如《论语》之："唐棣之华，偏其反而。岂不尔思，室是远而。"如《左传》之"虽有丝麻，无弃菅蒯，虽有姬姜，无弃憔悴。""思我王度，式如玉式如金。形民之力，而无醉饱之心。"凡此之类。何字何句悖于"礼义"，而孔子乃删之哉？是故以吾侪所信，则孔子决无删《诗》之事。今三百篇，是否曾经一度有意识的编纂，不可深考。借曰有之，则编纂者或史官太师之属，不能确指为谁。要之春秋时士大夫所同讽诵者即此三百余篇，纵有佚亡，亦不加百之一二，此则按诸故实而略可断言者也。

然则孔子之于《诗经》未尝有所致力耶？曰：有之。《论语》述孔子言曰："吾自卫反鲁，然后乐正，雅颂各得其所。"《孔子世家》曰："诗三百篇，孔子皆弦而歌之，以求合韶武雅颂之音。"庄子曰："孔子诵诗三百，歌诗三百，弦诗三百，舞诗三百。"窃意前此之诗不皆能入乐，或入乐而沦紊其谱。孔子最嗜音乐，最通音乐。故反鲁之后，以乐理诏鲁太师。又取三百篇之谱阙者补之。舛者订之，故云乐正而雅颂得所，故云弦歌以求合韶武。是故雅颂之文犹昔也;失所得所,则弦之歌之舞之而始见。孔子正乐即正诗也。故乐无经,以诗为经。“雅言诗书执礼”而无乐,乐在诗中,不可分也。诗乐合体,其或自孔子始也。(看魏源《诗古微》上编之三《夫子正乐论》)

《诗序》之伪妄 《诗经》之传授,在汉初则有鲁齐韩三家立于学官,而古文毛氏传晚出。东汉以后,毛独行而三家废。今官书题此书为“毛诗”,而村学究且有呼为“毛经”者,可叹,亦可笑也!《毛传》真伪,久成问题,吾于他书论今古文公案者已屡及之,今不再赘。而其伪中出伪贻误后学最甚者尤莫如所谓“《诗序》”。《诗序》今附《毛传》以行,每篇之首,序说所以作此诗之意或并及作诗之人。首篇《关雎》之序特长,盖千数百言,总论全书旨趣,谓之《大序》。自余各篇,短者不及十言,较长者数十言,谓之《小序》。夫读诗者恒欲知作诗之人与作诗之旨,此人情也。而《诗》三百篇一一求其人与其旨以实之。殆不可能。故孟子贵“以意逆志”;《左传》称“断章取义”;申公之授《鲁诗》,“无传疑,疑者盖阙不传”;韩婴作《韩诗外传》;刘向作《新序》,皆实行逆志断章之教。西汉以前之说《诗》者类皆如此。今所谓《诗序》者,乃逐篇一一取其人与其旨凿言之若有所受焉,此所以为学者所共乐习,二千年奉为鸿宝以迄于兹也。

《诗序》谁所作耶?《后汉书·儒林传》述其来历甚明。传云:“谢曼卿善《毛诗》,乃为其训。卫宏从曼卿受学,因作《毛诗序》,善得风雅之旨,于今传于世。”则序为宏作,铁案如山,宁复有疑辩之余地?乃隋唐以后之传说则大可异!或云《序》之首句为大毛公作,次句以下为小毛公作。或云《大序》是子夏作,《小序》是子夏毛公合作。(《隋书·经籍志》称序为子夏所创,毛公及卫敬仲更加润益。)尤可骇者,宋程颐以《大序》为孔子所作,《小序》为当时国史所作。以《史记》、《汉书》从未齿及之《诗序》范蔚宗时"传于世"共知出卫宏手者,乃展转攀引嫁名及于孔子子夏,而千余年共认为神圣不可侵犯之宝典,真不可思议之怪象矣。

诗非必皆无作者主名,然断不能谓篇篇皆可得作者主名。诗非必皆无本事,然断不能谓篇篇皆有本事。以三百篇论,则无主名无本事者其数必远过于有主名有本事者,又至易见也。鲁齐韩三家书虽亡,其佚时时见于他籍,间有述各篇之主名或年代或本事,则其义率较所谓《毛诗序》者为长。(如以《关雎》为康王时诗,以《采薇》为懿王时诗,以《驺虞》为主鸟兽之官,以《宾之初筵》为卫武公饮酒悔过作之类,盖有所受之也。)《毛诗》家所谓大毛公小毛公者是否有其人,本已属问题;借曰有之,然质诸刘歆班固,亦未言二毛有作序之事。而卫宏生东汉之初,果何所受而能知申公辕固韩婴所不知或另树一说以与为离者?故但考明《诗序》之来历,则其书之无价值,本已不待辩。若细按其内容,侧捧腹喷饭之资料更不可一二数。例如《郑风》:见有"仲"字则曰祭仲,见有"叔"字则曰共叔段,余则连篇累牍皆曰"刺忽""刺忽"。郑立国数百年,岂其于仲段忽外遂无他人?而诗人讴歌,岂其于美刺仲段忽外遂无他情感?凿空武断,可笑一至此极!其余诸篇,大率此类也。故欲治《诗经》者非先将《毛序》拉杂摧烧之,其蔀障不知所极矣。(看崔述《读风偶识》卷一《通论诗序》卷二《通论十三国风》。)

朱熹《集传》,亦每篇述作诗之旨而颇纠正《卫序》,较洁净矣;而又别有其凿空武断之途。故学者宜并举而廓清之。

风颂雅南释名　“四诗”之说，见于《孔子世家》，其说是否为后人附益，尚难断定。若古有此说，则甚易解，盖三百篇本以类从，分为四体，曰南曰风曰雅曰颂。自《毛诗序》不得“南”之解，将《周》、《召》二南侪于《邶》、《鄘》以下之诸风名为“十五国风”，于是四诗余其三，而析小、大《雅》为二以足之，诗体紊矣。今分释其名如下：

一，释南：《诗·鼓钟篇》：“以雅以南。”“南”与“雅”对举。雅既为诗之一体，则南亦必为诗之一体甚明。《礼记·文王世子》之“胥鼓南”，《左传》之“象箾南籥”，皆指此也。此体诗何以名之为“南”，无从臆断。毛氏于《鼓钟》传云：“南夷之乐曰南。”《周礼》旄人郑注，《公羊》昭二十五年何注皆云：“南方之乐曰任。”“南”“任”同音，当本一字。乃至后此汉魏乐府所谓“盐”所谓“艳”者（河鹊盐，归国盐，突厥盐，黄帝盐，疏勒盐，三妇艳），亦即此字所变术，盖未可知。但《毛诗序》必谓《鼓钟》之“南”非二南之“南”，其释二南则谓：“南，言王化自北而南”，则望文生义极可笑，此如某帖括家选古诗解昔昔盐为食盐矣！窃意“南”为当时一种音乐之名，其节奏盖自于一体，与雅颂等不同。据《仪礼·乡饮酒礼》、《燕礼》，皆于工歌间歌笙奏之后终以合乐，合乐所歌为《周南》之《关雎》、《葛覃》、《卷耳》；《召南》之《鹊巢》、《采蘩》、《采蘋》。《论语》亦云：“《关雎》之乱，洋洋乎盈耳哉”，“乱”者曲终所奏也。综合此种资料以推测，“南”似为一种合唱的音乐，于乐终时歌之，歌者不限于乐工。故曰“其乱洋洋盈耳”矣。

二，释风：《毛诗序》释“风”字之义，谓：“上以风化下；下以风刺上。”亦是望文生义。窃疑风者讽也；为讽诵之讽字之本文。《汉书·艺文志》云:"不歌而诵谓之赋。""风"殆只能讽诵而不能歌者。故《仪礼》、《礼记》、《左传》中所歌之歌,惟风无有。《左传》述宴享时所及之风歌则皆赋也,正所谓不歌而诵也。(《左传·季札观乐篇》遍歌各国风,其文可疑,恐是孔子正乐以后之学者所记。详《左传解题》。)后此风能歌与否不可知;若能,恐在孔子正乐后也。

三,释雅:雅者正也。殆周代最通行之乐。公认为正声,故谓之雅。《仪礼·乡饮酒》云:"工歌《鹿鸣》、《四牡》、《皇皇者华》;笙《南陔》、《白华》、《华黍》;乃间歌《鱼丽》,笙《由庚》;歌《南有嘉鱼》;笙《崇丘》;歌《南山有台》,笙《由仪》……工告于乐正曰,'正乐备'。……"(笙诗六篇,有声无辞。晋束皙谓其亡而补之,妄也。窃疑歌与笙同时合作,相依而节,如今西乐所谓"伴奏"。例如歌《鱼丽》时即笙《由庚》以为伴,《由庚》但有音符之谱而无辞可歌,其音节则与所歌《鱼丽》相应也。《南陔》之与《鹿鸣》,《白华》之与《四牡》,《华黍》之与《皇皇者华》,《崇丘》之与《南有嘉鱼》,《由仪》之与《南山有台》,并同。)凡《小雅》、《大雅》之诗皆用此体,故谓之正乐,谓之雅。

四,释颂:后人多以颂美之义释颂,窃疑不然。《汉书·儒林传》云:"鲁徐生善为颂。"苏林注云:"颂貌威仪";颜师古注云:"颂读与容同。"颂字唯页,页即人面,故容貌实颂字之本义也。然则周颂商颂等诗何故名为颂耶?南雅皆唯歌,颂则歌而兼舞。《周官》"奏无射,歌夹钟,舞《大武》";《礼记》"朱干玉戚冕而舞《大武》"。《大武》为《周颂》中主要之篇,而其用在舞。舞则舞容最重矣,故取所重名此类诗曰颂。《乐记》云:"夫《武》,始而北出;再成而灭商;三成而南;四成而南国是疆;五成而分周公左召公右;六成复缀以崇天子。夹振之而四伐,盛威于中国也;分夹而进,事蚤济也;久立于缀,以待诸侯之至也。”(今本《周颂》,惟“于《皇武王》”一章下句标题为“武”。然据《左传》宣十二年楚庄王云:“武王克商作《武》。其卒章曰‘耆定尔功’。其三曰‘敷时绎思我徂维求定’。其六曰‘绥万邦屡丰年’。……”今本惟“耆定尔功”在《武》之章;“敷时绎思”云云其章名曰《赉》;“绥万邦”云云其章名曰《桓》。而春秋时人乃并指为《武》之一部,且确数其篇次。可见今本分章非古,而《大武》之诗不止一章矣。)观此则《大武》舞容何若,尚可仿佛想见。三颂之诗,皆重舞节,此其所以与雅南之唯歌者有异,与风之不歌而诵者更异也。(略以后世之体比附之,则风为民谣,南雅为乐府歌辞,颂则剧本也。)

上“四诗”之分析解释,前人多未道及,吾亦未敢遽自信,姑悬一说以待来者。

读《诗》法之一 《诗》三百篇,为我国最古而最优美之文学作品。其中颂之一类,盖出专门文学家音乐家所制,最为典重裔皇。雅之一类,亦似有一部分出专门家之手。南与风则纯粹的平民文学也,前后数百年间各地方各种阶级各种职业之人男女两性之作品皆有。所写情感对于国家社会,对于家庭,对于朋友个人相互交际,对于男女两性间之怨慕等等,莫不有其代表之作。其表现情感之法,有极缠绵而极蕴藉者。例如:

君子于役,不知其期。曷至哉?鸡栖于埘。君子于役,如之何勿思!

如：

陟彼岵兮，瞻望父兮。父曰“嗟！予子行役，夙夜无寐，尚慎旃哉！由来无死”。

如：

习习谷风，以阴以雨。黾勉同心，不宜有怒，采葑采菲，无以下体，德音莫违，及尔同死。

有极委婉而实极决绝者。例如：

泛彼柏舟，亦泛其流，髧彼两髦，实为我仪。之死矢靡它。母也天只不谅人只。

有极沉痛而一发务使尽者。例如：

蓼蓼者莪，匪莪伊蒿。哀哀父母，生我劬劳。

如：

苕之华，其叶青青。知我如此，不如无生。

有于无字句处写其深痛或挚爱者。例如：

彼黍离离，彼稷之苗。行迈靡靡，中心摇摇。知我者谓我心忧，不知我者谓我何求。悠悠苍天，此何人哉！

如：

瞻彼日月，悠悠我思。道之云远，曷云能来。

有其辞繁而不杀以曲达菀结不可解之情者。例如：《谷风》、《载驰》、《鸱鸮》、《节南山》、《正月》、《十月之交》、《小弁》、《桑柔》诸篇。（全文不录）

有极淡远而一往情深者。例如：

蒹葭苍苍，白露为霜。所谓伊人，在水一方。溯洄从之，道阻且长。溯游从之，宛在水中央。

有极旖旎而含情邈然者。例如：

春日载阳，有鸣苍庚。女执懿筐，遵彼微行，爰求柔桑。春日迟迟，采蘩祁祁。女心伤悲，殆及公子同归。

凡此之类，各极表情文学之能事。（上所举例，不过随感忆所及，随摭数章，令学者循此以注意耳。非谓表情佳什仅此，亦非谓表情法之种类仅此也。）故治诗者宜以全诗作文学品读，专从其抒写情感处注意而赏玩之，则诗之真价值乃见也。

孔子曰："诗可以兴，可以观，可以群，可以怨。"孔子于文学与人生之关系看出最真切，故能有此言。古者以诗为教育主要之工具，其目的在使一般人养成美感为玩赏文学的能力，则人格不期而自进于高明。夫名诗仅讽诵涵泳焉，所得已多矣，况孔子举三百篇皆弦而歌之，合文学音乐为一以树社会教育之基础，其感化力之大云胡可量？子之武城，闻弦歌之声。子游对以"君子学道则爱人；小人学道则易使"。谓以诗教也，谓美感之能使社会向上也。吾侪学《诗》，亦学孔子之所学而已。

《诗》学之失，自伪《毛序》之言"美刺"始也。伪《序》以美刺释《诗》者什而八九，其中"刺时""刺其君""刺某人"云云者又居彼八九中之八九。夫感慨时政，憎嫉恶社会，虽不失为诗人情感之一，然岂舍此遂更无可抒之情感者？伪《序》乃悉举而纳之于刺！例如《邶风》之《雄雉》，《王风》之《君子于役》，明为夫行役在外而妻念之之作，与时君何与？而一以为刺卫宣公，一以为刺周平王！《邶风》之《谷风》，《卫风》之《氓》，明是弃妇自写其哀怨；而一以为刺夫妇失道，一以为刺时！诸如此类，指不胜指。信如彼说，则三百篇之作者乃举如一黄蜂，终日以螫人为事！自身复有性情否耶？三百篇尽成"爰书"，所谓温柔敦厚者何在耶？又如男女相悦之诗什九释为刺淫。彼盖泥于孔子"思无邪"之言，以为"淫则邪，刺之则无邪"也。信如彼说，则构淫词以为刺，直"劝百讽一"耳。谓之无邪可乎？不知男女爱悦，亦情之正，岂必刺焉而始合有于无邪之旨也。是故自美刺之说行，而三百篇成为"司空城旦书"，其性灵之神圣汩没不曜者二千年于兹矣！学者速脱此梏，乃可与语于学诗也。

读《诗》法之二 前段所说，专就陶养情感一方面言。但古人学诗，尚有第二目的，在应用一方面。孔子曰："不学诗，无以言。"又曰："诵诗三百，授之以政，不达；使于四方，不能专对；虽多亦奚以为？"学诗何故能言能专对？授之以政何故能达耶？为政者不外熟察人情，批其窾郤，因而导之。而吾人所以御事应务，其本则在"多识前言往行以畜其德"。古人学诗，将以求此也。《左传》襄二十八年云："赋诗断章，余取所求焉。"断章取所求，即学《诗》应用方面之法也。是故"缗蛮黄鸟，止于丘隅"。孔子读之则曰："于止知其所止；可以人而不如鸟乎？""高山仰止，景行行止。"孔子读之则曰："诗之好仁如此；乡道而行，不知年数之不足，俛焉日有孳孳，毙而后已。"司马迁读之则曰："虽不能至，而心向往之。""如切如磋，如琢如磨。"子贡读之，悟所以处贫富者。"巧笑倩兮，美目盼兮，素以为绚兮。"子夏读之，明"礼后"之义。孔子并赞叹之曰："赐也商也始可与言诗也已矣。""彻彼桑土，绸缪牖户，今此下民，或敢侮予。"孟子读之则曰："能治其国家谁敢侮之？""鸤鸠在桑，其子七兮；淑人君子，其仪一兮。"荀子读之则曰："故君子结于一也。"自余如《左传》所记列国卿大夫之赋诗言志；以及《韩诗外传》、《新序》之或述事或树义而引《诗》以证成之。凡此之类，并不必问其诗之本事与其本意；通吾之所感于作者之所感，引而申之，触类而长之。此亦锻炼德性增益才智之一法，古人所恒用而今后尚可袭用者也。

读《诗》法之三 现存先秦古籍，真赝杂糅，几于无一书无问题。其精金美玉字字可信可宝者，《诗经》其首也。故其书于文学价值外尚有一重要价值焉：曰可以为古代史料或史料尺度。

所谓可以为史料者：非谓如伪《毛序》之比附《左传》、《史记》强派某篇为某王某公之事云也。《诗经》关系政治者本甚希，即偶有一二属于当时宫廷事实者（如卫武公饮酒悔过；许穆夫人赋《载驰》之类）亦不甚足重轻，可置勿论。（《诗经》中关于具体的政治史料反不可尽信。盖文人之言，华而不实者多也。如《鲁颂·閟宫》有"庄公之子"语，明为颂僖公无疑；而篇中又云"戎狄是膺荆舒是惩"。僖公何从有此丰功伟烈耶？）虽然，历史决不限于政治；其最主要者在能现出全社会心的物的两方面之遗影。而高尚的文学作品，往往最能应给此种要求。《左传·季札观乐》一篇对于十五国风之批评，即从社会心理方面研究《诗经》也。（其果否为季札所批评且勿论。）吾侪若能应用此方法而扩大之，则对于"诗的生代"——纪前九〇〇至前六〇〇之中华民族之社会组织的基础及其人时观之根核，可以得较明确的概念；而各地方民性之异同及其次第醇化之迹，亦可以略见。其在物质方面，则当时动植物之分布，城郭宫室之建筑，农器兵器礼器用器之制造，衣服饮食之进步……凡此种种状况，试分类爬梳，所得者至复不少。故以史料读《诗经》几于无一字无用也。

所谓史料之尺度者：古代史神话与赝迹太多，吾侪欲严密鉴别，不能不择一两部较可信之书以为准据，以衡量他书所言以下真伪之判决，所谓正日月者视北辰也。若是者，吾名之曰史料之尺度。例如研究孔子史迹当以《论语》为尺度是也。有诗时代及有诗以前之时代，正式之史未出现（《诗》亡然后《春秋》作）；而传记谶纬所记古事多糅杂不可究诘。《诗经》既未经后人窜乱，全部字字可信。其文虽非为记事而作，而偶有所记，吾辈良可据为准鹄。例如："天命玄鸟，降而生商"；"厥初生民，时维姜嫄"；乃商周人述其先德之诗，而所言如此，则稷契为帝喾子之说，当然成问题。例如："帝作邦作对，自太伯王季"，明长周人历述其创业之主，则泰伯有无逃荆蛮之事，亦成问题。（恐周人自文武以前亦如殷制兄终弟及。）例如：各篇中屡言夏禹：如"禹敷下土方""缵禹之绪"等，而尧舜无一字道及，则尧舜为何等人亦可成问题。诸如此类，若以史家极谨严的态度临之，宁阙疑勿武断，则以《诗经》为尺度，尚可得较洁净之史也。

说《诗》注《诗》之书 《诗》居六艺之首，自汉以来，传习极盛，解说者无虑千百家，即今现存之笺释等类书亦无虑千百种，略读之已使人头白矣。故吾劝学者以少读为妙。若必欲参考，则姑举以下各书：

西汉今文《诗说》有鲁齐韩三家，其传皆亡，仅余一《韩诗外传》，为韩诗之别子；刘向之《新序》及《说苑》，说诗语极多，向固治《鲁诗》也。欲知西汉诗说之大概，此三书宜读。

清陈乔枞有《三家诗遗说考》，搜采三家说略备，可参考。

现行《十三经注疏》本《诗经》，为毛传郑康成笺孔颖达疏。所谓古文家言也。毛序之万不可信，吾已极言之。惟《毛传》于训诂颇简洁，可读也。郑笺什九申毛，时亦纠之。穿凿附会者不少，宜分别观。《孔疏》颇博洽而断制少。清儒新疏，有陈奂《诗毛氏传疏》最精审。专宗毛。虽郑亦不苟同也。次则马瑞辰《毛诗传笺通释》，胡承珙《毛诗后笺》，亦好。而王引之《经义述闻》、《经传释词》中关于《毛诗》各条皆极好。学者读此类书，宜专取其关于训诂名物方面观之。其关于礼制者已当慎择；关于说诗意者切勿为其所囿。

宋儒注释书,朱熹《诗经集传》颇洁净。其教人脱离传笺直玩诗旨,颇可学。但亦多武断处。其对于训诂名物,远不逮清儒之精审。

通论诗旨之书,清魏源《诗古微》,崔述《读风偶识》,极有理解,可读。姚际恒《九经通论》中《诗经》之部当甚好,但我尚未见其书。

吾关于整理《诗经》之意见有二。其一训诂名物之部:清儒笺释,已什得八九,汇观参订,择善以从,勠成一极简明之新注,则读者于文义可以无阂。其二,诗旨之部:从《左传》所记当时士大夫之“赋诗断章”起,次《论语》、《孟子》、《礼记》及周秦诸子引诗所取义,下至《韩诗外传》、《新序》、《说苑》及两《汉书》各传中之引诗语止,博采其说分系本诗之下,以考见古人“以意逆志”“告往知来”之法,俾诗学可以适用于人生。兹事为之并不难,惜吾有志焉而未之逮也。

礼记　大戴礼记　附尔雅

《礼记》之名称及篇目存佚　《礼记》者，七十子后学者所记，而战国秦汉间儒家言之一丛书，西汉中叶儒者戴德戴圣所纂集传授也。今存者有东汉郑康成所注四十九篇，名曰《礼记》，实《小戴记》。有北周卢辩所注三十九篇，名曰《大戴礼记》；《大戴礼记》本八十四篇，佚其四十六，存者仅此而已，两记之名，盖自东汉后始立。《汉书·艺文志》礼家依《七略》著录，但云："记百三十一篇。"班固注云："七十子后学者所记。"至《隋书·经籍志》则云："汉初河间献王得仲尼弟子所记一百三十一篇。至刘向校经籍，检得一百三十篇，因第而叙之。又得《明堂阴阳记》等五种，共二百十四篇。戴德删其繁重，合而记之，为八十五篇，谓之《大戴礼》。戴圣又删大戴之书为四十六篇，谓之《小戴记》。"(案：此说本诸晋司空长史陈邵。《经典释文·序录》引邵《周礼论序》云："戴德删古礼二百四篇为八十五篇，谓之《大戴礼》。圣删《大戴礼》为四十九篇，是为《小戴礼》。"隋志与邵异者，古礼二百四篇作二百十四篇，《小戴记》四十九篇作四十六篇。)两记之传授分合，问题颇复杂。今先列其目，再加考证。

(一)今本《礼记》目录:

孔颖达《礼记正义》于每篇之下皆有"案郑目录云……"一段,盖郑康成所撰各篇之解题也。《郑录》每篇皆有"此于《别录》属某某"一语,是刘向本有分类而郑引之也。今节录彼文如下:

《曲礼》上下第一第二。(郑目录云:"名曰《曲礼》者,以其篇记五礼之事。……此于《别录》属制度。")

《檀弓》上下第三第四。(郑目录云:"名曰《檀弓》者,以其记人善于礼,故著姓名以显之。……此于《别录》属通论。")

《王制》第五。(郑目录云:"名曰《王制》者,以其记先王班爵授禄祭祀养老之法度。此于《别录》属制度。")

《月令》第六。(郑目录云:"名曰《月令》者,以其记十二月政之所行也。本《吕氏春秋》十二月纪之首章也。以礼家好事钞合之。……此于《别录》属明堂。")

《曾子问》第七。(郑目录云:"名为《曾子问》者,以其记所问多明于礼,故著姓名以显之。……此于《别录》属丧服。")

《文王世子》第八。(郑目录云:"记文王为世子时之法。此于《别录》属世子法。")

《礼运》第九。(郑目录云:"名为《礼运》者,以其记五帝三王相变易阴阳转旋之道。此于《别录》属通论。")

《礼器》第十。(郑目录云:"名为《礼器》者,以其记礼使人成器之义也。此于《别录》属制度。")

《郊特牲》第十一。(郑目录云:"……此于《别录》属祭礼。")

《内则》第十二。(郑目录云:"名曰《内则》者,以其记男女居室事父母舅之器法。此于《别录》属子法。”)

《玉藻》第十三。(郑目录云:“名曰《玉藻》者,以其记天子服冕之事也。……此于《别录》属论。”)

《明堂位》第十四。(郑目录云:“名曰《明堂位》者,以其记诸侯朝周公于明堂之时所陈列之位也。……此于《别录》属明堂阴阳。”)

《丧服小记》第十五。(郑目录云:“名曰《丧服小记》者,以其记丧服之小义也。此于《别录》属丧服。”)

《大传》第十六。(郑目录云:“名曰《大传》者,以其记祖宗人亲之大义。此于《别录》属通论。”)

《少仪》第十七。(郑目录云:“名曰《少仪》者,以其记相见及荐羞之少威仪也。少犹小也。此于《别录》属制度。”)

《学记》第十八。(郑目录云:“名曰《学记》者,以其记人学教之义。此于《别录》属通论。”)

《乐记》第十九。(郑目录云:“名曰《乐记》者,以其记乐之义。此于《别录》属乐记。”)

《杂记》上下第二十第二十一。(郑目录云:“名曰《杂记》者,以其杂记诸侯以下至士之丧事。此于《别录》属丧服。”)

《丧大记》第二十二。(郑目录云:“名曰《丧大记》者,以其记人君以下始死小敛大敛殡葬之事。此于《别录》属丧服。”)

《丧服大记》第二十三。(原阙)

《祭义》第二十四。(郑目录云:“名曰《祭义》者,以其记祭礼斋戒荐羞之义也。此于《别录》属祭祀。”)

《祭统》第二十五。(郑目录云:“名曰《祭统》者,以其记祭祀之本也。统犹本也。此于《别录》属祭祀。”)

《经解》第二十六。(郑目录云:“名曰《经解》者,以其记六义政教之得失也。此于《别录》属论。”)

《哀公问》第二十七。(郑目录云:“名曰《哀公问》者,善其问礼著谥显之也。此于《别录》属通论。”)

《仲尼燕居》第二十八。(郑目录云:“名曰《仲尼燕居》者,善其不倦燕居,犹使三子侍之;言及礼,著其字言事可法。退朝而处曰燕居。此于《别录》属通论。”)

《孔子闲居》第二十九。(郑目录云:“名曰《孔子闲居》者,善其无倦而不亵,犹使一弟子侍,为之说诗,著其氏言可法也。退燕避人曰闲居。此于《别录》属通论。”)

《坊记》第三十。(郑目录云:“名曰《坊记》者,以其记六艺之义所以坊人之失者也。此于《别录》属通论。”)

《中庸》第三十一。(郑目录云:“名曰《中庸》者,以其记中和之为用也。……此于《别录》属通论。”)

《表记》第三十二。(郑目录云:“名曰《表记》者,以其记君子之德见于仪表。此于《别录》属通论。”)

《缁衣》经三十三。(郑目录云:“名曰《缁衣》者,善其好贤者厚也。……此于《别录》属通论。”)

《奔丧》第三十四。(郑目录云:“名曰《奔丧》者,以其居他国闻丧奔归之礼。此于《别录》属丧服之礼矣。”)

《问丧》第三十五。(郑目录云:“名曰《问丧》者,以其善问居丧之礼所由也。此于《别录》属丧服也。”)

《服问》第三十六。(郑目录云:“名曰《服问》者,以其善问以知有服而遭丧所变易之节,此于《别录》属丧服也。”)

《间传》经三十七(郑目录云:“名曰《间传》者,以其记丧服之间轻重所宜。此于《别录》属丧服。”)

《三年问》第三十八。(郑目录云:“名曰《三年问》者,善其问以知丧服年月所由。此于《别录》属丧服。”)

《深衣》第三十九。(郑目录云:“名曰《深衣》者,以其记深衣之制也。……此于《别录》属制度。”)

《投壶》第四十。(郑目录云:“名曰《投壶》者,以其记主人与客燕饮讲论才艺之礼。此于《别录》属吉礼。”)

《儒行》第四十一。(郑目录云:“名曰《儒行》者,以其记有道德者所行也。……此于《别录》属通论。”)

《大学》第四十二。(郑目录云:“名曰《大学》者,以其记博学可以为政也。此于《别录》属通论。”)

《冠义》第四十三。(郑目录云:“名曰《冠义》者,以其记冠礼成人之义。此于《别录》属吉事。”)

《昏义》第四十四。(郑目录云:“名曰《昏义》者,以其记娶妻之义,内教之所由成也。此于《别录》属吉事也。”)

《乡饮酒义》第四十五。(郑目录云:“名曰《乡饮酒义》者,以其记乡大夫饮宾于庠序之礼,尊贤养老之义。此于《别录》属吉事。”)

《射义》第四十六。(郑目录云:“名曰《射义》者,以其记燕射大射之礼观德行取于士之义。此于《别录》属吉事。”)

《燕义》第四十七。(郑目录云:“名曰《燕义》者,以其记君臣燕饮之有上下相尊之义。此于《别录》属吉事。”)

《聘义》第四十八。(郑目录云:“名曰《聘义》者,以其记诸侯之国交相聘问之礼重礼轻财之义也。此于《别录》属吉事。”)

《丧服四制》第四十九。(郑目录云:“名曰《丧服四制》者,以其记丧服之制取于仁义礼知也。此于《别录》旧说属丧服。”)

案:据此知刘向所编定之《礼记》实分类为次,其类之可考见者:一通论,二制度,三丧服,四吉礼或吉事,五祭祀,六子法或世子法,七乐记,八明堂或明堂阴阳。

(二)今本《大戴礼记》目录:

据隋志:《大戴礼记》八十五篇,今本自第三十八篇以上全佚,其下间佚,所存篇目如下:

《王言》第三十九。(以上三十八篇佚)

《哀公问五仪》第四十。

《哀公问于孔子》第四十一。

《礼三本》第四十二。(以上今本卷一。此下佚三篇。)

《礼察》第四十六。

《夏小正》第四十七。(以上今本卷二。)

《保傅》第四十八。(今本卷三。)

《曾子立事》第四十九。

《曾子本孝》第五十。

《曾子立孝》第五十一。

《曾子大孝》第五十二。

《曾子事父母》第五十三。(以上今本卷四。)

《曾子制言》上中下第五十四至五十六。

《曾子疾病》第五十七。

《曾子天圆》第五十八。(以上今本卷五。)

《武王践阼》第五十九。

《卫将军文子》第六十。(以上今本卷六。此下佚一篇。)

《五帝德》第六十二。

《帝系》第六十三。

《劝学》第六十四。(以上今本卷七。)

《子张问入官》第六十五。

《盛德》第六十六。(以上今本卷八。)

《千乘》第六十七。

《四代》第六十八。

《虞戴德》第六十九。

《诰志》第七十。(以上今本卷九。)

《王文官人》第七十一。

《诸侯迁庙》第七十二。

《诸侯衅庙》第七十三。(以上今本卷十。)

《小辨》第七十四。

《用兵》第七十五。

《少间》第七十六。(以上今本卷十一。)

《朝事》第七十七。

《投壶》第七十八。(以上今本卷十二。)

《公冠》第七十九。

《本命》第八十。

《易本命》第八十一。(以上今本卷十三。此下佚四篇)

《隋志》言《大戴》八十五篇,佚其四十七篇,存三十八篇。然今本实有三十九篇。《四库提要》云:“盖夏小正一篇多别行,隋唐间录《大戴》者或阙其篇。……存者宜为三十九篇。”《中兴书目》谓存四十篇者,《夏小正》外又加《明堂》第六十七之一篇。实则此篇在《盛德篇》内,后人复写重出耳。其佚篇篇名可考者则有《谥法篇》、《王度记》、《三正记》、《别名记》、《亲属记》、《五帝记》。(俱《白虎通》引)有《禘于太庙礼》(《少牢馈食礼注》引)有《王霸记》(《周礼注》引)。有《佋穆篇》(《明堂月令论》引)有《号谥篇》(《风俗通》引)有《瑞命篇》(《论衡》引)。其与《小戴》重出者,除《投壶》、《哀公问》两篇现存外,尚有《曲礼》(《汉书·王式传》引。)《礼器》(《五经异义》引),《文王世子》(《毛诗豳谱正义》引),《祭义》(《汉书·韦元成传》及《白虎通·耕桑篇》引),《曾子问》(《白虎通·耕桑篇》引),《间传》(《白虎通·性情篇》引),《檀弓》(《白虎通·崩薨篇》及《明堂月令论》引),《王制》(《白虎通·崩薨篇》引),凡此或明引《大戴》,或仅引篇名,而所引文为今《小戴》本所无,宜推定为出《大戴》者。据此则所佚篇名亦可得三之一矣。

《礼记》内容之分析 《礼记》为儒家者流一大丛书,内容所函颇复杂。今略析其重要之类别如下:

(甲)记述某项礼节条文之专篇:如《诸侯迁庙》、《诸侯衅庙》、《投壶》、《奔丧》、《公冠》等篇,《四库提要》谓"皆礼古经遗文",虽无他证,要之当为春秋以前礼制书之断片,其性质略如《开元礼》、《大清通礼》等之一篇。又如《内则》、《少仪》、《曲礼》等篇之一部分,亦记礼节条文,其性质略如《文公家礼》之一节。

(乙)记述某项政令之专篇:如《夏小正》、《月令》等,其性质略如《大清会典》之一部门。

(丙)解释礼经之专篇:如《冠义》、《昏义》、《乡饮酒义》、《射义》、《燕义》、《聘义》、《丧服四制》等,实《仪礼》十七篇之传注。

(丁)专记孔子言论:如《表记》、《缁衣》、《仲尼燕居》、《孔子闲居》等，其性制质略如《论语》。又如《哀公问》及《孔子三朝记》之七篇——《千乘》、《四代》、《虞戴德》、《诰志》、《小辨》、《用兵》、《少间》——皆先秦儒家所传孔子传记之一部。其专记七十子言论如《曾子问》、《子张问入官》、《卫将军文子》等篇，亦此类之附属。

(戊)记孔门及时人杂事：如《檀弓》及《杂事》之一部分，其性质略如《韩非子》之内外《储说》。

(己)制度之杂记载：如《王制》、《玉藻》、《明堂位》等。

(庚)制度礼节之专门的考证及杂考证：如《礼器》、《郊特牲》、《祭法》、《祭统》、《大传》、《丧服记》、《奔丧》、《问丧》、《间传》等。

(辛)通论礼意或学术：如《礼运》、《礼察》、《经解》、《礼三本》、《祭义》、《三年问》、《乐记》、《学记》、《大学》、《中庸》、《劝学》、《本命》、《易本命》等。

(壬)杂记格言：如《曲礼》、《少仪》、《劝学》、《儒行》等。

(癸)某项掌故之专记：如《五帝德》、《帝系》、《文王世子》、《武王践阼》等。

《礼记》之原料及其时代　此一大丛书，当然非成于一人之手。《汉志》谓："七十子后学者所记"，七十子以后之学者，其范围可直至戴德戴圣刘向也。其中有录自官书者：如《诸侯迁庙》、《衅庙》等篇，虽未必礼古经遗文，要之当为某官守之掌籍也。如《文王官人篇》，与逸《周书》文略同，盖采自彼或与彼同采自某官书也。如《月令》与《吕览》、《淮南》文同，必三书同采一古籍也。有从诸子书中录出者：例如《大戴》中《立事》至《天圆》十篇，皆冠以"曾子"。或即《汉志》、《曾子》十八篇中之一部也。《中庸》、《坊记》、《表记》、《缁衣》,据沈约谓皆取《子思子》。或即《汉志》、《子思》二十三篇中之一部也。《史记正义》谓《乐记》为公孙尼子次撰,刘瓛谓《缁衣》公孙尼子作。即或《汉志》、《公孙尼子》二十八篇之一部也。如《三年问》、《礼三本》、《乐记》、《乡饮酒义》、《劝学》等篇,或一部或全部文同《荀子》。盖录自《荀子》也。如《保傅》及《礼察》之一部,文同贾谊《新书》。盖录引《新书》也。(今本《新书》实赝品。但彼两篇文见贾生《陈政事疏》,可决为贾生作耳。)此外采自各专书者当尚多。惜古籍散佚,不能尽得其来历耳。

两《戴记》最古之篇,共推《夏小正》,谓与《禹贡》同为夏代遗文。果尔,则四千年之珍秘矣。然自朱熹方孝孺已大疑之,谓恐出《月令》之后。其实《夏小正》年代勘验甚易,因篇中有纪星躔之文——如"正月,鞠则见,初昏参中,斗柄县在下";"三月,参则伏";"四月昴则见,初昏南门正"等,天文家一推算,当可得其确年也。其最晚者,如《王制》。据卢植云汉文帝时博士所作,虽尚有疑问。(说详次条)如《礼察》、《保傅》之出汉人手,则证佐凿然。(《礼察篇》有论秦亡语。)如《公冠》篇载"孝昭《冠辞》",则为元凤四年以后所编著更不待问矣。要而论之,两《戴记》中作品,当以战国末西汉初百余年间为中心。其中什之七八,则代表荀卿一派之儒学思想也。

《礼记》之编纂者及删定者　手编《礼记》者谁耶?汉、隋《志》,史、汉《儒林传》及各注家皆未言及。惟魏张揖上《广雅》表云:"周公著《尔雅》一篇。爰暨帝刘,鲁人叔孙通撰置《礼记》,文不违古。"(《尔雅》为《礼记》中一篇,说详末段。)揖言必有所据。然则百三十一篇之编纂者或即叔孙通也。但通以后必仍多所增益,如《保傅》、《礼察》、《公冠》等明出孝文孝昭后,是其显证。至次第续纂者何人,则不可考矣。

刘向校中书时所谓《礼记》,实合六部分而成。《隋志》云:"向检得一百三十篇,因第而叙之。又得《明堂阴阳记》、《孔子三朝记》,王氏史氏《记》、《乐记》,五种合二百十四篇。"案《汉志》礼家:"记百三十一篇,《明堂阴阳》三十三篇,《王史氏》二十一篇。"乐家:"《乐记》二十三篇。"论语家:"《孔子三朝记》七篇。"凡二百十五篇。(《隋志》少一篇。)今《三朝》七篇,明载《大戴》;而郑康成《礼记目录》有"此于《别录》属《明堂阴阳》……此于《别录》属《乐记》……"等语。知今本《礼记》各篇,不仅限于"记百三十一篇"之范围内,而"明堂阴阳"等五种皆被采入。故《礼记》实合六部丛书为一部丛书也。王氏史氏盖皆叔孙通以后继续编纂之人,惟所纂皆在百三十一篇外耳。

大戴删刘向小戴删大戴之说,起于《隋书·经籍志》。(原文前引)二戴武宣时人,岂能删哀平间向歆所校之书?其谬盖不待辨。至小戴删大戴之说,据《隋志》谓"小戴删定为四十六篇,马融益以《月令》、《明堂位》、《乐记》乃成今本之四十九篇"。后人因有以今本《礼记》除《月令》、《明堂位》、《乐记》外余四十六篇皆先秦旧籍,惟此三篇为秦汉人作者。此说之所由起,盖以四十六合《大戴》未佚本之八十五恰为百三十一篇,乃因此附会也。然此说之不可通有二:其一,两《戴记》并非专以百三十一篇为原料。如《三朝记》之七篇,《明堂阴阳》之三十三篇,《乐记》之二十三篇皆有所甄采,已具如前述。合《两戴》以就百三十一篇之数,则置书中所采《明堂》等五种诸篇于何地?其二,两戴各篇,并非相避。其最著者,《哀公问》、《投壶》两篇,二本今皆见存。《曲礼》、《礼器》等七篇(详见前《大戴》目录条附语),亦皆大戴逸目。又如《大戴》之《曾子大孝》篇全文见《小戴·祭义》;《诸侯衅庙》篇全文见《小戴·杂记》;《朝事》一篇因部分(自"聘礼"至"诸侯格焉"见《小戴·聘义》;《本事》篇一部分(自"有恩有义"至"圣人因杀以见节")见《小戴·丧服四制》。其余互相出人之文尚多。然则二戴于百三十一篇之记,殆合以意去取,异同参差不必此之所弃即彼之所录。牵附篇数以求彼此相足,其非其真也。

最后当讨论者,则为马融补三篇之问题:云马融补三篇者,盖务节《小戴》为四十六篇以合《大戴》之八十五求彼此相足,其削趾适屦之情,既如前述。《小戴》四十六篇之说,不知可昉。借曰有之,则《曲礼》、《檀弓》、《杂记》各有上下篇,故篇名仅四十六耳。《小戴》篇数之为四十九,则自西汉时已然。《后汉书·桥元传》云:"七世祖仁,著《礼记章句》四十九篇,号曰桥君学。"仁,即班固所说小戴授梁人桥仁季卿者也。《曹褒传》云:"父充持庆氏礼,褒又传《礼记》四十九篇教授诸生,庆氏学遂行于世。"则褒所受于庆普之《礼记》亦四十九篇也。孔颖达《正义》于《乐记》下云:"按《别录》,《礼记》四十九篇。"则刘向所校定者正四十九篇也。而《郑目录》于《王制》下云:"此于《别录》属制度";于《月令》、《明堂位》下并云:"此于《别录》属明堂阴阳";益足明此三篇为《别录》所原有非增自马融也。内中《王制》篇之来历,据《正义》引卢植云:"汉孝文皇帝令博士诸生作此书。"(《经典释文》引同。)陈寿祺谓卢说本《史记·封禅书》。据索隐引刘向《别录》谓文帝所造书有《本制》、《兵制》、《服制》等篇,以今《王制》参检绝不相合,非一书也。(见《左海经辨》。)《月令篇》之来历,据《郑目录》云:“本《吕氏春秋·十二月纪》之首章也。以礼家好事钞合之,后人因题之名曰《礼记》,言周公所作。其中官名时事多不合周法。”(篇中有“命太尉”语。太尉,秦官。故郑君断此为秦人书)寿祺亦力辩其非。(文繁不引)以吾论之,《王制》、《月令》非后汉人续补,殆为信谳。然恐是秦汉间作品,两《戴记》中秦汉作品甚多,又不独此二篇也。后儒必欲强跻诸周公孔子之林,非愚则诬耳。

尤有一事当附论者:《汉志》“《乐记》二十三篇”。今采入《小戴》者只有一篇。《郑目录》云:“此于《别录》属乐记”谓从二十三篇之《乐记》采出也。《正义》云:“盖合十一篇为一篇:谓有《乐本》,有《乐论》,有《乐施》,有《乐言》,有《乐礼》,有《乐情》,有《乐化》,有《乐象》,有《宾牟贾》,有《师乙》,有《魏文侯》。”其余十二篇为戴所不采,其名犹见《别录》:曰则《秦乐》第十二,《乐器》第十三,《乐作》第十四,《意始》第十五,《乐穆》第十六,《说律》第十七,《季札》第十八,《乐道》第十九,《乐义》第二十,《昭本》第二十一,《昭颂》第二十二,《窦公》第二十三也。(并见《正义》引。)观此尚可知当时与《礼记》对峙之《乐记》其原形何如。今此十一篇者见采于小戴而幸存,其中精粹语极多。余十二篇竟亡,甚可惜也。

以上关于《礼记》应考证问题略竟。此书似未经刘歆王肃之徒所窜乱,在古书中较为克葆其真者,此亦差强人意也。

《礼记》之价值 《礼记》之最大价值,在于能供给以研究战国秦汉间儒家者流——尤其是荀子一派——学术思想史之极丰富的资料。盖孔氏之学,在此期间始确立,亦在此期间而渐失其真。其蜕变之迹与其幾,读此两《戴记》八十余篇最能明了也。

今略举其要点如下：

一：孔门本以“礼”为人格教育之一工具。至荀子则更以此为唯一之工具。其末流乃至极繁琐极拘迂，乃至为小小仪节费几许记述几许辩争。读《曲礼》、《檀弓》、《玉藻》、《礼器》、《郊特牲》、《内则》、《少仪》、《杂记》、《曾子问》等篇之全部或一部分，其琐与迂实可惊！观此可见儒学之盛即其所以衰。

二：秦汉间帝王好大喜功，“封禅”“巡守”“明堂”“辟雍”“正朔”“服色”等之铺张的建设，多由儒生启之。儒生亦不能不广引古制以自张其军。故各篇中比较三代礼乐因革损益之文极多，而大抵属于虚文及琐节。但其间固自有发挥儒家之政法理想及理想的制度，极有价值者，如《王制》、《礼运》等篇是也。

三：为提倡礼学起见，一方面讲求礼之条节，一方面推阐制礼之精意及其功用，以明礼教与人生之关系，使礼治主义能为合理的存在。此种工作，在两《戴记》中，颇有重要之发明及收获。《礼运》、《乐记》、《礼察》、《礼三本》、《大传》、《三年问》、《祭义》、《祭统》等篇，其代表也。

四：孔子设教，惟重力行；及其门者，亲炙而受人格的感化，亦不汲汲以骛高玄精析之论。战国以还，“求知”的学风日昌，而各派所倡理论亦日复杂。儒家受其影响，亦竞进而为哲理的或科学的研究。孟荀之论性论名实，此其大较也。两《戴记》中亦极能表现此趋势。如《中庸》、《大学》、《本命》、《易本命》等篇，其代表也。

五：儒家束身制行之道及其教育之理论法则，所引申阐发者亦日多，而两《戴记》荟萃之。《大学》、《学记》、《劝学》、《坊记》、《表记》、《缁衣》、《儒行》……及《曾子》十篇等，其代表也。

要之欲知儒家根本思想及其蜕变之迹，则除《论语》、《孟子》、《荀子》外，最要者实为两《礼记》。而《礼记》方面较多，故足供研究资料者亦较广。但研究《礼记》时有应注意两事：

第一：记中所述唐虞夏商制度，大率皆儒家推度之辞，不可轻认为历史上实事。即所述周制，亦未必文武周公之旧。大抵属于当时一部分社会通行者半，属于儒家理想者半。宜以极谨严的态度观之。

第二：各篇所记"子曰……""子言之……"等文，不必尽认为孔子之言。盖战国秦汉间孔子已渐带有"神话性"，许多神秘的事实皆附之于孔子，立言者亦每托孔子以自重。此其一。"子"为弟子述师之通称，七十子后学者于其本师，亦可称"子"。例如《中庸》、《缁衣》……或言采自子思子，则篇中之"子"亦可认为指子思，不必定指孔子。此其二。即使果为孔子之言，而展转相传，亦未必无附益或失真。此其三。要之全两部《礼记》所说，悉认为儒家言则可，认为孔子言则须审择也。

就此两点而论：《礼记》一书，未经汉以后人窜乱，诚视他书为易读。但其著作及编纂者之本身，或不免有若干之特别作用及成见，故障雾亦缘之而滋，读者仍须加一番鉴别也。

读《礼记》法　读《礼记》之人有三种：一，以治古代礼学为目的者，二，以治儒家学术思想史为目的者，三，以常识及修养应用为目的者。今分别略论其法。

以治古代礼学为目的而读《礼记》者：第一，当知《礼记》乃解释《仪礼》之书，必须与《仪礼》合读。第二，当知《周礼》晚出不可信，万不可引《周礼》以解《礼记》或难《礼记》，致自乱其系统。第三，当知《礼记》是一部乱杂的丛书，欲理清眉目，最好是分类纂钞，比较研究，略如唐魏徵《类礼》，元吴澄《礼记纂言》，清江永《礼书纲目》之例。（魏徵书今佚。《唐书》本传云："徵以《小戴礼》综汇不伦，更作《类礼》二十篇。太宗美其书，录置内府。"《谏录》载太宗诏书云："以类相从，别为篇第，并更注解，文义粲然。"）第四，当知此丛书并非出自一人一时代之作，其中各述所闻见所主张，自然不免矛盾。故只宜随文研索，有异同者则并存之，不可强为会通，转生镠辖。以上四义，不过随举所见。吾未尝治此学，不敢谓有心得也。居今日而治古代礼学，诚可不必。然欲研究古代社会史或宗教史者，则礼学实为极重要之研究对象，未可以为僵石而吐弃之也。

以治儒家学术思想史为目的而读《礼记》者：当略以吾前段所举之五事为范围。其条目则（一）儒家对于礼之观念；（二）儒家争辩礼节之态度及其结果；（三）儒家之理想的礼治主义及其制度；（四）礼教与哲学等等。先标出若干门目而鸟瞰全书综析其资料，庶可以见彼时代一家学派之真相也。

以常识或修养应用为目的而读《礼记》者：因《小戴记》四十九篇，自唐以来号为"大经"；自明以来列为五经之一；诵习之广，次于《诗》、《书》，久已形成国民常识之一部。其中精粹语有裨于身心修养及应事接物之用者不少。故吾辈宜宝而读之。惟其书繁重且干燥无味者过半。势不能以全读。吾故不避僭妄，为欲读者区其等第如下：

第一等　《大学》、《中庸》、《学记》、《乐记》、《礼运》、《王制》

第二等　《经解》、《坊记》、《表记》、《缁衣》、《儒行》、《大传》、《礼器》之一部分　《祭义》之一部分

第三等　《曲礼》之一部分　《月令》、《檀弓》之一部分

第四等　其他

吾愿学者于第一等诸篇精读，第二、三等摘读，第四等或竟不读可也。上有分等，吾自知为极不科学的极不论理的极狂妄的，吾并非对于诸篇有所轩轾，问吾以何为标准，吾亦不能回答。吾惟觉《礼记》为青年不可不读之书；而又为万不能全读之书，吾但以吾之主观的意见设此方便耳。通人责备，不敢辞也。（上专就《小戴记》言。其《大戴》各篇则三、四等居多也。）

《礼记》注释书，至今尚无出郑注孔疏右者。若非专门研究家，则宜先读白文，有不解则参阅注疏可耳。若专治礼学，则清儒关于"三礼"之良著颇多，恕不悉举也。

《大戴礼记》因传习夙稀，旧无善注，且讹误滋多。清儒卢文弨戴震先后校勘，始渐可读。孔广森《大戴礼记补注》，汪照《大戴礼记补注》，皆良著也。

附论《尔雅》　《尔雅》今列于十三经，陋儒竞相推挹，指为周公所作，甚可笑。其实不过秦汉间经师诂经之文，好事者编为类书以便参检耳。其书盖本为"记百三十一篇"中之一篇或数篇，而《大戴》曾采录之。张揖《进广雅疏》所谓"《尔雅》一篇，叔孙通撰置《礼记》文不违古"也。臧庸列举汉人引《尔雅》称《礼记》之文：如《白虎通·三纲六纪篇》引《礼·亲属记》，文见今《尔雅·释亲》；孟子"帝馆甥于贰室"赵岐注引《礼记》，亦《释亲》文；《风俗通·声音篇》引《礼·乐记》乃《尔雅·释乐》文；《公羊》宣十二年何休注引《礼记》，乃《尔雅·释水》文。此尤《尔雅》本在《礼记》中之明证也。自刘歆欲立古文学，征募能为《尔雅》者千余人讲论庭中。自此《礼记》中之《尔雅》篇，不知受几许掊扯附益，乃始彪然为大国，骎骎与六艺争席矣。

附　　录

附录一　国学入门书要目及其读法

两月前《清华周刊》记者以此题相属，蹉跎久未报命。顷独居翠微山中，行箧无一书，而记者督责甚急，乃竭三日之力，专凭忆想所及草斯篇，漏略自所不免，且容有并书名篇名亦忆错误者，他日更当补正也。

中华民国十二年四月二十六日启超作于碧摩岩翠山房

甲　修养应用及思想史关系书类

《论语》、《孟子》

《论语》为二千年来国人思想之总源泉，《孟子》自宋以后势力亦与相埒。此二书可谓国人内的外的生活之支配者，故吾希望学者熟读成诵；即不能，亦须翻阅多次，务略举其辞，或摘记其身心践履之言以资修养。

《论语》、《孟子》之文，并不艰深，宜专读正文，有不解处，方看注释。注释之书，朱熹《四书集注》，为其生平极矜慎之作，可读；但其中有随入宋儒理障处，宜分别观之。清儒注本，《论语》则有戴望《论语注》，《孟子》则有焦循《孟子正义》最善。戴氏服膺颜习斋之学，最重实践，所注似近孔门真际，其训诂亦多较朱注为优，其书简洁易读。焦氏服膺戴东原之学，其《孟子正义》在清儒诸经新疏中为最佳本，但文颇繁，宜备置案头，遇不解时，或有所感时，则取供参考。

戴震《孟子字义疏证》，乃戴氏一家哲学，并非专为注释《孟子》而作，但其书极精辟，学者终需一读；最好是于读《孟子》时并读之，既知戴学纲领，亦可以助读《孟子》之兴味。

焦循《论语通释》，乃摹仿《孟子字义疏证》而作，将全部《论语》拆散，标举重要诸义，如言仁，言忠恕等，列为若干目，通观而总诠之，可称治《论语》之一良法，且可应用其法以治他书。

上两书篇页皆甚少，易读。

陈澧《东塾读书记》中读《孟子》之卷，取《孟子》学说分项爬疏，最为精切，其书不过二三十页，宜一读以观前辈治学方法，且于修养亦有益。

《易经》

此书为孔子以前之哲学书，孔子为之注解，虽奥衍难究，然总须一读。吾希望学者将《系辞传》、《文言传》熟读成诵，其卦象传六十四条，则用别纸钞出，随时省览。

后世说《易》者言人人殊，为修养有益起见，则程颐之《程氏易传》差可读。

说《易》最近真者，吾独推焦循，其的著《雕菰楼易学》三书

(《易通释》、《易图略》、《易章句》)皆称精诣,学者如欲深通此经,可取读之,否则可以不必。

《礼记》

此书为战国及西汉之“儒家言”丛编,内中有极精纯者,亦有极破碎者。吾希望学者将《中庸》、《大学》、《礼运》、《乐记》四篇熟读成诵,《曲礼》、《王制》、《檀弓》、《礼器》、《学记》、《坊记》、《表记》、《缁衣》、《儒行》、《大传》、《祭义》、《祭法》、《乡饮酒义》诸篇,多游览数次,且摘录其精要语。

若欲看注解,可看《十三经注疏》内郑注孔疏。

《孝经》之性质与《礼记》同,可当《礼记》之一篇读。

《老子》

道家最精要之书,希望学者将此区区五千言熟读成诵。

注释书未有极当意者,专读白文自行寻索为妙。

《墨子》

孔、墨在先秦时,两圣并称,故此书非读不可。除《备城门》以下各篇外,余篇皆宜精读。

注释书以孙诒让《墨子间诂》为最善,读《墨子》宜照读此本。

《经》上、下,《经说》上、下四篇,有张惠言《墨子经说解》及梁启超《墨经》两书可参观,但皆有未精惬处,《小取》篇有胡适新诂可参观。

梁启超《墨子学案》属通释体裁,可参观助兴味,但其书为临时讲义，殊未精审。

《庄子》

内篇七篇及杂篇中之《天下篇》最当精读。

注释有郭庆藩之《庄子集释》差可。

《荀子》

《解蔽》、《正名》、《天论》、《正论》、《性恶》、《礼论》、《乐论》

诸篇最当精读，余亦须全部游览。

注释书王先谦《荀子注》甚善。

《尹文子》、《慎子》、《公孙龙子》

今存者皆非完书，但三子皆为先秦大哲，虽断简亦宜一读，篇帙甚少，不费力也。《公孙龙子》之真伪，尚有问题。

三书皆无善注，《尹文子》、《慎子》易解。

《韩非子》

法家言之精华，须全部游览（其特别应精读之诸篇，因手边无原书，胪举恐遗漏，他日补列）

注释书王先谦《韩非子集释》差可。

《管子》

战国末年人所集著者，性质颇杂驳，然古代各家学说存其中者颇多，宜一游览。

注释书戴望《管子校正》甚好。

《吕氏春秋》

此为中国最古之类书，先秦学说存其中者颇多，宜游览。

《淮南子》

此为秦汉间道家言荟萃之书，宜稍精读。

注释书闻有刘文典《淮南鸿烈集解》颇好。

《春秋繁露》

此为西汉儒家代表的著作，宜稍精读。

注释书有苏舆《春秋繁露义证》颇好。

康有为之《春秋董氏学》，为通释体裁，宜参看。

《盐铁论》

此书为汉代儒家、法家对于政治问题对垒抗辩之书，宜游览。

《论衡》

此书为汉代怀疑派哲学，宜游览。

《抱朴子》

此书为晋以后道家言代表作品，宜游览。

《列子》

晋人伪书，可作魏晋间玄学书读。

上所列为汉晋以前思想界之重要著作；六朝隋唐间思想界著光采者为佛学，其书目当别述之。以下举宋以后学术之代表书，但为一般学者节啬精力计，不愿多举也。

《近思录》朱熹著，江永注

读此书，可见程朱一派之理学其内容何如。

《朱子年谱》，附《朱子论学要语》，王懋竑著。此书叙述朱学全面目最精要，有条理。

若欲研究程朱学派，宜读《二程遗书》及《朱子语类》，非专门斯业者可置之。

南宋时与朱学对峙者尚有李东莱之文献学一派，陈龙川、叶水心之功利主义一派，及陆象山之心学一派，欲知其详，宜读各人专集；若观大略，可求诸《宋元学案》中。

《传习录》王守仁语，徐爱、钱洪德等记

读此可知王学梗概。欲知其详，宜读《王文成公全书》。因阳明以知行合一为教，要合观学问事功，方能看出其全部人格，而其事功之经过，具见集中各文，故阳明集之重要，过于朱、陆诸集。

《明儒学案》黄宗羲著

《宋元学案》黄宗羲初稿，全祖望、王梓材两次续成

此二书为宋、元、明三朝理学之总记录，实为创作的学术史。

《明儒学案》中姚江、江右、王门、泰州、东林、蕺山诸案最精善。《宋元学案》中象山案最精善;横渠、二程、东莱、龙川、水心诸案亦好;晦翁案不甚好;百源(邵雍)、涑水(司马光)诸案,失之太繁,反不见其真相;末附荆公(王安石)新学略最坏,因有门户之见,故为排斥。欲知荆公学术,宜看《王临川集》。

此二书卷帙虽繁,吾总望学者择要游览,因其为六百年间学术之总汇,影响于近代甚深,且汇诸家为一编,读之不甚费力也。

清代学术史,可惜尚无此等佳著。唐鉴之《国朝学案小识》,以清代最不振之程朱学派为立脚点,褊狭固陋,万不可读;江藩之《国朝汉学师承记》、《国朝宋学渊源记》,亦学案体裁,较好;但江氏常识亦凡庸,殊不能叙出各家独到之处,万不得已,姑以备参考而已。启超方有事于《清儒学案》,汗青尚无期也。

《日知录》、《亭林文集》顾炎武著

顾亭林为清学开山第一人,其精力集注于《日知录》,宜一游览。读文集中各信札,可见其立身治学大概。

《明夷待访录》黄宗羲著

黄梨洲为清初大师之一,其最大贡献在两学案,此小册可见其政治思想之大概。

《思问录》王夫之著

王船山为清初大师之一,非通观全书,不能见其精深博大;但卷帙太繁,非别为系统的整理,则学者不能读,聊举此书发凡,实不足以代表其学问之全部也。

《颜氏学记》戴望编

颜习斋为清初大师之一，戴氏所编学记，颇能传其真。徐世昌之《颜李学》亦可供参考，但其所集《习斋语要》、《恕谷(李塨)语要》，将攻击宋儒语多不录，稍失其真。

顾、黄、王、颜四先生之学术，为学者所必须知，然其著述皆浩博，或散佚不易寻绎，启超行将为系统的整理记述，以飨学者。

《东原集》戴震著

《雕菰楼集》焦循著

戴东原、焦里堂为清代经师中有清深之哲学思想者，读其集可知其学，并知其治学方法。

启超所拟著之《清儒学案》，东原、里堂两学案，正在属稿中。

《文史通义》章学诚著

此书虽以文史标题，实多论学术流别，宜一读。

胡适著《章实斋年谱》，可供参考。

《大同书》康有为著

南海先生独创之思想在此书，曾刊于《不忍杂志》中。

《国故论衡》章炳麟著

可见章太炎思想之一斑。其详当读《章氏丛书》。

《东西文化及其哲学》梁漱溟著

有偏宕处，亦有独到处。

《中国哲学史大纲》上卷　胡适著

《先秦政治思想史》梁启超著

将读先秦经部、子部书，宜先读此两书，可引起兴味，并启发自己之判断力。

《清代学术概论》梁启超著

欲略知清代学风，宜读此书。

乙　政治史及其他文献学书类

《尚书》

内中惟二十八篇是真《书》，宜精读；但其文佶屈聱牙，不能成诵亦无妨。余篇属晋人伪撰，一游览便足（真伪篇目，看启超所著《古书之真伪及其年代》，日内当出版）。

此书非看注释不能解，注释书以孙星衍之《尚书今古文注疏》为最好。

《逸周书》

此书真伪参半，宜一游览。

注释书有朱右曾《逸周书集训校释》颇好。

《竹书纪年》

此书现通行者为元、明人伪撰。其古本，清儒辑出者数家，王国维所辑最善。

《国语》、《春秋左氏传》

此两书或本为一书，由西汉人析出，宜合读之。《左传》宜选出若干篇熟读成诵，于学文甚有益。

读《左传》，宜参观顾栋高《春秋大事表》，可以得治学方法。

《战国策》

宜选出若干篇熟读，于学文有益。

《周礼》

此书西汉末晚出，何时代人所撰，尚难断定；惟书中制度，当有一部分为周代之旧，其余亦战国、秦、汉间学者理想的产物，故总宜一读。

注释书有孙诒让《周礼正义》最善。

《考信录》崔述著

此书考证三代史事实最谨严，宜一游览，以为治古史之标准。

《资治通鉴》

此为编年政治史最有价值之作品，虽卷帙稍繁，总希望学者能全部精读一过。

若苦干燥无味，不妨仿《春秋大事表》之例，自立若干门类，标治摘记作将来著述资料。（吾少时曾用此法，虽无成书，然增长兴味不少。)

王船山《读通鉴论》,批评眼光,颇异俗流,读《通鉴》时取以并读,亦助兴之一法。

《续资治通鉴》毕沅著

此书价值远在司马原著之下,自无待言,无视彼更优者,姑以备数耳。

或不读《资治通鉴》而读"九种纪事本末",亦可。要之非此则彼,必须有一书经目者。

《文献通考》、《续文献通考》、《皇朝文献通考》

三书卷帙浩繁,今为学者摘其要目:《田赋考》、《户口考》、《职役考》、《市籴考》、《征榷考》、《国用考》、《钱币考》、《兵考》、《刑考》、《经籍考》、《四裔考》,必须读;《王礼考》、《封建考》、《象纬考》,绝对不必读;其余或读或不读随人。(手边无原书,不能具记其目,有漏略当校补。)

各人宜因其所嗜,择类读之。例如欲研究经济史、财政史者,则读前七考。余仿此。

马氏《文献通考》本依仿杜氏《通典》而作。若尊创作,应《通典》;今舍彼取此者,取其资料较丰富耳。吾辈读旧史,所贵者惟在原料,炉锤组织当求之在我也。

《两汉会要》、《唐会要》、《五代会要》,可与《通考》合读。

《通志二十略》

郑渔仲史识、史才皆迈寻常。《通志》全书卷帙繁,不必读;

“二十略”则其精神所聚，必须游览，其中与《通考》门类同者或可省。最要者，《氏族略》、《六书略》、《七音略》、《校雠略》等篇。

《二十四史》

《通鉴》、《通考》，已浩无涯涘，更语及庞大之《二十四史》，学者几何不望而却走？然而《二十四史》终不可不读，其故有二：（一）现在既无满意之通史，不读《二十四史》，无以知先民活动之遗迹；（二）假令虽有佳的通史出现，然其书自有别裁，《二十四史》之原料，终不能全行收入，以故《二十四史》终久仍为国民应读之书。

书既应读，而又浩瀚难读，则如之何？吾今试为学者拟摘读之法数条。

一曰就书而摘。《史记》、《汉书》、《后汉书》、《三国志》，俗称“四史”，其书皆大史学家一手著连，体例精严，且时代近古，向来学人诵习者众，在学界之势力与“六经”、诸子埒，吾辈为常识计，非一读不可。吾常希望学者将此“四史”之列传，全体游览一过，仍摘出若干篇稍为熟读，以资学文之助，因“四史”中佳文最多也（若欲吾举其目亦可，但手边无原书，当以异日）。“四史”之外，则《明史》共认为官修书中之最佳者，且时代最近，亦宜稍为详读。

二曰就事分类而摘读志。例如欲研究经济史、财政史，则读《平准书》、《食货志》；欲研究音乐，则读《乐书》、《乐志》；欲研究兵制，则读《兵志》；欲研究学术史，则读《艺文志》、《经籍志》，附以《儒林传》；欲研究宗教史，则读《北魏书·释老志》

(可惜他史无之)。每研究一门,则通各史此门之志而读之,且与《文献通考》之此门合读。当其读时,必往往发现许多资料散见于各传者,随即跟踪调查其传以读之,如此引申触类,渐渐便能成为经济史、宗教史等等之长编,将来荟萃而整理之,便成著述矣。

三曰就人分类而摘读传。读名人传记,最能激发人志气,且于应事接物之智慧增长不少,古人所以贵读史者以此。全史各传既不能遍读(且亦不必)则宜择伟大人物之传读之,每史亦不过二三十篇耳。此外又可就其所欲研究者而择读,如欲研究学术史,则读《儒林传》及其他学者之专传;欲研究文学史,则读《文苑传》及其他文学家之专传。用此法读去,恐只患其少,不患其多矣。

又各史之《外国传》、《蛮夷传》、《土司传》等,包含种族史及社会学之原料最多,极有趣,吾深望学者一读之。

《廿二史劄记》赵翼著

学者读正史之前,吾劝其一游览此书。记称"属辞比事《春秋》之教",此书深得"比事"之诀,每一个题目之下,其资料皆从几十篇传中,零零碎碎觅出,如采花成蜜。学者能用其法以读史,便可养成著术能力(内中校勘文学异同之部约占三分一,不读亦可)。

《圣武记》魏源著

《国朝先正事略》李元度著

清朝一代史迹,至今尚无一完书可读,最为遗憾,姑举此二书充数。魏默深有良史之才,《圣武记》为纪事本末体裁,叙述绥服蒙古、勘定金川、抚循西藏……诸役,于一事之原因、结果及其中间进行之次序,若指诸掌,实罕见之名著也。李次青之《先正事略》,道光以前人物略具,文亦有法度,宜一游览,以知最近二三百年史迹大概。

日本人稻叶君山所著《清朝全史》尚可读(有译本)。

《读史方舆纪要》顾祖禹著

此为最有组织的地理书,其特长在专论形势,以地域为经,以史迹为纬,读之不感干燥。此书卷帙虽多,专读其叙论(至各府止),亦不甚费力,且可引起地理学兴味。

《史通》刘知幾著

此书论作史方法,颇多特识,宜游览。章氏《文史通义》,性质略同,范围较广,已见前。

《中国历史研究法》梁启超著

读之可增史学兴味,且知治史方法。

丙　韵文书类

《诗经》

希望学者能全部熟读成诵;即不尔,亦须一大部分能举其词。注释书,陈奂《诗毛氏传疏》最善。

《楚辞》

屈、宋作宜熟读,能成诵最佳,其余可不读。注释书,朱熹《楚辞集注》较可。

《文选》

择读。

《乐府诗集》郭茂倩编

专读其中不知作者姓名之汉古辞,以见魏六朝乐府风格,其他不必读。

魏晋六朝人诗宜读以下各家:曹子建,阮嗣宗,陶渊明,谢康乐,鲍明远,谢玄晖。

无单行集者,可用张溥《汉魏百三家集本》,或王闿运《五代诗选本》。

《李太白集》

《杜工部集》

《王右丞集》

《孟襄阳集》

《韦苏州集》

《高常侍集》

《韩昌黎集》

《柳河东集》

《白香山集》

《李义山集》

《王临川集》(诗宜用李壁注本)

《苏东坡集》

《元遗山集》

《陆放翁集》

以上唐、宋人诗文集。

《唐百家诗选》王安石选

《宋诗钞》吕留良钞

以上唐、宋诗选本。

《清真词》(周美成)

《醉翁琴趣》(欧阳修)

《东坡乐府》(苏轼)

《屯田集》(柳永)

《淮海词》(秦观)

《樵歌》(朱敦儒)

《稼轩词》(辛弃疾)

《后村词》(刘克庄)

《石道人歌曲》(姜夔)

《碧山词》(王沂孙)

《梦窗词》(吴文英)

以上宋人词集。

《西厢记》

《琵琶记》

《牡丹亭》

《桃花扇》

《长生殿》

以上元、明、清人曲本。

本门所列书，专资学者课余讽诵、陶写情趣之用，既非为文学专家说法，尤非为治文学史者说法，故不曰“文学类”，而曰“韵文类”。文学范围，最少应包含古文（骈散文）及小说。吾以为苟非欲作文学专家，则无专读小说之必要；至于古文，本不必别学，吾辈总须读周秦诸子、《左传》、《国策》、“四史”、《通鉴》及其关于思想、关于记载之著作，苟能多读，自能属文，何必格外标举一种，名曰古文耶？故专以文鸣之文集不复录（其余学问有关系之文集，散见各门）。《文选》及韩、柳、王集聊附见耳。学者如必欲就文求文，无已，则姚鼐之《古文辞类纂》、李兆洛之《骈体文钞》、曾国藩之《经史百家杂钞》可用也。

清人不以韵文见长，故除曲本数部外，其余诗词皆不复列举；无已，则于最初期与最末期各举诗词家一人：吴伟业之《梅村诗集》与黄遵宪之《人境庐诗集》，成德之《饮水词》与文焯之《樵风乐府》也。

丁　小学书及文法类书

《说文解字注》段玉裁著

《说文通训定声》朱骏声著

《说文释例》王筠著

段著为《说文》正著，朱注明音与义之关系，王著为《说文》通释，读此三书，略可通《说文》矣。

《经传释词》王引之著

《古书疑义举例》俞樾著

《文通》马建忠著

读此三书，可知古人语法、文法。

《经籍籑诂》阮元著

此书汇集各字之义训，宜置备检查。

文字音韵，为清儒最擅之学，佳书林立，此仅举入门最要之数种，若非有志研究斯学者，并此诸书不读亦无妨也。

戊　随意涉览书类

学问固贵专精，又须博览以辅之。况学者读书尚少时，不甚自知其性所近者为何。随意涉览，初时并无目的，不期而引起问题，发生兴趣，从此向某方面深造研究，遂成绝业者，往往而有也。吾固杂举有用或有趣之各书，供学者自由翻阅之娱乐。

读此者不必顺叶次，亦不必求终卷者（各书亦随忆想所及杂举，无复诠次）

《四库全书总目提要》

清乾隆间四库馆，董其事者皆一时大学者，故所作提要，最称精审，读之可略见各书内容（中多偏至语，自亦不能免）。宜先读各部类之叙录，其各书条下则随意抽阅。

有所谓存目者，其书被屏，不收入四库者也，内中颇有怪书，宜稍注意读之。

《世说新语》

将晋人谈玄语分类纂录，语多隽妙，课余暑假之良伴侣。

《水经注》郦道元撰，戴震校

六朝人地理专书，但多描风景、记古迹，文辞华妙，学作小品文最适用。

《文心雕龙》刘勰撰

六朝人论文书，论多精到，文亦雅丽。

《大唐三藏慈恩法师传》慧立撰

此为玄奘法师详传。玄藏为第一位留学生，为大思想家，读之可以增长志气。

《徐霞客游记》

霞客晚明人，实一大探险家，其书极有趣。

《梦溪笔谈》沈括

宋人笔记中含有科学思想者。

《困学纪闻》王应麟撰，阎若璩注

宋人始为考证学者，顾亭林《日知录》颇仿其体。

《通艺录》程瑶田撰

清代考证家之博物书。

《癸巳类稿》俞正燮撰

多为经学以外之考证，如考棉花来历，考妇人缠足历史，辑李易安事迹等；又多新颖之论，如论妒非妇人恶德等。

《东塾读书记》陈澧撰

此书仅五册，十余年乃成，盖合数十条笔记之长编，乃成一条笔记之定稿，用力最为精苦，读之可识搜集资料及驾驭资料之方法。书中《论郑学》、《论朱学》、《论诸子》、《论三国》诸卷最善。

《庸盦笔记》薛福成

多记清咸丰、同治间掌故。

《张太岳集》张居正

江陵为明名相，其信札益人神智，文章亦美。

《王心斋先生全书》王艮

吾常名心斋为"平民的理学家"，其人有生气。

《朱舜水遗集》朱之瑜

舜水为日本文化之开辟人，惟一之国学输出者，读之可见其人格。

《李恕谷文集》李塨

恕谷为习斋门下健将，其文劲达。

《鲒琦亭集》全祖望

集中记晚明掌故甚多。

《潜研堂集》钱大昕

竹汀在清儒中最博洽者，其对伦理问题，亦颇有新论。

《述学》汪中

容甫为治诸子学之先登者，其文格在汉晋间，极遒美。

《洪北江集》洪亮吉

北江之学，长于地理，其小品骈体文，描写景物，美不可言。

《定盦文集》龚自珍

吾少时心醉此集，今颇厌之。

《曾文正公全集》曾国藩

《胡文忠公集》胡林翼

上二集信札最可读，读之见其治事条理及朋友风义。曾涤生文章尤美，集桐城派之大成。

《苕溪渔隐丛话》胡仔

丛话中资料颇丰富。

《词苑丛谈》徐釚

惟一之词话,颇有趣。

《语石》叶昌炽

以科学方法治金石学,极有价值。

《书林清话》叶德辉

论列书源流及藏书掌故,甚好。

《广艺舟双楫》康有为

论写字,极精博,文章极美。

《剧说》焦循

《宋元戏曲史》王国维

二书论戏剧,极好。

即谓之涉览,自然无书不可涉、无书不可览,本不能胪举书目,若举之,非累数十纸不可。上所列不伦不类之寥寥十余种,随杂忆所及当坐谭耳,若绳经义例,则笑绝冠缨矣。

附　致《清华周刊》记者书

《清华周刊》记者足下:

《国学入门书要目及其读法》一施展呈上。别属开留美应带书目,颇难著笔,各书内容,拙著中已简单论及,诸君一读后,可择所好者购携。大学普通重要诸书,各校图书馆多有,自不必带,所带者总是为自己随时讽诵或用功时任意批注而设。试择其最普通者:《四书集注》,石印正续《文献通考》,相台本《五经单注》,石印《文选》,石印浙刻《二十二子》、《李太白集》、《墨子间诂》、《杜工部集》、《荀子集解》、《白香山集》,铅印"四史"、《柳柳州集》,铅印正续《资治通鉴》、《东坡诗集》。若欲带选本,诗则《古诗源》、《唐诗别裁》,勉强可用;欲带选本词,则张皋文《词选》、周止庵《宋四家词选》、谭中修《箧中词》,勉强可用(此五书原目皆未列)。其余涉览书类,择所喜者带数种亦可;因此等书外国图书馆或无有也。

又附　最低限度之必读书目

胡适《一个最低限度之必读书目》1923年胡适应清华学校学生之请,开有《一个最低限度的国学书目》,收录图书约190种,后来根据它修订精简成《实在的最低限度的书目》。

书目答问/张之洞

九种《纪事本末》

老子/老子

墨子间诂/孙诒让

元曲选一百种/臧懋循

缀白裘/玩花主人

西游记/吴承恩

淮南鸿烈集解/刘安

中国人名大辞典

中国哲学史大纲/胡适

四书

韩非子/韩非

周礼

佛遗教经/迦叶摩腾、竺法兰等译

阿弥陀经

宋元学案/黄宗羲

王临川集/王安石

王文成公全书/王守仁

章实斋年谱/胡适

新学伪经考/康有为

诗集传

左传/左丘明

乐府诗集/郭茂倩

宋诗钞/吴之振,吕留良,吴自牧编

论衡/王充

法华经/鸠摩罗什译

坛经/惠能

明儒学案/黄宗羲

朱子年谱/王懋竑

清代学术概论/梁启超

崔东壁遗书/崔述

文选/萧统

全唐诗/彭定求等

宋六十家词/毛晋

宋元戏曲考/王国维

水浒传/施耐庵

儒林外史/吴敬梓

红楼梦/曹雪芹

荀子集注

以上所列五项(指《国学入门书要目及其读法》所列的甲至戊五个部分),倘能依法读之,则国学根柢略立,可以为将来大成之基矣。惟青年学生校课既繁,所治专门别有在,恐仍不能人人按表而读。

今再为拟一真正之最低限度必读书目如下:

《四书》、《易经》、《书经》、《诗经》、《礼记》、《左传》、《老子》、《墨子》、《庄子》、《荀子》、《韩非子》、《战国策》、《史记》、《汉书》、《后汉书》、《三国志》、《资治通鉴》(或《通鉴纪事本末》)《宋元明史纪事本末》、《楚辞》、《文选》、《李太白集》、《杜工部集》、《韩昌黎集》、《柳河东集》、《白香山集》。

其他词曲集随所好选读数种。

以上各书,无论学矿学、工程学……皆须一读,若并此未读,真不能认为中国学人矣。

附录二　评胡适之的“一个最低限度删学书目”

胡君这书目，我是不赞成的，因为他文不对题。胡君说：“并不为国学有根柢的人着想，只为普通青年人想得一点系统的国学知识的人设想。”依我看，这个书目，为“国学已略有根柢而知识绝无系统”的人说法，或者还有一部分适用。我想，《清华周刊》诸君，所想请教胡君的并不在此，乃是替那些“除欲读商务印书馆教科书之外没有读过一部中国书”的青年们打算。若我所猜不错，那么，胡君答案，相隔太远了。

胡君致误之由，第一在不顾客观的事实，专凭自己主观为立脚点。胡君正在做《中国哲学史》、《中国文学史》，这个书目正是表示他自己思想的路径，和所凭的资料。(对不对又另是一问题，现在且不讨论。)殊不知一般青年，并不是人人都要做哲学史家、文学史家。不是做哲学史家、文学史家，这里头的书十有七八可以不读。真要做哲学史、文学史家，这些书却又不够了。

胡君第二点误处，在把应读书和应备书混为一谈，结果不是个人读书最低限度，却是私人及公共机关小图书馆之最低限度。

(但也不对,只好说是哲学史、文学史家私人小图书馆之最低限度。)殊不知青年学生(尤其清华),正苦于跑进图书馆里头不知读什么书才好,不知如何读法,你给他一张图书馆书目,有何用处?何况私人购书,谈何容易?这张书目,如何能人人购置?结果还不是一句废话吗?

我最诧异的:胡君为什么把史部书一概屏绝?一张书目名字叫做“国学最低限度”,里头有什么《三侠五义》、《九命奇冤》,却没有《史记》、《汉书》、《资治通鉴》,岂非笑话?若说《史》、《汉》、《通鉴》是要“为国学有根柢的人设想”才列举,恐无此理。若说不读《三侠五义》、《九命奇冤》,便够不上国学最低限度,不瞒胡君说,艾区区小子便是没有读过这两部书的人。我虽自知学问浅陋,说我连国学最低限度都没有,我却不服。

平心而论,做文学史(尤其做白话文学史)的人,这些书自然应该读,但胡君如何能因为自己爱做文学史,便强一般青年跟着你走?譬如某人喜欢金石学,尽可将金石类书列出一张系统的研究书目;某人喜欢地理学,尽可以将地理类书列出一张系统的研究书目,虽然只是为本行人说法,不能应用于一般。依我看,胡君所列各书,大半和《金石萃编》、《窓斋集古录》、《殷墟书契考释》(金石类书),《水道提纲》、《朔方备乘》、《元史释文证补》(地理类书)等等同一性质,虽不是不应读之书,却断不是人人必应读之书。胡君复《清华周刊》信说:“我的意思是要一班留学生,知道《元曲选》等,是应该知道的书。”依着这句话,留学生最少也该知道《殷墟书契考释》、《朔方备乘》……是应该知道的书。那么将一部《四库全书总目》搬字过纸,更列举后出书千数百种便了,何必更开最低限度书目?须知“知道”是一件事,

"必读"又别是一件事。

我的主张,很是平淡无奇。我认定史部书为国学最主要部分,除先秦几部经书几部子书之外,最要紧的便是读正史、《通鉴》、《宋元明纪事本末》和《九通》中一部分,以及关系史学之笔记文集等,算是国学常识,凡属中国读书人都要读的。有了这种常识之人不自满足,想进一步做专门学者时,你若想做哲学史家、文学史家,你就请教胡君这张书目;你若想做别一项专门家,还有许多门我也可以勉强照胡君样子,替你另开一张书目哩。

胡君对于自己所好的两门学问,研究甚深,别择力甚锐,以为一般青年也该如此,不必再为别择,所以把许多书目胪列出来了。试想一百多册的《正谊堂全集》,千篇一律的"理气性命",叫青年何从读起?何止《正谊堂》,即以浙刻《二十二子》论,告诉青年说这书该读,他又何从读起?至于其文学史之部,所列《全上古三代秦汉三国六朝文》、《全汉三国晋南北朝诗》、《古文苑》、《续古文苑》、《唐文粹》、《全唐诗》、《宋文鉴》、《南宋文范》、《南宋文录》、《宋诗钞》、《宋六十家词》、《四印斋宋元词》、《彊村所刻词》、《元曲选百种》、《金文最》、《元文类》、《明文类》、《列朝诗集》、《明诗综》、《六十种曲》等书,我大略估计,恐怕总数在一千册以上,叫人从何读起?青年学生因我们是为"老马识途",虚心请教,最少也应告诉他一个先后次序,例如唐诗该先读某家、后读某家,不能说你去读《全唐诗》便了。宋词该先读某家、后读某家,不能说请你把王幼霞、朱古微所刻的都读。若说你全部读过后自会别择,诚然不错,只怕他索性不读了。何况青年若有这许多精力目力来读胡君指定的一千多册文学书,何如用来读《二十四史》、《九通》呢?

还有一层,胡君忘却学生若没最普通的国学常识时,有许多书是不能读的。试问连《史记》没有读过的人,读崔适《史记探源》,懂他说的什么?连《尚书》、《史记》、《礼记》、《国语》没有读过的人,读崔述《考信录》,懂他说的什么?连《史记·儒林传》、《汉书·艺文志》没有读过的人,读康有为《新学伪经考》,懂他说的什么?这不过随手举几个例,其他可以类推。假如有一位学生(假定还是专门研究思想史的学生),敬谨遵依胡君之教,顺着他所列书目读去,他的书明明没有《尚书》、《史记》、《汉书》这几部书,你想这位学生,读到崔述、康有为、崔适的著述时,该怎么样狈狼呢?

胡君之意,或者以这位学生早已读过《尚书》、《史记》、《汉书》为前提,以为这样普通书,你当然读过,何必我说?那么,《四书》更普通,何以又列入呢?总而言之,《尚书》、《史记》、《汉书》、《资治通鉴》为国学最低限度不必要之书,《正谊堂全集》、《缀白裘》、《儿女英雄传》,反是必要之书,真不能不算石破天荒的怪论。(思想史之部,连《易经》也没有,什么原故,我也要求胡君答复。)

总而言之,胡君这篇书目,从一方面看,嫌他墨漏太多;从别方面看,嫌他博而寡要,我认为是不可用的。